Law and Economics of International Telecommunications

Under the Auspices of the
Max Planck Institute for Foreign and
International Private Law
edited by Ernst-Joachim Mestmäcker

Volume 11

Dr. Joachim Scherer, LL.M.

Nachrichtenübertragung und Datenverarbeitung im Telekommunikationsrecht

Eine vergleichende Untersuchung telekommunikationsrechtlicher Regelungsmodelle

Nomos Verlagsgesellschaft
Baden-Baden

CIP-Titelaufnahme der Deutschen Bibliothek

Scherer, Joachim:
Nachrichtenübertragung und Datenverarbeitung im Telekommunikationsrecht: e. vgl. Unters. telekommunikationsrechtl. Regelungsmodelle / Joachim Scherer. – 1. Aufl. – Baden-Baden: Nomos Verl.-Ges., 1987.
(Wirtschaftsrecht der internationalen Telekommunikation; Bd. 11)
ISBN 3-7890-1479-6
NE: Law and Economics of International Telecommunications

1. Auflage 1987

Inhaltsverzeichnis

Vorwort des Herausgebers

Das Verhältnis von Nachrichtenübertragung und Datenkommunikation gehört zu den weltweit erörterten Fragen der Telekommunikationspolitik. Ihnen kommt auch für die Liberalisierung der Datenkommunikation im internationalen Wirtschaftsverkehr eine Schlüsselrolle zu. Das Max-Planck-Institut ist Privatdozent Dr. Scherer dankbar, daß er es übernommen hat, die aus der »Telematik« entstehenden Regelungsprobleme vergleichend zu untersuchen. Dabei werden die Rechtsordnungen in den Vereinigten Staaten von Amerika, in Großbritannien, in den Niederlanden und in der Bundesrepublik anhand von verwaltungswissenschaftlich orientierten Kriterien der Entscheidung, des Verfahrens und der Organisation verglichen.

Besonders hinzuweisen ist auf den systematischen Zusammenhang zwischen dem hier dargestellten Ausschnitt aus der Telekommunikationspolitik in Großbritannien und der als Band 8 dieser Reihe erscheinenden Untersuchung von Verena Wiedemann ›The Law of the Electronic Media in Great Britain‹.

Das Institut dankt der Eduard von Schwarzkoppen-Stiftung, die diese Untersuchung durch ihre Hilfe ermöglicht hat.

Hamburg im November 1987 *Ernst-Joachim Mestmäcker*

Einleitung

Gegenstand dieser Untersuchung sind die Konsequenzen, die sich aus dem Zusammenwachsen der technischen Nachrichtenübertragung (Telekommunikation[1]) und der Datenverarbeitung für das Telekommunikationsrecht als Produkt und Instrument der Telekommunikationspolitik ergeben[2].

Die Verknüpfung von Nachrichtenübertragung und Datenverarbeitung zu und in immer komplexeren Informationssystemen hat zu neuartigen Regelungsproblemen geführt.

Die nahezu ein Jahrhundert alten Grenzlinien zwischen der Informationsproduktion und -verarbeitung einerseits und der nachrichtentechnischen Übermittlung von Informationen andererseits scheinen obsolet geworden zu sein und mit ihnen die Rechtsregeln, die diesseits und jenseits der Grenzlinien galten.

Die Integration der Telekommunikationsnetze, die Zunahme der Telekommunikationsdienste und die neu eröffneten Spielräume für die technische Gestaltung der Informationssysteme verlangen offenbar die Integration bisher getrennter Rechtsmaterien. Fernmelderecht, Datenschutzrecht und das stärker inhaltsbezogene Recht der elektronischen Medien müssen zu einem Telekommunikationsrecht zusammengeführt werden, dessen Komplexität und Differenziertheit der ihres Regelungsgegenstandes entsprechen muß – wenn sich die rasante technische Entwicklung der rechtlichen Steuerung nicht weiter entziehen soll.

Die vorliegende Untersuchung will die Regelungsprobleme aufzeigen, vor denen sich die Telekommunikationspolitik angesichts jener technisch-ökonomischen Entwicklung sieht, die mit dem griffigen Neologismus »Telematik«

1 Telekommunikation bezeichnet nach dem Internationalen Fernmeldevertrag (IFV – Nairobi 1982 –, Anl. 2) »...any transmission, emission or reception of signs, signals, writing, images and sounds or intelligence of any nature by wire, radio, optical or other electromagnetic systems«; s. auch BVerfGE 46, 120 (143), wonach »wesentlich für den Begriff der Fernmeldeanlage«, der den Inhalt des »Fernmeldewesens« iSv Art.73 Nr. 7 GG prägt (aaO, S. 139), »die körperlose Übermittlung von Nachrichten in der Weise (ist), daß die ausgesandten Zeichen am Empfangsort wieder erzeugt werden«.

2 Zur Terminologie: Objekte sowohl der Nachrichtenübertragung als auch der Datenverarbeitung sind Informationen. Nach einer Sprachregelung des Deutschen Instituts für Normung werden jedoch Informationen, die verarbeitet werden sollen, als »Daten« und Informationen, die übermittelt werden sollen, als »Nachrichten« bezeichnet; vgl. DIN 44300. Dieser Sprachregelung soll hier gefolgt werden.

bezeichnet wird[3]. Und sie will auf der Grundlage einer rechtsvergleichenden Bestandsaufnahme ein telekommunikationsrechtliches Instrumentarium entwickeln, das zur Lösung dieser Regelungsprobleme geeignet ist.

Die Untersuchung gliedert sich in drei Teile:
Im ersten Teil (A.) wird zunächst der analytische Rahmen für die vergleichende Untersuchung der Regelungsstrukturen im Telekommunikationsbereich abgesteckt. Im einzelnen geht es um die überkommenen inhaltlichen Entscheidungen zur Ab- und Eingrenzung des Fernmeldewesens, um seine Organisations- und seine Verfahrensstrukturen.
Der analytische Rahmen erlaubt es, in einem zweiten Schritt die überkommenen Regelungsstrukturen zu beschreiben und zu Regelungsmodellen zu verdichten, denen sich die neuere technische und ökonomische Entwicklung gegenüber sieht.
Diese oft bildhaft als »Verschmelzung« von Nachrichtenübertragung (Fernmeldewesen) und Datenverarbeitung gekennzeichnete Entwicklung und die mit ihr verbundenen Regelungsprobleme sind der gemeinsame Ausgangspunkt für die teils bereits weit vorangetriebenen, teils noch im Planungsstadium befindlichen Veränderungen der überkommenen Regelungsstrukturen im Telekommunikationsbereich[4].

Im zweiten Teil (B.) soll der Frage nachgegangen werden, wo, nach welchen Kriterien und zu welchen Zwecken die Telekommunikationspolitik und das Telekommunikationsrecht neue Grenzlinien ziehen, die alten Regelungsstrukturen modifizieren oder neue an ihre Stelle setzen. Im Mittelpunkt der ver-

3 Telematik (französisch: télématique) ist ein Kunstwort aus *Tele*kommunikation und Infor*matik*, dessen Schöpfung auf die grundlegende Studie von *S. Nora/A. Minc*, L'informatisation de la société, Paris 1978, zurückgeht. S. dort S. 11 und 17 ff.

4 Daß diese Veränderungen hier weder – einem verbreiteten Sprachgebrauch folgend – als »Deregulierung« bezeichnet noch mit dem korrekteren, aber immer noch mißverständlichen Etikett »Re-Regulierung« versehen werden, hat seinen Grund darin, daß die Konzepte der De- und Re-Regulierung schon terminologisch allzu eng mit dem amerikanischem Modell der »regulated industries« – und damit *einem* von mehreren möglichen rechtlichen Steuerungsmodellen verknüpft ist.
Zum politisch-ökonomischen Umfeld des amerikanischen Regulierungsmodells s. *Hans J. Kleinsteuber*, Regulierung und politisch-ökonomische Kultur in den USA, in: Th. Thiemeyer (Hrsg.), Öffentliche Bindung von Unternehmen. Beiträge zur Regulierungsdebatte, Baden-Baden 1983, S. 175 ff; zum Recht der *regulated industries* s. *Ernest Gellhorn/Richard J. Pierce*, Regulated Industries, St. Paul, Minn., 1982. Daß es bei Entregulierung und Deregulierung »eher um eine Re-Regulierung« geht, also darum, »verbesserte alternative Regulierungsinstitutionen und -instrumente zu finden«, konstatiert auch *Jürgen Müller*, Möglichkeiten zur Entregulierung im Telekommunikationsbereich, in: Deregulierung als ordnungs- und prozeßpolitische Aufgabe, Beih. zur Konjunkturpolitik, Heft 32, Berlin 1986, S. 133 (137)

gleichenden Betrachtung stehen dabei die Vereinigten Staaten von Amerika, Großbritannien, die Niederlande und die Bundesrepublik Deutschland.
Im dritten Teil (C.) werden auf der Grundlage der vergleichenden Bestandsaufnahme Gemeinsamkeiten und Unterschiede der neuen Regelungsstrukturen herausgearbeitet. Ziel dieser Überlegungen ist es, vor allem mit Blick auf die Post- und Fernmeldeverwaltungen westeuropäischen Zuschnitts einige telekommunikationspolitische Optionen aufzuzeigen, mögliche telekommunikationsrechtliche Instrumente zu ihrer Verwirklichung vorzustellen und die mit ihnen verknüpften Regelungsprobleme zu benennen.

Die Untersuchung wurde im Dezember 1986 abgeschlossen. Danach erschienene Literatur konnte zum Teil noch in den Fußnoten berücksichtigt werden.

A. Alte Regelungsmodelle und neue technische Entwicklungen

I. Der analytische Rahmen

Die rechtsvergleichende Untersuchung von Regelungsmodellen im Telekommunikationsbereich erfordert analytische Kategorien, die abstrakt genug sind, um Vergleichbarkeit zu schaffen und konkret genug, um ertragreich zu sein.

1.) *Probleme eines rechtsvergleichenden Ansatzes*

Der Versuch, die rechtlichen Prämissen und Auswirkungen des technisch-ökonomischen Umbruchs im Bereich der Telekommunikation vergleichend zu analysieren, begegnet dem Grundproblem aller Rechtsvergleichung: (Telekommunikations-)Recht ist Instrument und Produkt der (Telekommunikations-)Politik und läßt sich erst vor dem Hintergrund des jeweiligen politischen und ökonomischen Systems, der Verfassungs- und sonstigen Rechtsordnung und der Verwaltungsstruktur vollends verstehen.
Eine ausführliche und systematische Analyse dieser für die nationalen Telekommunikationsrechtsordnungen prägenden Faktoren, zu denen noch eine Untersuchung der vielfältigen Einflüsse des supra- und des internationalen Rechts hinzukommen müßte, kann die vorliegende Untersuchung nicht leisten. Insoweit muß es beim Verweis auf vorliegende Einzeluntersuchungen zur Telekommunikationspolitik (TK-Politik) der Vereinigten Staaten[5], Großbritanniens[6], Frankreichs[7], der Niederlande[8] und der Bundesrepublik

5 S. insbes. Eli M. Noam (Hrsg.), Telecommunications Regulation Today and Tomorrow, New York 1983; *Bernhard Wieland*, Die Entflechtung des amerikanischen Fernmeldemonopols, Berlin 1985.

6 Dazu *Arnulf Heuermann/Karl-Heinz Neumann*, Die Liberalisierung des britischen Telekommunikationsmarktes, Berlin 1985.

7 *Geneviève Bonnetblanc*, Les Télécommunications Francaises, Quel Statut, pour Quelle Entreprise ? Paris 1985; *Jean-Marie Charon/ Eddy Cherki*, La Télématique Domestique: Etat et Perspectives, Rapport d'Etude pour la Commission de La Télématique, Paris 1985, teilweise abgedr. in: La Télématique Grand Public: Aspects juridiques, économiques et sociaux. Rapports de la Commission de la Télématique au Ministre des PTT, Paris 1986.

8 *Bernt Hugenholtz/Wouter Hins*, The Law and Economics of Transborder Telecommunications: Report on the Netherlands, Rechtsgutachten erstattet im Auftrag des Max-Planck-Instituts für ausländisches und internationales Privatrecht, im Erscheinen.

Deutschland[9] und auf ausführlichere Quervergleichsuntersuchungen[10] bleiben.

Daß trotz dieser Verkürzung eine vergleichende Betrachtung der rechtlichen Instrumente zur Steuerung nationaler Telekommunikationssysteme (= TK-Systeme) möglich ist, beruht auf mehreren Faktoren, nämlich:

- der Gleichartigkeit der technisch-ökonomischen Ausgangslage *vor* der Verknüpfung von Nachrichtenübertragung und Datenverarbeitung (II.1.),
- der Ähnlichkeit der sich stellenden Regelungsprobleme (II.2.) und
- der funktionalen Äquivalenz der zu ihrer Lösung eingesetzten überkommenen Regelungsmodelle (II.3.);
- der (zumindest für die westlichen Industriestaaten erkennbaren) Parallelität der technisch-ökonomischen Umstrukturierung von TK-Netzen und -Diensten (III.),
- dem begrenzten Vorrat an (im einzelnen noch zu systematisierenden) Regelungsstrukturen, mit denen die Telekommunikationspolitik bislang auf die »Telematik« reagiert hat (dazu Teil B.).

Um die unterschiedlichen – alten und neuen – Regelungsstrukturen zu idealtypischen Modellen verdichten und ihre »Analogien« erkennen zu können, müssen zunächst zwei Voraussetzungen geschaffen werden[11]:

Erstens ist der »Lebenssachverhalt«, auf den sich die zu vergleichenden Regelungskonzepte beziehen, wenigstens in groben Zügen zu beschreiben (dazu 2.).

Zweitens müssen analytische Kategorien gewählt werden, die so abstrakt sind, daß sich die Analyse nicht in der Vielfalt marginaler Details verliert und so konkret, daß sie aussagekräftig bleibt (dazu 3.).

9 *Joachim Scherer*, Telekommunikationsrecht und Telekommunikationspolitik, Baden-Baden 1985; s. auch *Barbara Mettler-Meibom*, Breitbandtechnologie, Opladen 1986.

10 S. insbesondere *Robert R. Bruce/Jeffrey P. Cunard/Mark D. Director*, From Telecommunications to Electronic Services. A Global Spectrum of Definitions, Boundary Lines, and Structures, 8 Bände, Bonn 1985 = International Institute of Communications (Hrsg.), 2 Bände, London 1986; s. auch die Beiträge in: Ernst-Joachim Mestmäcker (Hrsg.), The Law and Economics of Transborder Telecommunications, Baden-Baden 1987.

11 Allg. zur Untersuchung »analoger Rechtsinstitute« s. *Konrad Zweigert/Hans-Jürgen Puttfarken*, Zur Vergleichbarkeit analoger Rechtsinstitute in verschiedenen Gesellschaftsordnungen, in: dies. (Hrsg.), Rechtsvergleichung, Darmstadt 1978, S. 395-429.

2.) *Einige Grundbegriffe*

a) Telekommunikation – die nachrichtentechnische Übertragung von Informationen – bedarf, unabhängig davon, ob sie mit Hilfe der alten schmalbandiganalogen oder über die neuen breitbandig-digitalen Netze erfolgt, ob sie Individual- oder Massenkommunikation ist und ob sie mit Datenverarbeitungsfunktionen verknüpft ist oder nicht[12], eines nachrichtentechnischen Übertragungssystems.

Ein solches Übertragungssystem besteht im einfachsten Fall aus einem Sender, dem Übertragungskanal und dem Empfänger, allgemeiner formuliert: aus Übertragungswegen und Endstelleneinrichtungen (Endgeräten).

Der Übertragungskanal (Übertragungsweg) kann eine Funkstrecke sein oder sich aus Leitungen zusammensetzen; bei den Leitungen kann es sich um kupferne Drahtleitungen handeln oder um Lichtwellenleiter, die aus Glasfasern bestehen. Dementsprechend wird zwischen drahtloser, drahtgebundener und optischer Übertragung unterschieden[13].

Je nach der Kapazität eines Übertragungswegs kann man breitbandige und schmalbandige Übertragungskanäle unterscheiden.

Sollen viele Kommunikations- (Nachrichtenübertragungs-)Vorgänge gleichzeitig zwischen Kommunikatoren an verschiedenen Orten möglich sein, so benötigt man eine Vielzahl von Verbindungen, die hier und im folgenden als Telekommunikationsnetz (TK-Netz) bezeichnet wird, ohne daß damit eine Aussage darüber verbunden ist, ob mit seiner Hilfe *nur* Nachrichtenübertragung erfolgen soll oder nicht.

Der Betreiber eines TK-Netzes – also des Übertragungssystems – ist der *Netzträger*.

Schon hier ist auf die Doppeldeutigkeit des Netzbegriffs hinzuweisen: er kann das aus Sendereinrichtung, Übertragungskanal und Empfängereinrichtung bestehende (physikalische) Netz bezeichnen oder die über dieses physikalische Netz erbrachten Dienstleistungen einbeziehen. Im zweiten Fall ist dann beispielsweise die Rede vom »Fernsprechnetz« und gemeint ist die Gesamtheit der technischen Einrichtungen, die der Abwicklung des Telekommunikationsdienstes »Fernsprechen« dienen.

TK-Netze können unterschiedliche Netzstrukturen aufweisen: Soll ein TK-Netz die Verbindung jedes angeschlossenen Teilnehmers mit jedem anderen ermöglichen, so wird es – weil die *unmittelbare* Verbindung jedes Teilnehmers

12 Zu diesen Differenzierungen s. noch unten, II.1.

13 S. bereits Kommission für den Ausbau des technischen Kommunikationssystems (= KtK), Telekommunikationsbericht, Bonn 1986, S.21.

mit jedem anderen einen untragbar großen Aufwand erfordern würde – als sternförmig strukturiertes TK-Vermittlungsnetz ausgelegt. Sollen in einem TK-Netz Nachrichten nur in einer Richtung übertragen werden, so genügt ein Verteilnetz, das – als Kabelnetz – eine Baumstruktur (mit »Stamm«, »Ästen« und »Zweigen«) haben oder – als Funknetz – aus einem Sender und vielen Empfängern bestehen kann; ein solches Verteilnetz kann mit »Rückkanälen« ausgestattet sein, über die der Teilnehmer Nachrichten an die »verteilende« Zentrale zurücksenden kann[14].

Die wichtigsten dialogfähigen TK-Netze – unter ihnen vor allem das Fernsprechnetz – sind sternförmig strukturiert.

In ein sternförmig strukturiertes TK-Netz sind Vermittlungsstellen eingeschaltet, die dafür sorgen, daß von den Endstelleneinrichtungen kommende Verbindungswünsche durch regelgebundenes Zusammenschalten von Leitungsabschnitten hergestellt und nach Beendigung der Verbindung wieder ausgelöst werden. Ein sternförmig strukturiertes TK-Netz besteht damit aus folgenden Komponenten: (1) den Endstelleneinrichtungen, (2) den Vermittlungsstellen und (3) den Leitungen (sog. Liniennetz), die die Endstelleneinrichtungen mit den Vermittlungsstellen und die Vermittlungsstellen untereinander verbinden. Zusätzlich können (4) Übertragungsgeräte eingesetzt werden, die es ermöglichen, die Verbindungsleitungen mehrfach gleichzeitig zu benutzen.

Diesen technischen Komponenten des Gesamtsystems »TK-Netz« entsprechen Endstellentechnik, Vermittlungstechnik, Linien- und Übertragungstechnik als nachrichtentechnische Forschungsbereiche und als Entscheidungsgegenstände von Netzträgern bzw. der sie regulierenden Behörden.

Um die Anzahl der individuellen Leitungen zu verringern, ihre Länge zu verkürzen und Leitungsverbindungen entsprechend dem Kommunikations-Verkehrsaufkommen zu bündeln, werden TK-Netze hierarchisch strukturiert[15]: Das nationale Fernsprechnetz der Bundesrepublik Deutschland beispielsweise ist von »unten« nach »oben« in die Ortsnetz- oder Endvermittlungsstellenbereiche, die Knotenvermittlungsbereiche, die Hauptvermittlungsbereiche und die Zentralvermittlungsbereiche gegliedert; dem entspricht das System der Ortsnetzkennzahlen.

14 Zur Zweiwegkommunikation in Verteilnetzen mit Rückkanälen s. den Überblick in EKM, Bd.I, S.76 ff sowie ausführlich *W.Kaiser/H. Armbrüster* et al., Interaktive Breitbandkommunikation, Berlin 1982.

15 Zu den genannten wirtschaftlichen Prinzipien anschaulich KtK, Bd.3, S.10 ff; s. auch *Karl-Ludwig Plank*, Grundgedanken zur Gestaltung künftiger Fernmeldenetze, Heidelberg 1983, S.10 f.

Auf der untersten Ebene dieser Netzhierarchie, im Ortsnetz, befinden sich die Endvermittlungsstellen. Je nach seiner Größe kann ein Ortsnetz in drei weitere, hierarchisch gestufte Teilebenen gegliedert sein[16]. Die Ortsvermittlungsstellen vermitteln die ortsinterne Fernsprechkommunikation; der überörtliche Fernsprechverkehr wird von den Endvermittlungsstellen zu den Knotenvermittlungsstellen und damit auf die nächste hierarchische Ebene weitergeführt. Die Knotenvermittlungsstellen sind sternförmig auf die Hauptvermittlungsstellen hin ausgerichtet, die ihrerseits sternförmig an die acht Zentralvermittlungsstellen in Hamburg, Hannover, Düsseldorf, Frankfurt, Stuttgart, Nürnberg, München und Berlin angeschlossen sind. Zwischen den Vermittlungsstellen der gleichen und verschiedener Netzebenen sind aus Gründen der Wirtschaftlichkeit und der Betriebssicherheit »Querwege« geschaltet; damit ist der Netzaufbau nicht streng hierarchisch, sondern »stark vermascht«.

In den traditionellen TK-Netzen mit Verteilstruktur, die ebenfalls hierarchisch gegliedert sind[17], werden Nachrichten eines Kommunikators allen berechtigten Teilnehmern gleichzeitig angeboten; ein solches Verteilnetz ist das überkommene Ton- und Fernsehrundfunknetz. Die Nachrichtenübertragung erfolgt hier über Funkwellen, über breitbandige (Kupfer-) Koaxialkabel in Kabelfernsehnetzen und mit Hilfe von Rundfunksatelliten, die Ton- und Fernsehrundfunkprogramme entweder zum unmittelbaren (Direkt-) Empfang durch den Zuschauer oder zur Einspeisung in Breitbandkabel-Anlagen ausstrahlen.

b.) TK-Netze werden errichtet, um Nachrichten zu übertragen (und neuerdings auch: zu verarbeiten); sie dienen der Telekommunikation (und neuerdings auch: der Datenverarbeitung). Anders gesagt: sie ermöglichen Dienste.

Unter Diensten werden die durch Leistungsmerkmale definierten, technischen Leistungen eines nachrichtentechnischen Systems verstanden, die den Teilnehmern (Kommunikatoren) zur Befriedigung ihrer Bedürfnisse angeboten werden[18]. Noch allgemeiner formuliert: Ein Dienst ist das, was dem Benutzer

16 Dazu im einzelnen *K.-L. Plank*, Fernmeldenetze, S.11; s. auch S. 63: »Bei analogen Netzen entfallen...im Mittel auf den Ausbau des Fernnetzes ein Viertel, auf den Ausbau des Ortsnetzes dagegen drei Viertel aller Investitionen. Innerhalb der Ortsnetzinvestitionen ist der Kabelaufwand mit einem Anteil von 62% Schwerpunkt der Investitionen, wobei etwa 35% auf Hauptanschlußleitungen und 25% auf Ortsverbindungsleitungen entfallen«.

17 S. dazu bereits KtK, Bd. 3, S. 62. ff.

18 So bereits KtK, TK-Bericht, S.24; s. auch *K.-L. Plank*, Fernmeldenetze, S.18 sowie *R. Beigert*, ZPF 10 (1981), S.4.

vom Dienstanbieter oder *Diensttträger* – der mit dem Netzträger identisch sein kann, aber nicht identisch sein muß – angeboten wird[19].
Der Internationale Beratende Ausschuß für Telefon und Telegrafie (Comité Consultatif International Télégraphique et Téléphonique – CCITT -)[20] definiert in einer neueren Empfehlung den Begriff »Dienst« (service) als »that which is offered by an administration or Recognized Private Operating Agency to its customers in order to satisfy a specific telecommunication requirement«[21].

c.) TK-Dienste erfordern, wenn sie Kommunikation ermöglichen sollen, Standardisierungen unterschiedlicher Art und Dichte: Es müssen Vereinbarungen darüber getroffen werden, wie, wann und mit welchen technischen Mitteln die Kommunikatoren miteinander in Verbindung treten und wie der Kommunikationsprozeß ablaufen soll, eine gemeinsame (Zeichen-)Sprache muß festgelegt werden und die möglichen Kommunikatoren müssen – etwa über ein Teilnehmerverzeichnis – definiert sein[22].
Erforderlich sind Festlegungen über die Eigenschaften der Verbindungsleitungen und der Endeinrichtungen sowie genormte Schnittstellenbedingungen. Eine Schnittstelle ist definiert durch die Gesamtheit der Festlegungen über (1) physikalische Eigenschaften der Verbindungsleitungen und der auf diesen Leitungen ausgetauschten Signale, (2) die Bedeutung dieser Signale und (3) die Art und Form der verwendeten Steckverbindungen zwischen einzelnen Teilen des betreffenden TK-Netzes[23]. Der Ort, an dem die Signale auf der Verbindungsleitung in definierter Weise übergeben werden, ist der Übergabepunkt; an ihm werden die definierten Schnittstellenleitungen über Steckverbindungen zusammengeschaltet.
Normierte Schnittstellen garantieren, daß Endeinrichtungen beliebiger Hersteller an ein Übertragungsnetz angeschlossen werden und in der festgelegten Weise zur Nachrichtenübertragung verwandt werden können.
Nachrichtentechnische Standardisierungsprozesse sind komplexe und vielfältig miteinander verflochtene Verfahren auf internationaler, supranationaler und

19 *Anthony M. Rutkowski*, Integrated Services Digital Networks, Dedham, Mass., 1985, S. XIX.
20 Das Comité Consultatif International Télégraphique et Téléphonique ist – wie das Comité International des Radiocommunications – ein Organ der Internationalen Fernmeldeunion (UIT). S. dazu *J. Scherer*, Telekommunikationsrecht, S. 338 ff mwN.
21 Recommendation No. I.112, § 201, CCITT Red Book (1985).
22 S. *D. Elias*, Jb.DBP 1977, S.31 (45).
23 *Franz Arnold*, Endeinrichtungen der öffentlichen Fernmeldenetze, Heidelberg 1981, S.20 f; ebenso *Jürgen Bohm*, Stand und Entwicklung der Datenübertragung im Bereich der Deutschen Bundespost, in: D. Elias (Hrsg.), Telekommunikation in der Bundesrepublik Deutschland 1982, Heidelberg 1982, S.103.

nationaler Ebene, die sich im Rahmen von Standardisierungsorganisationen unter Beteiligung von Netz- und Diensträgern, von Herstellern nachrichtentechnischer Geräte und (zunehmend) der organisationsfähigen (Groß-)-Anwender vollziehen. Obwohl für die Standardisierungsarbeit das Prinzip gilt, daß jedes Normungsgremium nur solche Standards festlegen kann, die mit den jeweils übergeordneten Standards abgestimmt und verträglich sind[24], verläuft die Standardisierung nicht regelgebunden »von oben nach unten«, sondern in einer nicht nur für Außenstehende schwer durchschaubaren Weise nach Kriterien (industrie)politischer Opportunität[25].
Beteiligt sind unter anderem das CCITT sowie der Internationale Beratende Ausschuß für den Funkdienst (CCIR)[26] und die Internationale Organisation für Standardisierung (ISO)[27].
Im europäischen Rahmen befaßt sich die »Kommission Fernmeldewesen« der Europäischen Kommission für das Post- und Fernmeldewesen (CEPT) mit Fragen der betrieblichen, technischen und benutzungsrechtlichen Standardisierung. In zahlreichen Arbeitsgruppen werden – von der Kommission vorgegebene – »Studienfragen« behandelt und Empfehlungen vorbereitet, über die die alle zwei Jahre tagende Vollversammlung der CEPT entscheidet[28]. In Standardisierungsfragen bemühen sich die europäischen Fernmeldeverwaltungen, in der CEPT »die europäischen Interessen abzustimmen, um sie auch weltweit wirksam vertreten zu können«[29].
Für die Bundesrepublik erarbeitet das Fernmeldetechnische Zentralamt der Post in Abstimmung mit dem Deutschen Institut für Normung e.V. die nationalen Konkretisierungen der internationalen Standards[30] und steuert zusammen mit dem Bundespostministerium die Vorbereitung der nationalen Verhandlungspositionen in den supra- und internationalen Gremien[31].
Während das Standardisierungserfordernis für die Telekommunikation schon immer bestanden hat, werden einheitliche (internationale) Standards für die

24 Vgl. *K.-L. Plank*, Fernmeldenetze, S.16.

25 Dazu im einzelnen *J. Scherer*, Telekommunikationsrecht, S. 358 ff; s. auch die Ansätze zu einer nach Markt(macht-) strukturen differenzierenden Theorie der technischen Standardisierung bei *Marvin A. Sirbu/Steven Stewart*, Market Structure and the Emergence of Standards: A Test in the Modem Market, Paper presented at the 13th Annual Telecommunications Policy Research Conference, Airlie Virginia, April 1985 sowie *Lee McKnight*, The International Standardization of Telecommunications Services and Equipment, in: E.-J. Mestmäcker (Hrsg.), Transborder Telecommunications, S. 415 ff.

26 S. *J. Scherer*, Telekommunikationsrecht, S. 338 ff.

27 Zur Rolle der ISO s. *J. Scherer*, Telekommunikationsrecht, S. 341 mwN.

28 Dazu *J. Scherer*, Telekommunikationsrecht, S. 342-344.

29 *F. Koller*, in: ZPF 8 (1980), S.18 (24), mit praktischen Beispielen.

30 Zu Einzelheiten s. *J. Scherer*, Telekommunikationsrecht, S. 345 ff. mwN

31 Dazu im einzelnen *J. Scherer*, Telekommunikationsrecht S. 351 ff, 366 f.

Datenverarbeitung erst als Folge ihres Zusammenwachsens mit der Telekommunikation erforderlich. Vordem ließen sich im Bereich der Datenverarbeitung gewisse Standards »höchstens über die Marktbeherrschung durch den Marktführer« IBM durchsetzen[32]. Jetzt wird die Frage, wer nach welchen Kriterien über die Standards für die Endeinrichtungen der TK-Netze und über die Bedingungen ihrer Zulassung zum Netz einschließlich der Schnittstellenbedingungen entscheidet, zunehmend zu einem auf nationaler, supranationaler und internationaler Ebene neu zu regelnden Problem[33].

d.) Ob und wie bei der rechtlichen Regelung der Telekommunikation zwischen einzelnen Diensten unterschieden werden kann und soll, ist derzeit Gegenstand einer in der nationalen, der supranationalen und der internationalen Arena ausgetragenen Kontroverse.
Einige der nationalen Grenzlinien zwischen Diensten sollen im zweiten Teil dieser Untersuchung (B.) nachgezeichnet werden.
Ausgangspunkt für viele der Versuche, Dienste zu kategorisieren, ist das von einem Normungskomitee der Internationalen Organisation für Standardisierung (ISO) entwickelte ISO-Referenzmodell für die Kommunikation offener Systeme (Open Systems Interconnection – OSI –)[34].
Dieses Modell dient kurz gesagt dazu, Ordnung im Ablauf von Kommunikationsbeziehungen zu schaffen. Es ist ein Zuordnungsraster sowohl für bereits vorhandene Normen nachrichtentechnischer Einrichtungen als auch für die Entwicklung neuer Normen.
Das OSI-Modell ist selbst keine Norm für nachrichtentechnische Einrichtungen und ihre Kommunikationsregeln (Protokolle), sondern lediglich ein Rahmen für die Einordnung und Entwicklung von Protokollen und Schnittstellen für offene Systeme.
Ein »System« im Sinne des OSI-Modells ist eine Datenverarbeitungsanlage mit Peripheriegeräten, Speichern, Datenstationen und Software; zum »offe-

32 *Franz Arnold*, Die künftige Entwicklung der öffentlichen Fernmeldenetze in der Bundesrepublik Deutschland und ihre Auswirkungen auf die Benutzer, Teil 2, Köln 1985, S. 17.

33 Zu einigen neueren Entwicklungen im Bereich der Europäischen Gemeinschaften und der CEPT siehe *J. Scherer*, Telekommunikationsrecht, S. 342 ff mwN.

34 Vgl. ISO, Reference Model of Open Systems Interconnections, ISO/TC 97/SC 16 N 227. Dazu und zum folgenden anschaulich: Bundesminister für das Post- und Fernmeldewesen, ISDN – die Antwort der Deutschen Bundespost auf die Anforderungen der Telekommunikation von morgen, Bonn 1984, S. 24 f; s. auch Siemens AG, Wege zur offenen Kommunikation. Das ISO-Referenzmodell im Umfeld der Kommunikation, München 1983. Zu den Querverbindungen zwischen dem ISO-Referenzmodell und den vom CCITT entwickelten ISDN-Standards s. Anthony M. Rutkowski, ISDN, S. 16-18, 45, 88-110. Zur verfassungsrechtlichen Relevanz des ISO-Schichtenmodells unter dem Grundgesetz s. *J. Scherer*, Telekommunikationsrecht, S. 668 ff.

nen System« wird dieses – Kommunikationspartner und ein Kommunikationssystem umfassende – System dadurch, daß es »nach außen« mit genormten Protokollen arbeitet, so daß die Kommunikation jedes an das System angeschlossenen Kommunikationspartners mit jedem anderen möglich ist.
Um miteinander kommunizieren zu können, müssen die jeweiligen Kommunikationspartner und das sie verbindende Kommunikationssystem eine Vielzahl von Aufgaben erfüllen; diese Aufgaben (»Funktionen«) ordnet das OSI-Referenzmodell sieben logisch aufeinander aufbauenden Schichten zu (daher auch »Schichtenmodell«). Die sieben aufgabenbezogenen (»funktionalen«) Schichten sind:
1. Schicht: Festlegungen zur Steuerung des physischen Übertragungsmediums innerhalb des Kommunikationssystems (Bit-Übertragungsschicht = Physical Layer).
2. Schicht: Festlegung für eine fehlergesicherte Übertragung auf den einzelnen Teilstrecken des gesamten Übertragungsweges (Sicherungsschicht = Link Layer).
3. Schicht: Festlegungen zur Vermittlung und zum Aufbau des gesamten Übertragungsweges (Vermittlungsschicht = Network Layer).
4. Schicht: Festlegung der für den Datentransport auf der gesamten Strecke vom Sender- zum Empfängersystem erforderlichen Funktionen einschließlich Errichtung und Beendigung der Transportverbindung (Transportschicht = Transport Layer).
5. Schicht: Festlegungen für die logische Ende-zu-Ende-Verbindung zwischen zwei Kommunikationspartnern und die Steuerung der Ende-zu-Ende-Verbindungen (Kommunikationssteuerungsschicht = Session Layer).
6. Schicht: Festlegung zur Schaffung einer »gemeinsamen Sprache«, d.h. Regelungen der Bedeutung ausgetauschter Daten und der Art und Weise ihres Austausches (Darstellungsschicht = Presentation Layer),
7. Schicht: Durchführung der Kommunikationsaufgabe, d.h. der System- und Anwendungssteuerungen (Verarbeitungsschicht = Application Layer).
Auf der Grundlage dieses Schichtenmodells lassen sich nach Art und Ausmaß ihrer (standardisierten) Dienstmerkmale Transportdienste, Standarddienste und Informationsdienste unterscheiden[35]:
Bei den *Transportdiensten* stellt der Netzbetreiber lediglich den Übertragungsweg bereit; der Kommunikator kann den Dienst, dessen er sich für die Informationsübertragung bedienen will, das Übertragungsverfahren und die einzusetzenden Endgeräte frei wählen. Solche Transportdienste, die Funktio-

35 S. dazu und zum folgenden *K.H. Rosenbrock*, in: ZPF 9 (1982), S. 24 (28); *G. Arndt/H.-J. Rothamel*, in: telcom report 6 (1983), S. 169 (170).

nen der Schichten 1 bis 3 des Referenzmodells erbringen, können über festgeschaltete Leitungen (Standverbindungen, Standleitung) oder über Wählverbindungen abgewickelt werden.

Standarddienste sind TK-Dienste, bei denen das Übertragungsverfahren, die Kommunikationsfunktionen und die Endgeräte bzw. die Schnittstellen zwischen Netz und Endgeräten standardisiert sind; diese Dienste, zu denen beispielsweise der Teletex-Dienst gehört, erfolgen über Wählverbindungen. Sie bieten – wie die Übermittlungsdienste – Funktionen der Schichten 1 bis 3 und darüber hinaus »die Funktionen bzw. Protokolle zum Steuern der Kommunikationsprozesse gegebenenfalls für unterschiedliche Informationsarten (z.B. zum Übermitteln von alphanumerischen Schriftzeichen oder Bildpunkten eines Faksimilebildes), zum kommunikationsbedingten Be- und Verarbeiten der Informationen beim Sender und zum Darstellen der Informationen bei der Reproduktion (Ausgabe) auf der Empfangsseite« (Schichten 4 bis 7)[36].

Informationsdienste sind TK-Dienste, die einen Nachrichtenaustausch zwischen einem Teilnehmer und einer Einrichtung des Netzbetreibers oder eines Dritten ermöglichen; der Zugang zu diesen Einrichtungen erfolgt über Standarddienste. Bei den Informationsdiensten handelt es sich um »höhere« TK-Dienste mit Speicher-, Be- und Verarbeitungsfunktionen in zentralen Einrichtungen des Netzes. Drei Funktionsgruppen lassen sich unterscheiden[37]: *Erstens* die Funktionen für Eingabe, Speicherung und Abruf von Informationen bei Text- und Datenbanken im Rahmen von Abrufdiensten. *Zweitens* die Kommunikationsfunktionen der elektronischen Briefkastendienste (mailbox services als text mail, fax mail, voice mail). *Drittens* die Umsetzungs- und Anpassungsfunktionen von Kompatibilitätsdiensten, die unterschiedliche Schnittstellen, Protokolle und Übertragungsgeschwindigkeiten einander anpassen. Als Informationsdienste, die bereits heute teilweise verwirklicht sind und denen im künftigen digitalen diensteintegrierenden Fernmeldenetz (ISDN)[38] vermutlich gesteigerte Bedeutung zukommen wird, sind anzusehen[39]:

- Auskunftsdienste (z.B. Fernsprechauskunft);
- Ansagedienste (z.B. Zeitansage, Telefon-Nachrichtendienst);
- Zugriff auf Informationen in einer Bildschirmtextzentrale.

36 *G. Arndt/H.-J. Rothamel*, in: telcom report 8 (1985), S. 10 (11).

37 *G. Arndt/H.-J. Rothamel*, in: telcom report 8 (1985), S. 10 (11).

38 ISDN = Integrated Services Digital Network; s. zu den Entwicklungsperspektiven des TK-Netzes noch unten, III.2.

39 Vgl. *K.-H. Rosenbrock*, in: ZPF 9 (1982), S.24 (28).

Zur Unterstützung von Transport-, Standard- und Informationsdiensten können *Zusatzdienste* (supplementary services) angeboten werden; hierbei handelt es sich um mögliche Untermengen (Zusatzmerkmale) eines Dienstes, die nicht ständiger Bestandteil eines Dienstes sind; so sind die »Anrufumleitung« zu einem anderen Fernsprechapparat oder das »Anklopfen« durch akustisches oder optisches Signal beim besetzten Fernsprechanschluß Zusatzdienste zum Fernsprechdienst. Andere teilnehmerbezogene zusätzliche Dienstmerkmale ermöglichen beispielsweise das Fernwirken (Fernmessen und -steuern betriebs- und haustechnischer Anlagen – Heizung, Strom, Wasser -) und die Fernüberwachung[40].
Eine ebenfalls auf dem ISO-Schichtenmodell beruhende, für die nationale Telekommunikationspolitik relevante, im Ansatz gröbere Kategorisierung hat das CCITT in seinen Empfehlungen vom Juni 1984 (I-Series of Recommendations)[41] vorgenommen: Darin werden Telekommunikationsdienste (*telecommunication services*) unterteilt in Übermittlungsdienste (*bearer services*) und Teledienste (*teleservices*).
Ein *Übermittlungsdienst* (bearer service) ist der vom Netzbetreiber bereitgestellte grundlegende Dienst, der die Übertragung von Signalen zwischen Netz/Anwender-Schnittstellen ermöglicht.
Ein *Teledienst* (teleservice) ermöglicht die Kommunikation zwischen Anwendern einschließlich der Endgerätefunktionen nach universellen, vom CCITT gebilligten Protokollen.
Auch diese Kategorisierung beruht auf dem ISO-Schichtenmodell und gestattet damit die Einordnung sowohl bestehender als auch neuer Dienste. Die vom CCITT anhand technischer Parameter vorgenommene Präzisierung der Kategorie »Übermittlungsdienste« umfaßt Funktionen der Schichten 1 bis 3 des Referenzmodells, während die »Teledienste« zusätzlich Merkmale der Schichten 4 bis 7 haben[42].

3.) *Die analytischen Kategorien*

Um die rechtlichen Konsequenzen der Verknüpfung von Nachrichtenübertragung und Datenverarbeitung vergleichend untersuchen zu können, müssen

40 *G. Arndt/H.-J. Rothamel*, in: telcom report 8 (1985), S. 10 (12). Zu den damit verbundenen Rechtsproblemen s. *J. Scherer*, Telekommunikationsrecht, S. 117 f mwN.

41 Recommendation Document AP VIII-97-E, Final Report to the VIIIth CCITT Plenary Assembly, Part V, June 1984.

42 Zur Entwicklung der CCITT-Empfehlungen zur Diensteklassifizierung ausführlich *A. M. Rutkowski*, ISDN, 45 ff mwN.

unterschiedliche institutionelle Arrangements vor dem Hintergrund einheitlicher Untersuchungskategorien betrachtet werden.

a.) *Eine* Möglichkeit der analytischen Kategorienbildung orientiert sich an unterschiedlichen Tätigkeitsbereichen der überkommenen Fernmeldeunternehmen. Unter dem Einfluß vor allem der amerikanischen Deregulierungsdiskussion werden dementsprechend in vergleichenden *ökonomischen* Untersuchungen vier Tätigkeitsbereiche der Fernmeldeunternehmen unterschieden, für die differenzierte Deregulierungsforderungen erhoben werden[43].
Es geht um die Tätigkeit der herkömmlichen Fernmeldeunternehmen als
- Netzträger
- Dienstträger
- Standardsetzer und
- Anbieter von Endgeräten.

Diese ökonomische Kategorisierung ist an einzelnen Aufgaben und damit an *Entscheidungen* der Fernmeldeunternehmen bzw. der sie regulierenden Behörden ausgerichtet.
Der erste der vier Tätigkeitsbereiche umfaßt die Planung, den Auf- und Ausbau sowie die Unterhaltung der öffentlichen Übertragungs- und Vermittlungseinrichtungen (= des öffentlichen Netzes), sowie die damit zusammenhängende Produktion bzw. den Einkauf entsprechender Geräte[44].
Der zweite Tätigkeitsbereich betrifft die Regelung der Benutzung öffentlicher Netze. Hier liegt einer der Schwerpunkte der ökonomischen Deregulierungsdiskussion: »Im Netz« soll Wettbewerb zwischen unterschiedlichen Trägern (Anbietern) von Diensten stattfinden[45]. Dabei ist umstritten, wie der Wettbewerb zwischen den neu zuzulassenden Dienstträgern und den alteingesessenen, marktmächtigen Netzträgern gesteuert werden soll.
Der dritte Tätigkeitsbereich umfaßt die Gestaltung der öffentlichen Netze sowie die technische Gestaltung und Zulassung der an diese Netze anzu-

43 Vgl. *Günter Knieps/Jürgen Müller/Carl Christian von Weizsäcker*, Die Rolle des Wettbewerbs im Fernmeldebereich, Baden-Baden 1981, S. 64 ff; ähnlich Monopolkommission, Die Rolle der Deutschen Bundespost im Fernmeldewesen, Sondergutachten 9, Baden-Baden 1981, S. 91 (Rn. 215), wo die Tätigkeitsbereiche »Planung, Unterhaltung und Ausbau« öffentlicher Netze und »Regelung ihrer Nutzung« dann aber unter der mißverständlichen Bezeichnung »Betrieb« zusammengefaßt werden; noch stärker verkürzend die Darstellung S.15, Rn. 20. S. auch *Günter Knieps*, Entstaatlichung im Telekommunikationsbereich, Tübingen 1985, S. 4 ff.

44 Vgl. *G. Knieps/J. Müller/C.Chr. v. Weizsäcker*, Wettbewerb, S.64 f; s. auch *G. Knieps*, ZögU 4 (1981), S.287 (290).

45 *G. Knieps/J. Müller/C. Chr. v. Weizsäcker*, Wettbewerb, S.65 f; *G. Knieps*, in: ZögU 4 (1981), S.287 (290); *J. Müller*, in: ZögU 4 (1981), S.153 (168 f).

schließenden Teilnehmereinrichtungen (Endgeräte). Deregulierung bedeutet hier: Schaffung nur minimaler technischer Standards und eines Anspruchs auf Zulassung zum Netz[46].

Der vierte – in der ordnungspolitischen Diskussion in der Bundesrepublik lange am meisten umstrittene – Tätigkeitsbereich ist die Bereitstellung und Wartung von Endgeräten durch den Netzträger[47]. Auch hier ist die Bandbreite der bereits ergriffenen, teils nur erst vorgeschlagenen Deregulierungsmaßnahmen sehr groß. Sie reicht vom Ausschluß des Netzträgers vom Endgerätegeschäft über die »strukturelle« (organisatorische) Trennung des Endgerätegeschäfts von den übrigen Tätigkeitsbereichen des Netzträgers bis hin zu seiner durch inhaltliche Regelungen (Quoten, Mißbrauchsaufsicht etc) mehr oder minder stark regulierten Teilnahme am Wettbewerb im Endgerätebereich[48].

Die ökonomische Kritik am Verhalten der Netzträger in diesen Tätigkeitsbereichen und die zentralen Forderungen nach Schaffung von »mehr Wettbewerb« zielen also auf einzelne *Entscheidungen* der Netzträger und die organisatorischen Prämissen dieser Entscheidungen.

Als analytischer Raster für vergleichende Untersuchungen taugt die Unterscheidung der vier Tätigkeitsbereiche (»Aufgabenbereiche«)[49] herkömmlicher Netzträger aus mehreren Gründen nur bedingt:

Erstens ist die auf vier Gruppen von Entscheidungen bezogene Betrachtungsweise allzu statisch. Sie ist nicht an den Entscheidungs- und Organisationszusammenhängen der Telekommunikationspolitik ausgerichtet, sondern isoliert in wettbewerbstheoretischer Betrachtung einzelne Teilphasen der komplexen Handlungsabläufe (»Forschung und Entwicklung«, Einkauf, Angebot von TK-Diensten, technische Standardisierung, »Endgerätepolitik«), die dann als »verschiedene«, zu liberalisierende Märkte untersucht werden. Damit gerät die ökonomische Analyse – trotz der auch in der Deregulierungsdebatte erhobenen Forderung, das Fernmeldesystem »als Gesamtsystem zu sehen«[50], – in die Gefahr, den telekommunikationspolitischen Steuerungszusammenhang schon analytisch zu zerreissen und eine Optimierung nur von Teilen dieses »Systems« zu fordern.

46 *G. Knieps/J. Müller/C.Chr.v. Weizsäcker*, Wettbewerb, S.66-69; *G.Knieps*, in: ZögU 4 (1981), S.287 (291); *J. Müller*, in: ZögU 4 (1981), S.153 (165).

47 *G. Knieps/J. Müller/C.Chr.v. Weizsäcker*, Wettbewerb, S.69-74; vorrangig auch bei *G. Knieps*, in: ZögU 4 (1981), S.287 (293); *J. Müller*, in: ZögU 4 (1981), S.153 (165); s. dazu auch *C.Chr.v. Weizsäcker*, in: Jb.DBP 1984, S.3 ff.

48 S. dazu *C. Chr. v. Weizsäcker*, in: Jb. DBP 1984, S.3 ff.

49 *G. Knieps/J. Müller/C. Chr. v. Weizsäcker*, Wettbewerb, S.64.

50 Vgl. *G. Knieps/J. Müller/C. Chr. v. Weizsäcker*, Wettbewerb, S. 75 ff (80).

Die *zweite* Verkürzung des allein aufgabenbezogenen Ansatzes liegt darin, daß der Kreis der Akteure im wesentlichen auf die Fernmeldeunternehmen beschränkt ist. Damit werden andere an der Planung, der Errichtung und dem Betrieb von TK-Netzen und Diensten beteiligte Organisationseinheiten – einschließlich »regulierender« Behörden – aus der Betrachtung ausgeklammert.
Drittens vernachlässigt der Ansatz die für die unterschiedlichen Regulierungsmodelle ganz unterschiedlich ausgestalteten Verfahren der Planung, der Errichtung und des Betriebs von TK-Netzen und -Diensten bzw. die Verfahrensstrukturen, mit deren Hilfe Planungs-, Errichtungs- und Betriebsentscheidungen gesteuert werden[51].

b.) Im Vordergrund einer neueren, breit angelegten vergleichenden Analyse der Telekommunikationspolitik in den Vereinigten Staaten, Kanada, Japan, Großbritannien, Finnland, Frankreich und der Bundesrepublik Deutschland stehen die definitorischen Grenzlinien (»boundary lines«), die – vor allem in den Vereinigten Staaten – mit rechtlichen Konsequenzen für die Diensträgerschaft und das Dienstangebot zwischen unterschiedlichen Kategorien von Diensten gezogen werden:

> The role of definitions – of boundary lines between services and regulatory classification – is increasingly important in telecommunications law and regulation around the world. Demarcating the border between ›telecommunications‹ and ›data processing‹ or ›information services‹, between ›basic‹ and ›enhanced‹ services is critical because these definitions stake out who may provide a service, and under what terms and conditions«[52].

Eine Beschränkung auf die inhaltlichen »boundary lines«, die das Telekommunikationsrecht zwischen Dienstekategorien zieht, griffe jedoch in zweifacher Hinsicht zu kurz: Zum einen haben telekommunikationsrechtlich relevante inhaltliche Grenzlinien immer auch organisations- und verfahrensrechtliche Auswirkungen (sie legen z.B. fest, wer Träger einer bestimmten

51 Zur Relevanz rechtlich geregelter Verfahren für die Telekommunikationspolitik unter dem Grundgesetz s. *J. Scherer*, Telekommunikationsrecht, S. 141 ff, 269 f, 690 ff; für die amerikanische TK-Politik (mit einer Kritik an der Vernachlässigung der »procedural fairness« in der ökonomischen Diskussion): *Bruce M. Owen/ Ronald Braeutigam*, The Regulation Game. Strategic Use of the Administrative Process, Cambridge, Mass., S. 18 ff. S. auch die zentrale Schlußfolgerung der vergleichenden Studie von *R.R. Bruce/J.P. Cunard/M.D. Director*, Telecommunications, Vol. 1, S. 287 f, für die europäische TK-Politik: »...(T)here needs to be a renewed emphasis on an open process for planning and coordinating investments in European facilities«.

52 *R.R. Bruce/J.P. Cunard/ M.D. Director*, Telecommunications, Vol. 1, S. 1.

Kategorie von Diensten sein darf) oder sie werden durch organisations- bzw. verfahrensrechtliche Regelungen überhaupt erst begründet (wie z.B. die kompetenzrechtliche »Grenzlinie« zwischen der Rundfunkhoheit der Länder und der Fernmeldehoheit des Bundes)[53]. Insofern ist die »Grenzlinie« als analytische Kategorie zu wenig differenziert.
Zum anderen ist die telekommunikationsrechtliche Grenzziehung zwischen Diensten nur *eine* mögliche Konsequenz, die sich telekommunikationspolitisch aus der Verknüpfung von Nachrichtenübertragung und Datenverarbeitung ziehen läßt. Insofern ist die Beschränkung auf definitorische »boundary lines« als analytische Kategorie der Telekommunikationspolitik geeignet, den Blickwinkel von vornherein einzuengen.

c.) Einen analytischen Raster, der diese Verkürzungen vermeidet, bilden die in Verwaltungswissenschaft, Ökonomie, Politikwissenschaft und Rechtswissenschaft gebräuchlichen Kategorien
- Entscheidung,
- Verfahren und
- Organisation.

Diese drei Kategorien sind, wie die neuere Entscheidungstheorie gezeigt hat, interdependent: eine Entscheidung ist die zielgerichtete Auswahl einer Handlungsalternative, Verfahrens- und Organisationsstrukturen sind Prämissen von Entscheidungen[54].
Mit diesem Raster läßt sich – ohne schon durch die Kategorienwahl das Ergebnis der Untersuchung zu präjudizieren – danach fragen, worüber und nach welchen rechtlichen Maßstäben (= Entscheidungen über Entscheidungen) telekommunikationspolitische Entscheidungen getroffen werden, nach welchen Verfahrensregeln sie vorbereitet und von wem (= in welchem organisationsrechtlichen Zusammenhang) sie getroffen werden.
Die analytischen Kategorien zur Untersuchung dieser überkommenen und der jetzt an ihre Stelle tretenden Regelungsmodelle (institutionellen Arrangements) müssen – um Vergleichbarkeit zu schaffen – relativ abstrakt bleiben: Es geht um telekommunikationspolitische Entscheidungen, die (oft) in inhaltliche (rechtliche) Regelungen umgesetzt werden, um die Organisationsstrukturen der Träger des Telekommunikationssystems bzw. der zu ihrer Regulierung eingesetzten staatlichen Institutionen und um die Verfahren der Planung, der Errichtung und des Betriebs von TK-Systemen.

53 S. dazu *J. Scherer*, Telekommunikationsrecht, S. 609 ff mwN.

54 Grundlegend der entscheidungstheoretische Ansatz von *Herbert A. Simon*, Administrative Behaviour, 2. Aufl., New York 1957, insbes. S. 61 ff; zur Weiterentwicklung dieses Ansatzes für Telekommunikationsrecht und -politik s. *J. Scherer*, Telekommunikationsrecht, S. 129 ff.

Für die analytische Aufgliederung telekommunikationspolitischer Entscheidungen bietet sich eine Unterscheidung an, die – wie noch zu zeigen sein wird[55] – trotz ihrer Undeutlichkeit weitgehend akzeptiert ist: die Unterscheidung von (physikalischen) Netzen und Diensten. Dementsprechend lassen sich stärker netz- und eher dienstebezogene Entscheidungen unterscheiden.

Ausgangspunkt für die weitere Präzisierung des analytischen Rahmens sind vier nahezu triviale Überlegungen:

(1) Neue Netze werden nicht ins Blaue hinein errichtet, sondern erst geplant und dann errichtet.

(2) Netze werden errichtet, um betrieben zu werden. Sie werden erst errichtet und dann betrieben.

(3) Netze dienen der Telekommunikation. Sie werden errichtet und betrieben, um Dienste zu ermöglichen; erst wenn die Netze errichtet und betriebsbereit sind, können sie der Telekommunikation dienen.

(4) Auch Dienste werden erst geplant, dann eingerichtet und dann betrieben (= dem Benutzer angeboten).

Daraus ergibt sich die Aufgliederung telekommunikationspolitischer Entscheidungen in

- Netz(planungs- und) -errichtungsentscheidungen,
- Netzbetriebsentscheidungen,
- Dienste(planungs- und) -einrichtungsentscheidungen,
- Dienstbetriebsentscheidungen.

55 S. dazu unten, Teil B.

II. *Regelungsmodelle im Fernmeldewesen*

Für die Zeit vor der allmählichen Verknüpfung von Nachrichtenübertragung und Datenverarbeitung läßt eine vergleichende Betrachtung zwei unterschiedliche Regelungsmodelle des Fernmeldewesens erkennen: Das stärker organisationsrechtlich strukturierte Modell staatlicher oder zumindest staatsnaher Post- und Fernmeldeverwaltungen (Postmodell) und das stärker verfahrensrechtlich strukturierte Modell der durch staatliche Kommissionen regulierten Privatunternehmen (Kommissionsmodell).

1.) *Die überkommenen Grenzlinien*

Gemeinsam war beiden Regelungsmodellen, daß die Tätigkeitsbereiche der Träger der Fernmeldesysteme relativ trennscharf begrenzt waren. Bis zum Beginn der siebziger Jahre markierten eine praktisch nicht-existente und zwei recht klar konturierte inhaltliche, organisatorische und prozedurale Grenzlinien den Aufgabenbereich der Fernmeldeunternehmen im Post- und im regulated industry-Modell.

a.) Praktisch nicht vorhanden war die Grenzlinie zwischen Netzen und Diensten: TK-Netze waren dienstespezifische Netze (dedicated networks), die den Anforderungen eines bestimmten TK-Dienstes entsprechend eingerichtet und optimiert wurden (»Fernsprechnetz«, Rundfunknetz, Telexnetz)[1].
Angesichts dieser dienstespezifischen Netzgestaltung war die Unterscheidung von Netzen und Diensten überflüssig und damit auch rechtlich irrelevant: das Netz erbrachte (nur) den Dienst, zu dessen Erbringung es errichtet worden war, als Ansatzpunkt für Regelungsmodelle taugte die Differenzierung von Netzen und Diensten nicht[2].
Dementsprechend war die Unterscheidung von Netzen und Diensten im Fernmelderecht gar nicht oder nur sehr undeutlich ausgeprägt.
Art. L 33 des französischen *Code des PTT* stellt auf die Einrichtungen der Telekommunikation (installation de télécommunication) ab, deren Errichtung

1 Vgl. *Karl-Ludwig Plank*, Grundgedanken zur Gestaltung künftiger Fernmeldenetze, Heidelberg 1983, S. 18 ff; *A.M. Rutkowski*, ISDN, S. 45; *Yasusada Kitahara*, Information network system, London 1983, S. 57.

2 Vgl. *A. M. Rutkowski*, ISDN, S. 45: »In existing, ›dedicated‹ telecommunication networks, the subject of ›service‹ is almost trivial. For example, telephone networks provide and charge for telephone service«.

dem Minister für das Post- und Fernmeldewesen vorbehalten ist bzw. seiner Genehmigung bedarf. Die Zweckbestimmung dieser Einrichtungen wird im Gesetz nur sehr unpräzise angedeutet: es geht um Einrichtungen der Telekommunikation, die für die Übertragung von Korrespondenz (la transmission de correspondances) genutzt werden:

> Art. L 33: Aucune installation de télécommunication ne peut etre établie ou employée à la transmission de correspondances que par le ministre des postes et télécommunications ou avec son autorisation[3].

Auch § 1 des Fernmeldeanlagengesetzes (FAG) unterscheidet nicht systematisch zwischen Netzen und Diensten, sondern verwendet den Rechtsbegriff »Fernmeldeanlagen«, der beides umfaßt[4].

Seine Konkretisierung durch den »Nämlich«-Halbsatz des § 1 Abs. 1 FAG (Fernmeldeanlagen, nämlich Telegraphenanlagen und Fernsprechanlagen) verweist auf die seinerzeit möglichen Dienste. Mit dem weiteren Verweis auf die »Funkanlagen« vermengt die – auch nach Ansicht von Postjuristen – »durch und durch verunglückte Fassung des ersten Satzes des Fernmeldeanlagengesetzes«[5] zwei unterschiedliche Kriterien: Funkanlagen stellen nicht – neben den Telegraphen- und den Fernsprechanlagen – eine dritte *Art* des Fernmeldens dar, sondern nur ein technisches *Mittel*[6].

In ähnlicher Weise wie das französische Recht begrenzt auch das belgische Gesetz vom 19. Juli 1930 in seinem Art. 1 den Tätigkeitsbereich der staatlichen Fernmeldeverwaltung auf die Errichtung von Fernmeldenetzen für die »Korrespondenz der Öffentlichkeit« (la correspondance du public) und verweist – ähnlich wie das Fernmeldeanlagengesetz – auf die beiden Fernmeldedienste Telegrafie und Telefonie[7].

3 Zur Gesetzesgeschichte in der Zeit zwischen 1837-1950: Vgl. Document Parlementaire, Assemblée Nationale, 7éme legislation No. 2165: Rapport fait au nom de la Commission de la Production et des Echanges sur le projet de loi (no 2108) relatif au service public des Telecommunications, par M.K. Maye. Zu neueren Entwicklungen in Frankreich s. *Jean-Bernard Blaise*, Rundfunk- und Fernmeldepolitik in Frankreich, in: Joachim Scherer (Hrsg.), Nationale und europäische Perspektiven der Telekommunikationspolitik, Baden-Baden 1987, S. 69 ff.

4 § 1 Abs. 1 FAG lautet: »Das Recht, Fernmeldeanlagen, nämlich Telegraphenanlagen für die Vermittlung von Nachrichten, Fernsprechanlagen und Funkanlagen zu errichten und zu betreiben, steht ausschließlich dem Bund zu. Funkanlagen sind elektrische Sendeeinrichtungen sowie elektrische Empfangseinrichtungen, bei denen die Übermittlung oder der Empfang von Nachrichten, Zeichen, Bildern oder Tönen ohne Verbindungsleitungen oder unter Verwendung elektrischer, an einem Leiter entlang geführter Schwingungen stattfinden kann«.

5 *J. Aubert*, I, 2. Aufl., S. 76 mit Hinw. auf *E. Neugebauer*, in: Jb. PostW. 1937, S. 26 ff.

6 S. hierzu, statt vieler, *A. Eidenmüller*, FAG, § 1, Anm. 7 und bereits *J. Aubert*, I, S. 90 f.

7 Art. 1: »La Régie des Télégraphs et des Téléphones a seule le droit d'établir et d'exploiter pour la correspondance du public, les lignes et des bureaux télégraphiques et téléphoniques...«.

Nach der Art der Übertragungsmedien differenzierend, aber dienstebezogen weist der amerikanische Communications Act von 1934 der Federal Communications Commission die Befugnis zu, für drahtgebundenen und nichtdrahtgebundenen Kommunikationsdienst mit angemessenen Einrichtungen (wire and radio communication service with adequate facilities) zu sorgen[8].

b.) Deutlich ausgeprägt war demgegenüber die Grenzlinie zwischen der Datenproduktion, der Datenver- und -bearbeitung einerseits und der Nachrichtenübertragung andererseits. Die Tätigkeit der Fernmeldeunternehmen – ob öffentliche Unternehmen oder öffentlich regulierte Privatunternehmen – beschränkte sich, wie schon die zitierten Gesetzestexte zeigen und wie sich an den Beispielen des Fernsprech- und des Rundfunkdienstes weiter illustrieren läßt, auf die Übermittlung von Nachrichten.
Die »Produktion« der mit Hilfe des Fernsprechdienstes zu übermittelnden Nachrichten war – mit Ausnahme bestimmter Auskunfts- und Ansagedienste[9] – Sache der Kommunikatoren; sie be- und verarbeiteten auch die ihnen fernmündlich übermittelten Informationen. Die Tätigkeit der Fernmeldeunternehmen beschränkte sich hingegen darauf, die »Korrespondenz« zu ermöglichen, anders gesagt: Nachrichten zu übermitteln.
Das gleiche galt für den Rundfunkdienst: Soweit Fernmeldeunternehmen daran beteiligt waren, beschränkte sich ihre Tätigkeit auf die Übermittlung der von Rundfunkveranstaltern produzierten Nachrichten. Zwischen Rundfunkveranstaltern als Inhaltsproduzenten und Fernmeldeunternehmen als den Übermittlern der Inhalte bestand eine deutliche organisatorische Grenzlinie[10].

8 47 U.S.C. § 151: »For the purposes of regulating interstate and foreign commerce in communication by wire and radio so as to make available, so far as possible, to all the people of the United States, a rapid, efficient, Nation-wide, and world-wide wire and radio communication service with adequate facilities at reasonable charges, for the purposes of the national defense, for the purposes of promoting safety of life and property through the use of wire and radio communication, and for the purpose of securing a more effective execution of this policy by centralizing authority heretofore granted by law to several agencies and by granting additional authority with respect to interstate and foreign commerce in wire and radio communication, there is created a commission known as the »Federal Communications Commission« which shall be constituted as hereinafter provided, and which shall execute and enforce the provisions of this chapter«.

9 S. dazu für die Situation in der Bundesrepublik *J. Scherer*, Telekommunikationsrecht, S. 632 f.

10 S. dazu für die Bundesrepublik Deutschland BVerfGE 12, 205; für die Vereinigten Staaten die Darstellung bei *Gerald W. Brock*, The Telecommunications Industry, Cambridge, Mass., 1981, S. 168 ff. Allg. zur Trennung von Übertragungsmedien (conduit) und Inhalten (content) s. *Lewis Schnurr*, Conduit-Content Convergence: Its Causes and Effects, in: E.-J. Mestmäcker (Hrsg.), Transborder Telecommunications, S. 157 ff mit *Comments* von *J. Scherer*, S. 174 ff und *B. Hugenholtz*, S. 180 ff.

c.) Eine weitere deutlich konturierte Grenzlinie verlief zwischen den von Fernmeldeunternehmen erbrachten Rundfunkdiensten und den Diensten der Individualkommunikation.

Diese Unterscheidung, die ihren Niederschlag auch im internationalen Fernmelderecht gefunden hat[11], ist ein frühes Beispiel für die Schaffung unterschiedlicher Dienste-Kategorien und die Herausbildung je spezifischer Regelungsstrukturen: Die Rundfunk»anbieter« als nachrichtenproduzierende und -verarbeitende Institutionen unterliegen seit jeher einem rechtlichen Regelungsregime, das auf den von ihnen erbrachten TK-Dienst zugeschnitten ist. Für die neuartigen »rundfunkähnlichen« TK-Dienste[12] müssen entsprechende Regelungen meist erst noch geschaffen werden.

Für die Abgrenzung zwischen den individualkommunikativen TK-Diensten (Fernsprechen, Telex usw.) einerseits und dem Rundfunk andererseits boten sich zwei – angesichts der technischen Möglichkeiten lange Zeit gleichwertige – Kriterien an: Zum einen das (eher nachrichtentechnisch geprägte) Kriterium der Netzstruktur, zum anderen das am Sozialbezug der Kommunikation ausgerichtete Kriterium des Empfängerkreises.

Aus nachrichtentechnischer Sicht ließ sich der Rundfunk von den Diensten nachrichtentechnisch ermöglichter Individualkommunikation durch die Netzstruktur abgrenzen. Individualkommunikation erfolgte mit Hilfe von meist sternförmig strukturierten, mit Vermittlungsstellen ausgestatteten Netzen als vermittelte Kommunikation (»Jeder mit jedem«). Rundfunk als Massenkommunikation erfolgte mit Hilfe von Verteilnetzen mit Baumstruktur als Verteilkommunikation (»Einer zu vielen«).

Unabhängig von der Netzstruktur ließ sich Rundfunk als Massenkommunikation auch – nach dem Sozialbezug – mit Blick auf die Rezipienten von der nachrichtentechnisch ermöglichten Individualkommunikation unterscheiden: Während Rundfunk eine an jedermann (d.h. eine unbestimmte Vielzahl von

11 Siehe zuletzt ITU, Final Acts of the Plenipoteniary Conference, Nairobi 1982, Annex 2: »*Broadcasting Service*: A radiocommunication service in which the transmissions are intended for direct reception by the general public. This service may include sound transmissions, television transmission or other types of transmission«.

12 Die Regelungskategorie der »rundfunkähnlichen Kommunikation« führt das baden-württembergische Landesmediengesetz vom 12. 12. 1985 ein. Sie ist weder Rundfunk (»Veranstaltung und Verbreitung von Darbietungen in Wort, in Ton und in Bild unter Benutzung elektromagnetischer Schwingungen ohne Verbindungsleitungen oder längs oder mittels eines Leiters...(die) in planvoller und zeitlich geordneter Abfolge zum gleichzeitigen Empfang durch die Allgemeinheit bestimmt ist« § 1 Abs. 2 Nr. 1) noch Individualkommunikation, sondern umfaßt »insbesondere die Veranstaltung und Verbreitung von Sendungen mit Texten, stehenden Bildern, Bewegtbildern, Musik und Sprechdarbietungen« als Sendungen auf Abruf oder als Sendungen auf Zugriff (§1 Abs. 3). S. dazu *Martin Bullinger/ Christoph Gödel*, Landesmediengesetz Baden-Württemberg, Baden-Baden 1986, § 1, Rn. 11-14.

Personen, an die Öffentlichkeit) gerichtete Form der Nachrichtenübertragung war[13], handelte es sich bei den übrigen »klassischen« Formen der Telekommunikation (dem Fernsprechen, dem Fernschreiben) um die Nachrichtenübertragung zwischen bestimmten Personen.
Solange die Netzstruktur den Empfängerkreis determinierte, war es unerheblich, ob Netzstruktur oder Empfängerkreis als Anknüpfungspunkt für die rechtliche Regelung der nachrichtentechnischen »Massenkommunikation« gewählt wurde. Rundfunk ließ sich (empfängerbezogen) als Übertragung von Nachrichten definieren, die zum Empfang durch die Allgemeinheit bestimmt sind[14].
Mit der Einführung von Diensten, die (auch) »Massenkommunikation« ermöglichen und über *Vermittlungs*netze abgewickelt werden, entfällt das nachrichtentechnische Abgrenzungskriterium der Netzstruktur.
An seine Stelle müssen neuartige, vom Telekommunikationsrecht erst noch zu entwickelnde Kriterien treten. Sie können stärker nachrichtentechnisch ausgerichtet sein und etwa auf das vom jeweiligen Dienstprofil bestimmte Benutzerverhalten abstellen: So differenzieren §§ 33, 45 ff b.-w. LMG die auf die Informationsverarbeitung und -bereitstellung anwendbaren Rechtsregeln danach, ob es sich um Abruf- oder Zugriffsdienste handelt.
Eine andere Kategorisierungsmöglichkeit ist auch hier die nach dem Sozialbezug des jeweiligen Kommunikationsdienstes. Darauf wird zurückzukommen sein[15].

2.) *Politisch-ökonomische Regelungsprobleme und Regelungsziele*

Aus ökonomischer Sicht ergaben sich für die überkommenen TK-Systeme Regelungsprobleme vor allem daraus,
- daß TK-Netze und die mit ihrer Hilfe angebotenen Dienste als natürliche Monopole angesehen wurden (a.) und
- daß die Kostenstruktur der Errichtung von TK-Netzen und -Diensten eine ungleichmäßige Versorgung der Bevölkerung erwarten ließ (b.).

Regelungsziele waren dementsprechend
- die Kontrolle von Monopolmacht und

13 S. dazu die Nachweise aus der kommunikationswissenschaftlichen Lit. bei *J. Scherer*, Telekommunikationsrecht, S. 583 f.
14 S. dazu bereits oben, Anm. 12; s. auch Art. 1 des Staatsvertrags über die Regelung des Rundfunkgebührenwesens vom 5. Dezember 1974.
15 S. unten, C.

– die Gewährleistung einer als sozial gerecht angesehenen »gleichmäßigen« Versorgung mit TK-Netzen und -Diensten.

Damit sind natürlich nicht alle Ziele der rechtlichen Regelung im Fernmeldebereich bezeichnet. Entgegen einer in der neueren Deregulierungsdiskussion verbreiteten Sichtweise waren und sind die Ziele fernmelderechtlicher Regelungen komplexer[16]; das hat Auswirkungen für die derzeit im Gang befindliche Umstrukturierung des Fernmelderechts zum Telekommunikationsrecht[17].

a.) Ein (natürliches) Monopol liegt nach der Begriffsbestimmung der ökonomischen Monopoltheorie dann vor, wenn die im Markt nachgefragte Menge eines Gutes oder einer Dienstleistung von einem einzigen Unternehmer zu niedrigeren Kosten produziert werden kann als von jeder größeren Zahl von Unternehmern[18].
Die Ursache für das Vorliegen einer solchen natürlichen Monopolsituation kann in Größenvorteilen (economies of scale) liegen, also dem Umstand, daß eine gleichmäßige Steigerung aller zur Produktion eines Gutes (oder einer Dienstleistung) erforderlichen inputs zu einer überproportionalen Steigerung der produzierten Menge führt[19].
Für den Fernmeldebereich war bislang unstreitig, daß sich aus dem Netzverbund Größenvorteile ergeben[20].
Sie resultieren daraus, daß der Netzverbund es gestattet, das Verkehrsaufkommen zu verdoppeln, ohne daß doppelt so viel Kapital (für Übertragungs- und Vermittlungseinrichtungen) in das Netz investiert werden muß[21].
Im Fall von Mehrproduktunternehmen, wie es die Post- und Fernmeldeverwaltungen typischerweise sind, können auch Verbundvorteile vorliegen, die

16 So auch *J. Müller*, Möglichkeiten für Entregulierung im Telekommunikationsbereich, in: Beih. für Konjunkturpolitik, 32 (1986), S. 133 (135).

17 S. dazu unten, Teil C.

18 *Jürgen Müller/Ingo Vogelsang*, Staatliche Regulierung, Baden-Baden 1979, S. 36 f.

19 Allg. zu Größenvorteilen bei öffentlichen Unternehmen *Ch. B. Blankart*, Ökonomie der öffentlichen Unternehmen, München 1980, S. 159 ff mwN.

20 Umstritten ist jetzt der Umfang dieser Größenvorteile, vgl. *John R. Meyer/Robert W. Wilson/M. Alan Baughcum* et al., The Economics of Competition in the Telecommunications Industry, Cambridge, Mass., 1982, S. 125 ff, 147 und den Überblick über die vorliegenden ökonometrischen Studien S. 317 ff; s. auch *S.C. Littlechild*, Elements, S. 49 ff und jetzt *Reinhard Wieck*, Zur Frage des natürlichen Monopols in der Telekommunikationsindustrie, Typoskript, Hamburg 1985 sowie *ders.*, Comment, in: E.-J. Mestmäcker (Hrsg.), Transborder Telecommunications, S. 285 ff.

21 Dazu und zu weiteren Kostenfaktoren von TK-Netzen sowie ihrer Berücksichtigung in den vorliegenden Studien s. *J. R. Meyer/R. W. Wilson/M.A. Baughcum*, Competition, S. 126 f, 134 ff; krit. *R. Wieck*, Monopol, Typoskript, Hamburg 1985, S. 13 ff.

(allein oder in Verbindung mit vorhandenen Größenvorteilen) die Entstehung eines natürlichen Monopols begünstigen[22]. Von Verbundvorteilen spricht man, wenn sich die jeweiligen Produktionskosten der in einem Mehrproduktunternehmen produzierten Güter wegen der gemeinsamen Produktion gegenseitig positiv beeinflussen.

Wenn die Voraussetzungen eines natürlichen Monopols gegeben sind, »versagt« die Steuerung ökonomischer Aktivitäten durch die organisatorischen und prozeduralen Mechanismen des Marktes. Dieses »Marktversagen« erfordert – der traditionellen Theorie zufolge – staatliche Regulierungseingriffe, die zum einen den Konsumenten vor der Marktmacht des Monopolisten schützen und zum anderen den Monopolisten vor einer volkswirtschaftlich unerwünschten Beeinträchtigung seines Monopols bewahren[23].

Zum Schutz des Konsumenten sind staatliche Regulierungseingriffe erforderlich, weil der Monopolist versuchen wird, durch Ausnutzung seiner Marktmacht das von ihm angebotene »Produkt« – TK-Netze und -Dienste – künstlich zu verknappen, um über einen höheren Preis seinen Gewinn zu vergrößern. Zum Schutz des Monopolisten sind staatliche Regulierungseingriffe erforderlich, weil »ineffizienter« Marktzutritt zu volkswirtschaftlichen Verlusten führen kann[24].

Für die überkommene Betrachtungsweise der Monopoltheorie ist die organisatorische und prozedurale Ausgestaltung des Regulierungseingriffs bedeutungslos. Staatliche Regulierung kann durch die Erteilung einer Monopollizenz an ein privates Unternehmen und dessen Überwachung durch eine Regulierungsbehörde erfolgen oder durch die Einrichtung eines für den Monopolbereich zuständigen öffentlichen Unternehmens[25].

Erst die neuere (deutsche) Entstaatlichungsdiskussion, in der die vor dem Hintergrund des Kommissionsmodells entstehende »positive Theorie der

22 S. dazu allg. *Karl-Heinz Neumann*, Ökonomische Begründung des wettbewerblichen Ausnahmebereichs Fernmeldewesen, in: Wissenschaftliches Institut für Kommunikationsdienste der Bundespost, Diskussionsbeiträge zur Telekommunikationsforschung Nr. 4, Koblenz 1984, S. 11 f; zu den Verbundvorteilen, die aus der organisatorischen Verknüpfung von Post- und Fernmeldewesen erwachsen können siehe – am Beispiel des British Post Office – *Arnulf Heuermann/Thomas Schnöring*, Die Entwicklung des britischen Post Office – Ansätze zu einem Vergleich mit der Deutschen Bundespost, in: Jb. DBP 1985, S. 321 (379 ff).

23 Hierzu und zu neueren Theorieansätzen *Bernhard Wieland*, Die ökonomische Theorie des natürlichen Monopols, in: Wissenschaftliches Institut für Kommunikationsdienste der Bundespost, Diskussionsbeiträge zur Telekommunikationsforschung Nr. 2, Koblenz 1983, S. 8 ff.

24 S. zu diesen »klassischen« Rechtfertigungen von Regulierungseingriffen zum Schutz natürlicher Monopole *J. Müller/I. Vogelsang*, Staatliche Regulierung, S. 36 ff mwN.

25 Vgl. *G. Knieps/J. Müller/C. Chr. v. Weizsäcker*, Wettbewerb, S. 76; *B. Wieland*, Theorie, S. 13. Differenzierend jetzt *J. Müller*, in: Beih. für Konjunkturpolitik 32 (1986), S. 133 (156 ff).

Regulierung«[26] und die mit den öffentlichen Unternehmen entstandene Gemeinwirtschaftstheorie[27] aufeinander treffen, arbeitet systematisierend Gemeinsamkeiten und Unterschiede der beiden Regelungsmodelle heraus[28].

b.) Ein zusätzliches Regulierungsproblem ergibt sich daraus, daß die Errichtung und der Betrieb von TK-Systemen traditionell als Infrastrukturaufgabe angesehen wird.

TK-Netze und -Dienste sollten flächendeckend für jedermann und grundsätzlich zu einheitlichen Tarifen angeboten werden.

Als geeignetes Mittel zur Erreichung dieser »sozialen Ziele« erschien es, den Fernmeldeunternehmen eine rechtlich abgesicherte Alleinstellung einzuräumen.

Der ökonomische Grund hierfür liegt in der Kostenstruktur von Fernmeldenetzen: Weil die Bereitstellungskosten von Fernmeldenetzen nach Maßgabe der jeweiligen Verkehrsdichte räumlich sehr stark divergieren (hoher finanzieller Aufwand für die Versorgung dünn besiedelter, abgelegener Regionen) ist – wenn das Fernmeldeunternehmen dem Prinzip der Tarifeinheit und einer Anschlußpflicht unterliegt – interne Subventionierung erforderlich. Die in dicht besiedelten Regionen erzielten Einnahmen werden dazu verwandt, um die in weniger dicht besiedelten Gebieten erforderlichen Mehraufwendungen »intern« zu subventionieren.

Interne Subventionierung findet auch zwischen dem Fernsprech-Fernverkehr und dem Ortsverkehr statt. Die Telefonnutzer des Fernnetzes subventionieren die Telefonnutzer in den mit höheren Bereitstellungskosten errichteten Ortsnetzen[29].

Diese Formen der internen Subventionierung können bei freiem Marktzutritt zur »Rosinenpickerei« führen, wenn der Netzträger durch rechtliche Tarifierungsregeln gebunden ist: Konkurrenten können in diesem Fall auf denjeni-

26 Grundlegend für die Rezeption der amerikanischen Ansätze *J. Müller/I. Vogelsang*, Staatliche Regulierung, insbes. S. 101 ff; den Versuch, eine »positive Theorie der Veränderung des status quo im Telekommunikationsbereich« zu entwickeln, unternimmt *G. Knieps*, Entstaatlichung im Telekommunikationsbereich, Tübingen 1985, vgl. S. 2, dazu *J. Scherer*, RuF 1986, S. 568 ff.

27 S. dazu die umfassenden Darstellungen von *Th. Thiemeyer*, Gemeinwirtschaftlichkeit als Ordnungsprinzip, Berlin 1970 sowie *ders.*, Wirtschaftslehre der öffentlichen Betriebe, Reinbek 1975.

28 S. dazu vor allem die Beiträge in Th. Thiemeyer (Hrsg.), Öffentliche Bindung von Unternehmen. Beiträge zur Regulierungsdebatte, Baden-Baden 1983 sowie zum Diskussionsstand *J. Scherer*, Telekommunikationsrecht, S. 157 ff.

29 S. dazu allg. *J. R. Meyer/R. W. Wilson/M.A. Baughcum*, Competition, S. 172 ff; s. auch *Karl-Heinz Neumann*, Gebührenpolitik im Telekommunikationsbereich, Baden-Baden 1984, S. 244 ff zu den verteilungspolitischen Effekten des Nahdienstes mit Zeittakt.

gen profitablen Teilmärkten, auf denen der Abstand zwischen Gebühren und Kosten besonders hoch ist, ihre Dienstleistungen preiswerter anbieten, ohne daß der – etwa durch den Grundsatz der Tarifeinheit gebundene – Netzträger hierauf sofort mit einer kostenorientierten Tarifierung reagieren kann[30].
Als geeignetes und erforderliches Instrument um die angesichts der internen Subventionierung bestehende Gefahr der Rosinenpickerei auszuschließen, wurde bislang die rechtliche Absicherung der Alleinstellung von Fernmeldeunternehmen angesehen; die dafür geprägten Regelungsmodelle sollen jetzt näher betrachtet werden.

3.) *Die Regelungsmodelle*

Wegen der Parallelität der technischen Entwicklung und der daraus resultierenden politisch-ökonomischen Regelungsprobleme sind auch die überkommenen (rechtlichen) Regelungen, mit deren Hilfe Planung, Errichtung und Betrieb der TK-Systeme gesteuert wurden, einander recht ähnlich. Sie lassen sich zu zwei Regelungsmodellen verdichten: dem Postmodell westeuropäischen Zuschnitts und dem amerikanischen Kommissionsmodell.
Die beiden Modelle weisen strukturelle Gemeinsamkeiten und Unterschiede auf, die sich mit Hilfe der analytischen Kategorien »Entscheidung – Organisation – Verfahren« präzisieren lassen.

a.) Gemeinsam war beiden Regelungsmodellen die inhaltliche Entscheidung zugunsten von rechtlich abgesicherten Alleinstellungen: Während die (grundsätzlich) ausschließliche Netz- und Dienstträgerschaft im Postmodell auf gesetzgeberischen Entscheidungen beruhte, waren es im Kommissionsmodell Entscheidungen der Regulierungsbehörden, die den privaten Fernmeldeunternehmen Alleinstellungen gewährten.
Der wichtigste strukturelle Unterschied zwischen beiden Modellen bestand in der organisatorischen Zuordnung von (hoheitlichen) Entscheidungsbefugnissen und der »unternehmerischen« Betätigung als Dienstleistungserbringer.
Im Postmodell sind Planungs-, Errichtungs- und Betriebsentscheidungen bezüglich der Netze und Dienste im Rahmen der gesetzlichen Aufgabenzuweisung grundsätzlich Sache des jeweiligen Fernmeldeunternehmens selbst.
Anders im Kommissionsmodell: Hier sind Planungs-, Errichtungs- und Be-

30 Zur Rosinenpickerei aus Sicht der Bundespost s. *Helmut Schön/Karl-Heinz Neumann*, Mehrwertdienste (Value Added Services) in der ordnungspolitischen Diskussion, in: Jb. DBP 1985, S. 478 (496); s. auch die Berechnungsbeispiele S. 512 ff.

triebsentscheidungen der regulierten Privatunternehmen grundsätzlich genehmigungspflichtig; über die Genehmigung entscheidet die staatliche Regulierungsbehörde.

Gemeinsam sind beiden Modellen die inhaltlichen Entscheidungsmaßstäbe: Ziel der Planungs-, Errichtungs- und Betriebsentscheidungen ist die flächendeckende Bereitstellung von TK-Netzen und -Diensten zu einheitlichen Tarifen[31].

Der organisatorischen Zusammenfassung von »hoheitlichen« und als »unternehmerisch« dagegen auszugrenzenden Funktionen im Postmodell und ihrer organisatorischen Trennung im Kommissionsmodell entspricht ein wesentlicher Unterschied hinsichtlich der rechtlichen Entscheidungssteuerung: Während Planung, Errichtung und Betrieb von Netzen und Diensten im Modell der öffentlichen Fernmeldeunternehmen überwiegend mit Hilfe der Organisationsstruktur bzw. des sie prägenden *Organisationsrechts* gesteuert werden, dominiert im Modell der öffentlich regulierten, privaten Fernmeldeunternehmen die prozedurale Steuerung durch *Verfahrensrecht.*

b.) Die (Post- und) Fernmeldeverwaltungen westeuropäischen Zuschnitts sind rechtlich strukturierte Organisationseinheiten, die entweder einem Verwaltungsträger eingegliedert und damit Teil der öffentlichen Verwaltung oder einem Verwaltungsträger mehr oder minder eng zugeordnet und damit quasi-gouvernementale Organisationen[32] oder auch – im Falle stärkerer Verselbständigung – mit eigener Rechtspersönlichkeit ausgestattete öffentliche Unternehmen sind[33].

Unabhängig von Einzelheiten ihrer organisationsrechtlichen Gestaltung war den Post- und Fernmeldeverwaltungen herkömmlicher Prägung gemeinsam, daß es sich um Organisationen in staatlicher Trägerschaft handelte.

31 Vgl. § 2 Abs. 3 PostVerwG und – zum sozialstaatlich geprägten Versorgungsauftrag der Post – *Peter Badura*, Der Paketdienst der Deutschen Bundespost, in: Jb. DBP 1977, S. 76 ff, *Peter Lerche*, Das Fernmeldemonopol – öffentlichrechtlich gesehen, in: E.-J. Mestmäcker (Hrsg.), Kommunikation ohne Monopole, Baden-Baden 1980, S. 139 (144 f) sowie *J. Scherer*, Telekommunikationsrecht, S. 258 ff; s. auch die Formulierung in 47 U.S.C. § 151 (oben, Anm. 8) und zum Konzept des service public in Frankreich allg. *André de Laubadère/Pierre Delvolvé*, Droit Public Economique, 4e ed., Paris 1983, S. 624 ff, insbes. zum Versorgungsauftrag der Post *G. Bonnetblanc*, Télécommunications, S. 53 ff, 61 ff mwN.

32 S. dazu *Gunnar Folke Schuppert*, Die Erfüllung öffentlicher Aufgaben durch verselbständigte Verwaltungseinheiten, Göttingen 1981, S.

33 Hierbei handelt es sich nicht um rechtsdogmatische, sondern um verwaltungswissenschaftliche Zuordnungen: Die juristische Qualifizierung einer Fernmeldeverwaltung als »Unternehmen« – beispielsweise im Sinne von Art. 86 EWGV – folgt anderen Regeln. S. dazu EuGH Urt. vom 20. März 1985, Rs. 41/83 (Italienische Republik ./.Kommission -»British Telecom«-), Rn. 16-19.

Ihre Organisationsentwicklung vom Beginn der Einrichtung öffentlicher TK-Netze und -Dienste Ende des vorigen Jahrhunderts bis zum Beginn der Verknüpfung von Nachrichtenübertragung und Datenverarbeitung Anfang der siebziger Jahre ist durch zwei Tendenzen gekennzeichnet:

- eine zunehmende *Verselbständigung* der (Post- und) Fernmeldeverwaltungen von ihren jeweiligen Trägern und
- die damit verknüpfte Ergänzung oder Ersetzung parlamentarischer Kontrollen des Handelns der (Post- und) Fernmeldeverwaltungen durch neuartige, organisationsrechtlich abgesicherte Partizipationsformen.

Die organisatorische Verselbständigung der deutschen Post begann mit der Postreform von 1924: Das Reichspostfinanzgesetz vom 18.3. 1924 lockerte die organisations- und haushaltsrechtlichen Bindungen der Reichspost an die allgemeine Reichsverwaltung[34]. Organisationsrechtlich geschah dies durch die Einrichtung eines aus 31, später 41 Mitgliedern bestehenden Verwaltungsrates, der an der Leitung der Post beteiligt wurde[35], haushaltsrechtlich durch die Verselbständigung des dem Post- und Fernmeldewesen gewidmeten Vermögens als Sondervermögen[36].
An diese Organisationsstruktur, die das sog. Vereinfachungsgesetz mit Wirkung vom 1. April 1934 durch eine zentralistische, am Führerprinzip ausgerichtete Struktur ersetzt hatte[37], knüpfte das Postverwaltungsgesetz von 1953 an[38].
Eine weitergehende organisatorische Verselbständigung der Post, die der von einer Regierungskommission vorbereitete Entwurf eines Gesetzes über die Unternehmensverfassung der Deutschen Bundespost vorsah, scheiterte in der 7. Legislaturperiode am Widerstand der Postgewerkschaft[39].

34 RGBl 1924 I, S. 287; s. dazu RT-Drs. Nr. 6590, 1. Wahlperiode 1920/24.

35 Vgl. den Aufgabenkatalog in § 6 RPFG; zur Organisationsstruktur nach dem RPFG s. *Rudolf Hotz*, Die höchsten Organe der Deutschen Reichspost, jur. Diss., München 1931, insbes. S. 301 ff und zur Zusammensetzung des Postverwaltungsrates ebd., S. 334 f.

36 §§ 1 Abs. 1, 7 Abs. 1 RPFG

37 Gesetz zur Vereinfachung und Verbilligung der Verwaltung vom 27. Februar 1934, RGBl. I, S. 130; s. dazu *Ohnesorge*, Die Reichspost im Dritten Reich, insbes. S. 8 f, 37, 57, 72. Zusammenfassend *Friedrich Bischoff*, Die Rechtsgestalt der Deutschen Bundespost, jur. Diss., Göttingen 1954, S. 27 ff. mwN.

38 Zur Entstehungsgeschichte des PostVerwG s. BT-Drs. 1/3479; BT-Drs. 1/4204, BT-Drs. 1/4388; zusammenfassend *F. Bischoff*, Rechtsgestalt, insbes. S. 41 ff.

39 Zur Arbeit der Kommission s. *Walter Laue*, Die »Kommission Deutsche Bundespost« – Aufgabenstellung, Arbeitsweise und Ergebnisse, in: Jb. PostW 1971, S. 102 ff; der Entwurf ist abgedr. ebd. S. 117 ff, s. auch BT-Drs. 7/81. Zusammenfassend *J. Scherer*, Telekommunikationsrecht, S. 311 ff mwN.

Ähnliche Verselbständigungstendenzen läßt die Entwicklung anderer europäischer Post- und Fernmeldeverwaltungen erkennen:
Die niederländische Post- und Fernmeldeverwaltung (PTT) erhielt bereits 1904 aufgrund des Telegraphie- und Telephongesetzes den Status eines gemeinnützigen, zwar weitgehend verselbständigten, nicht aber im Rechtssinne selbständigen öffentlichen Unternehmens: »The Dutch PTT does not have the legal status of a separate corporation; the PTT is a corporate unit hierarchically subordinate to the Minister in charge of PTT-affairs, currently the Minister of Transport and Public Works. The Director-General of PTT, the highest PTT official, therefore is obliged to take orders from the Minister or his Under-Secretary«[40].
Ende der fünziger Jahre schlug eine Regierungskommission (*Goedhart*-Komitee) vor, die PTT insbesondere finanziell stärker zu verselbständigen. Zur Erfüllung der Infrastrukturaufgabe (Vollversorgung mit Telefonen) sollte der PTT die Kreditaufnahme erleichtert und ein breiterer Entscheidungsspielraum bei Investitionen eingeräumt werden. Der Vorschlag blieb jedoch ohne politische Resonanz. Die im Juli 1981 eingesetzte *Swarttouw*-Kommission griff die Vorschläge wieder auf und regte darüber hinaus eine organisatorische Ausdifferenzierung der Post durch Schaffung von Tochterunternehmen und eine Verstärkung der Benutzerpartizipation an[41]. Erst die 1984 eingesetzte *Steenbergen*-Kommission, die – an diese Vorschläge anknüpfend – ein umfassendes Reformprogramm vorlegte, fand die zur Umsetzung erforderlichen politischen Mehrheiten.
Die Ausgliederung der belgischen Régie des télégraphes et des téléphones (RTT) aus der Staatsverwaltung erfolgte durch Gesetz vom 19. Juli 1930, das der RTT zugleich ein hohes Maß an (sachlicher und finanzieller) Autonomie gewährte[42].
Das British Post Office wurde durch den Post Office Act von 1969 aus der staatlichen Verwaltung ausgegliedert und in ein öffentliches Unternehmen (public corporation) umgewandelt. Die Führung des Unternehmens und die

40 *Bernt Hugenholtz*, Gutachten, S. 25.

41 Siehe dazu zusammenfassend *Bernhard Wieland*, Die Neuordnung des Fernmeldewesens in den Niederlanden, Wissenschaftliches Institut für Kommunikationsdienste der Deutschen Bundespost, Diskussionsbeiträge zur Telekommunikationsforschung, Nr. 16, Bad Honnef 1986, S. 4 f. S. auch *Steenbergen-Kommission*, Signale für die nächste Zeit, Bonn 1986 (deutsche Übersetzung des Kommissionsberichts, hrsg. vom Bundesministerium für das Post- und Fernmeldewesen), S. 6 f.

42 S. dazu und zur Einschränkung dieser Autonomie durch das Gesetz vom 16. März 1954: *Telecommunications in Belgium*, in: Telecommunication Journal 52 (1985), S.- 147 (191 f). Ausführlich *B. de Crombrugghe/Yves Poullet*, La Règlementation des Télécommunications en Belgique, in: Administration Publique 1986, S. 187 (195 ff) mwN.

Aufsicht über das Unternehmen, die bislang dem Postmaster General oblagen, wurden organisatorisch voneinander getrennt: Die Unternehmensführung lag jetzt beim Post Office Board, dessen Aufgaben denen des Vorstands und des Aufsichtsrates einer Aktiengesellschaft nach deutschem Recht vergleichbar waren, die Aufsicht über das Post Office übte der Postminister aus[43].

Die Verselbständigung der (Post- und) Fernmeldeverwaltungen von ihren Verwaltungsträgern war verknüpft mit einer Öffnung der Organisationsstruktur für neuartige, organisationsrechtlich abgesicherte Formen der Partizipation: Die parlamentarische Kontrolle der als Verwaltungsbehörde und damit Teil der Exekutive begriffenen Organisationen wird ergänzt oder ersetzt durch die eher korporatistische Kontrolle der jetzt stärker als öffentliche Unternehmen konzipierten PTT's[44].

Unter diesen Kontrollgremien sind vor allem zu nennen:

- der erstmals auf der Grundlage des Reichspostfinanzgesetzes von 1924 eingerichtete, durch das »Vereinfachungsgesetz« von 1934 abgeschaffte und durch das Postverwaltungsgesetz von 1953 wieder eingeführte Postverwaltungsrat der Deutschen Bundespost, der nach Maßgabe des § 12 PostVerwG an der Leitung der Deutschen Bundespost mitwirkt (§ 1 Abs. 1 S. 2 PostVerwG);
- das aufgrund des Post Office Act von 1969 eingerichtete Post Office Users National Council (POUNC), dem zuletzt 29, teils ehrenamtliche, vom zuständigen Minister ernannte Mitglieder und ein Vorsitzender angehörten; das POUNC mußte vor dem Inkrafttreten aller Vorhaben, die im Zusammenhang mit einem wichtigen Dienst des Post Office standen, informiert und konsultiert werden[45].

Anders als das staatlich regulierte private Fernmeldeunternehmen AT&T waren die öffentlichen Fernmeldeunternehmen mit dem Postwesen horizontal integriert: Typischerweise entwickelte sich das Fernmeldewesen historisch als

43 S. dazu die graphischen Darstellungen der Organisationsstrukturen des British Post Office vor und nach der Reform von 1969 bei *Arnulf Heuermann/Karl-Heinz Neumann*, Die Liberalisierung des britischen Telekommunikationsmarktes, Berlin 1985, S. 43 und 45.

44 Zu dahingehenden Bestrebungen in Frankreich und ihrem Scheitern s. *G. Bonnetblanc*, Télécommunications, S. 24 ff mwN. Allg. *Yves Stourdzé*, Généalogie des télécommunications francaises, in: Alain Giraud/Jean-Louis Missika/Dominique Wolton, Les Réseaux Pensants, Paris 1978, S. 16 ff.

45 Ausführlicher zur Stellung des POUNC *Arnulf Heuermann/Thomas Schnöring*, Die Entwicklung des britischen Post Office, in: Jb. DBP 1985, S. 321 (359 f).

»Zweig« des Postwesens und blieb organisatorisch und finanziell mit ihm verknüpft.
Den hohen Grad an *vertikaler* Integration, der für das staatlich regulierte Unternehmen AT&T bis zur Entflechtung charakteristisch war[46], haben die öffentlichen Fernmeldeunternehmen nicht erreicht.
Die PTT traten zwar nicht als Hersteller nachrichtentechnischer Geräte auf, sie entwickelten jedoch fast durchweg enge informelle Beziehungen zur jeweiligen nationalen Fernmeldeindustrie. Das Bemühen, die nationale Herstellerindustrie zu fördern, führte zur Herausbildung stabiler Oligopole, die nur allmählich durch geänderte Einkaufsstrategien aufgebrochen werden[47].

c.) Die Partizipation unterschiedlicher Interessengruppen an der Vorbereitung telekommunikationspolitischer Entscheidungen wird im Postmodell organisationsrechtlich gewährleistet: entweder durch die Einrichtung von organisationsinternen Kontroll- oder Konsultationsgremien (»Verwaltungsrat«) und/oder durch die organisatorische Rückbindung der PTT an parlamentarische Kontrollinstanzen.
Dieser organisationsrechtlich geregelten (=formalisierten) Partizipationsstruktur im Postmodell entspricht im Kommissionsmodell eine verfahrensrechtlich geregelte Partizipationsstruktur: Die von den Regulierungsbehörden in den Vereinigten Staaten von Amerika zu treffenden Entscheidungen werden in rechtlich strukturierten, die Partizipation Betroffener ermöglichenden Verfahren vorbereitet.
Die verfahrensrechtlichen Regeln für die Regulierungstätigkeit der Federal Communications Commission ergeben sich aus dem Communications Act und aus dem für das Verwaltungshandeln der Bundesbehörden (Federal Agencies) geltenden Administrative Procedure Act[48].
Die organisationsrechtliche Ausrichtung des Postmodells und die verfahrensrechtliche Orientierung des Kommissionsmodells zeigt sich auch in jenen Grauzonen, die der organisations- bzw. verfahrensrechtlichen Steuerung nicht (mehr) zugänglich sind: Organisationsrechtlich nicht kontrollierbar sind die – sozialwissenschaftlich bislang kaum untersuchten – Beziehungsgeflechte, die

46 S. dazu *Bernhard Wieland*, Die Entflechtung des amerikanischen Fernmeldemonopols, Berlin 1985, S. 18 ff.

47 Vgl. OECD, Telecommunications. Pressures and Policies for Change, Paris 1983, S. 37-40; s. auch – zur »Beschaffungspolitik« der Deutschen Bundespost – Monopolkommission, Sondergutachten 9, S. 46, Rn. 92 ff, hierzu und zu Veränderungen bei den Einkaufsstrategien *J. Scherer*, Telekommunikationsrecht, S. 422 ff mwN.

48 5 U.S.C. §§ 551 ff.

sich zwischen den nationalen Fernmeldeverwaltungen und der jeweiligen nationalen Herstellerindustrie für fernmeldetechnische Geräte herausgebildet haben[49].

Verfahrensrechtlich nicht kontrollierbar sind die Beziehungsgeflechte, die sich zwischen der Federal Communications Commission und AT&T, allgemeiner: zwischen Regulierungsbehörden und den von ihnen zu regulierenden Industrien herausgebildet haben. Die *capture*-Theorie der Regulierung, derzufolge Regulierungsbehörden von den Interessen ihrer (meist industriellen) Klientel gesteuert werden, hat – bei aller Verkürzung ihrer Prämissen – diese Beziehungsgeflechte immerhin analytisch erfaßt und durch Fallstudien belegt[50].

Den organisationsrechtlichen Grauzonen im Postmodell entsprechen verfahrensrechtliche Grauzonen im Kommissionsmodell. Auch hinsichtlich ihrer Schwächen scheinen die überkommenen Regelungsmodelle funktional äquivalent zu sein.

49 S. dazu für die Beziehungen der Bundespost zur deutschen Fernmeldeindustrie *J. Scherer*, Telekommunikationsrecht, S. 281 ff, 368 ff, 434 ff mwN.

50 Zur Entwicklung der »Beziehungen« zwischen Federal Communications Commission und AT&T s. *G.W. Brock*, Industry, S.178 ff; allg. zur *capture*-Theorie in ihren ökonomischen und politikwissenschaftlichen Ausprägungen *J. Scherer*, Telekommunikationsrecht, S. 196 ff sowie *Barry M. Mitnick*, The Political Economy of Regulation, New York 1980, S. 206 ff mwN.

III. *Telematik: Technischer Umbruch und neue Regelungsprobleme*

Die Telematik – also die Verflechtung von Telekommunikation und Datenverarbeitung – hat technische Ursachen (dazu 1.). Und sie hat sowohl technische als auch politisch-ökonomische – und damit die überkommenen Regelungsmodelle betreffende – Konsequenzen.
Wichtigste technische Konsequenzen sind
- die Netzintegration,
- der Funktionswandel der Netze,
- die Dienstevervielfachung und
- die Eröffnung von Gestaltungsspielräumen für Netze und Dienste.

Die bislang dienstespezifisch entwickelten, schmal- und breitbandigen Telekommunikationsnetze werden – bis hin zu einem breitbandigen Glasfaservermittlungsnetz – integriert. Damit ist ein tiefgreifender Funktionswandel der Telekommunikationsnetze (TK-Netze) verbunden. Sie wandeln sich von dienstespezifischen – also: für die Abwicklung bestimmter Telekommunikationsdienste (als Fernsprechnetz, Datenkommunikationsnetz, Rundfunknetz) errichteten und betriebenen Netzen zu multifunktionalen Übertragungswegen für gleichartige Nutzsignale. Sie ermöglichen die Abwicklung einer Vielzahl neuartiger Telekommunikationsdienste (TK-Dienste). Diese Dienste können – nach Maßgabe komplexer (keineswegs nur »ingenieurmäßiger«) Entscheidungen – »netznah« oder »netzfern« erbracht werden (dazu 2.).
Damit wird die Gestaltung von *Informationssystemen* zu einem telekommunikationsrechtlichen Problem, dessen Lösung neuartige inhaltliche, organisatorische und prozedurale Entscheidungen erfordert (dazu 3.).

1.) *Technische Entwicklungslinien*

Die Telematik ist das Ergebnis rascher Fortschritte auf dem Gebiet der Mikroelektronik, der Digitalisierung der Nachrichtenübertragung, der Entwicklung optischer Übertragungssysteme und der Fortentwicklung der Satellitentechnik.

a) Für die Errichtung neuer TK-Netze und die Schaffung neuer TK-Dienste kommt der Mikroelektronik die Bedeutung einer Grundlagentechnik (»Basistechnologie«) zu: Der Halbleitertechnik gelingt es in zunehmendem Maß, viele tausend sogenannter Transistorfunktionen auf Kristallplättchen von wenigen Quadratmillimetern unterzubringen. Diese Miniaturisierung der

»Chips«, die ein Grundbaustein des neuen Telekommunikationssystems sind, ist seit vielen Jahren um den Faktor 2 pro Jahr bei gleichbleibendem Preis vorangeschritten[1]; dadurch ist die wirtschaftliche Errichtung integrierter TK-Systeme möglich geworden.

b.) Die im überkommenen Fernsprechnetz eingesetzte Übertragungs- und Vermittlungstechnik benutzt eine analoge Signaldarstellung. Dabei wird das im Mikrophon des Fernsprechapparats durch die Membranschwingung erzeugte Signal in seiner ursprünglichen Form belassen. Für die Übertragung genügt es jedoch, wenn anstatt der fortlaufenden Schwingungen nur eine Folge von Amplitudenwerten übertragen wird. Um diese Werte zu erhalten, wird das im Mikrophon erzeugte Analogsignal in bestimmten Abständen abgetastet. Die Amplitudenwerte werden dann in Codezeichen umgewandelt und als eine Folge von Impulsen dargestellt. Bei diesem sogenannten Pulscodemodulationsverfahren wird jedem Amplitudenwert eine Kombination von acht Impulsen zugeordnet, die den binären Wert 0 oder 1 annehmen oder durch Strom/kein Strom, Lichtimpuls/kein Lichtimpuls dargestellt werden können.
Damit können ursprünglich analoge Signale digital übertragen werden.
Die digitale Signalform ist nach derzeitigem Wissensstand optimal dafür geeignet, alle heute denkbaren Formen nachrichtentechnisch übertragbarer Informationen als einheitlich strukturiertes Nutzsignal vom Sender zum Empfänger ohne Änderung des Nachrichteninhalts zu transportieren[2]. Darin liegt zugleich einer der technischen Vorteile der digitalen Signalübertragung: Indem sie es gestattet, für die verschiedenen TK-Dienste eine einheitliche, nämlich digitale Signalform zu verwenden, erlaubt sie es zugleich, verschiedene TK-Dienste (z.B. solche der Sprach-, Text-, Bewegtbild- und Datenkommunikation) zeitlich verschachtelt auf ein und derselben Leitung zu übermitteln.

c.) Die digitale Signalübertragung ist insbesondere für optische Übertragungssysteme, also für Glasfasernetze geeignet: Ein optisches Nachrichtenübertragungssystem besteht aus einem Lichtsender, der ein elektrisches Signal in ein Lichtsignal umwandelt, dem Glasfaserkabel und einer Photodiode, die das Lichtsignal wieder in ein elektrische Signal zurückverwandelt. In einem

1 Zu den Mikrochips anschaulich *Christopher Evans*, Die winzigen Riesen, Hamburg 1981; zu den Auswirkungen auf die Nachrichtentechnik *H. Baur*, in: D. Elias (Hrsg.), Telekommunikation, S.161 (163 f); knapp zusammenfassend EKM, Bd. I, S.67 ff; EKOM, S.23.

2 Vgl. statt vieler *K.-L. Plank*, Fernmeldenetze, S.126 f und bereits S. 36 ff mit anschaulicher Darstellung der digitalen Signalübermittlung.

solchen Übertragungssystem lassen sich digitale Signale in Form von kurzen Lichtimpulsen übertragen.
Die Lichtwellenleiter-Technik wird es ermöglichen, sehr große Informationsmengen kostengünstig zu transportieren: Die enorme Übertragungskapazität von optischen Übertragungssystemen wird es beispielsweise gestatten, alle gegenwärtig in den Netzen der Bundespost angebotenen und alle zur Zeit (1987) erkennbaren Kommunikationsformen auf einer »Glasfaser« pro Teilnehmer zu verwirklichen[3].

d.) Während in der ersten Phase der Entwicklung der Satellitentechnik – in den Jahren 1960 bis 1980 – die Überbrückung großer Entfernungen im Vordergrund stand, ist die zweite Phase, die voraussichtlich etwa bis zum Jahr 2000 dauern wird, gekennzeichnet durch die Einführung digitaler Satellitennetze für vielfältige neue Dienste nicht nur zur weltweiten oder regionalen, sondern jetzt auch stärker zur nationalen Telekommunikation. Sie werden ermöglicht durch die beginnende Digitalisierung, die die Leistungsfähigkeit von Satelliten erhöht und die Entwicklung kleinerer, kostengünstiger und benutzernah anzusiedelnder Erdefunkstellen[4]. Satellitensysteme, für die eine wesentlich kürzere Aufbauzeit benötigt wird als beispielsweise für ein nationales Fernmeldenetz[5], ermöglichen die kurzfristige Einführung von Breitbanddiensten der Bewegtbildkommunikation (Fernsehen, Bildfernsprechen) und der hochratigen Datenkommunikation, auch wenn das terrestrische Telekommunikationsnetz noch nicht oder erst in Teilen darauf eingestellt ist[6]; sie gestatten überdies die Erprobung neuer Dienste in Feldversuchen »ohne starre und unflexible Kabelinstallationen«[7].
Langfristig, in einer etwa im Jahr 2000 beginnenden dritten Phase der Satellitentechnik, sollen große Relaisstationen im Weltraum zur Verfügung stehen, die den Betrieb komplexer Datenverarbeitungsanlagen und großer

3 Vgl. *A. Naab*, in: D. Elias (Hrsg.), Telekommunikation, S. 175; s. auch EKM, Bd. I, S.59-62 und *W. Haist*, Optische Telekommunikationssysteme, Gelsenkirchen-Buer 1983.

4 Zu Einzelheiten der technischen Entwicklung der Satellitenkommunikation s. *H. Häberle/F. Kühne/H. Clausen/H. Dodel*, ntz 36 (1983), S. 86 ff. S. auch die Beiträge von *D.E. Koelle*, *H. Mahner*, *H. Rupp* und *H. Häberle*, in: W. Kaiser/U. Lohmar (Hrsg.), Kommunikation über Satelliten, Berlin 1981, S. 19 ff.

5 S. dazu *R. Dingeldey*, in: W. Kaiser/U. Lohmar (Hrsg.), Satelliten, S. 93 (94) mit dem Hinweis, die Aufbauzeit für ein Satellitensystem mit einem bereits entwickelten Satellitentyp betrage etwa drei Jahre; s. auch ebd., S. 101 ff zu den sinkenden Kosten für solche Systeme.

6 Zur wechselseitigen Ergänzung von terrestrischen und Satellitensystemen s. *H. Häberle/F. Kühne/H. Clausen/H. Dodel*, ntz 36 (1983), S. 86 ff sowie *H. Häberle*, in: W. Kaiser/U. Lohmar (Hrsg.), Satelliten, S. 79 ff. Zu den Planungen der Post s. *W. Haist*, in: D. Elias (Hrsg.), Telekommunikation, S. 155 (160).

7 *H. Häberle*, in: W. Kaiser/U. Lohmar (Hrsg.), Satelliten, S. 79 (81).

Antennen mit scharfer Bündelung der übertragenen Signale ermöglichen. Es wird erwartet, daß diese Systeme neben einer Vervielfachung der Übertragungskapazitäten auch neue TK-Dienste – zum Beispiel die Telekommunikation mit mobilen Einzelteilnehmern (»Armbandtelefon«) gestatten[8].

2.) *Konsequenzen für Netze und Dienste*

Politisch, ökonomisch und damit (telekommunikations-)rechtlich relevant sind vor allem vier – im folgenden knapp zu skizzierende – Konsequenzen der Verflechtung von Telekommunikation und Datenverarbeitung: die zunehmende Integration der Telekommunikationsnetze (a.), ihr Funktionswandel von dienstespezifischen Netzen zu universellen Übertragungswegen für eine Vielzahl gleichartiger Nutzsignale (b.), die Proliferation der Telekommunikationsdienste (c.) und die Eröffnung breiter Gestaltungsspielräume für die »Schnittstellen« zwischen Netzen und Diensten (d.). Daraus ergeben sich neue Anforderungen an die Gestaltung der überkommenen Regelungsmodelle.

a.) Die Planungen der nationalen Fernmeldeverwaltungen[9] und die internationalen Telekommunikationsplanungen im Rahmen der ITU zielen auf eine schrittweise Integration der TK-Netze bis hin zu breitbandigen, integrierten Glasfaservermittlungsnetzen.
In den Studienkommissionen des Internationalen Beratenden Ausschusses für Telefon und Telegrafie (CCITT) der Internationalen Fernmeldeunion ist die Standardisierung des Dienste-integrierenden digitalen Netzes (Integrated Services Digital Network -ISDN-) und der mit seiner Hilfe abzuwickelnden Dienste inzwischen in vollem Gang[10].
Ab 1981 arbeitete die Studienkommission XVIII des CCITT am Entwurf einer internationalen »Empfehlung« zum ISDN[11], die unter der Bezeichnung »I-Serie« zusammengefaßt wurde.

8 S. dazu *H. Häberle*, in: W. Kaiser/U. Lohmar (Hrsg.), Satelliten, S. 79 (86).

9 Zu den nationalen ISDN-Planungen der EG-Mitgliedstaaten siehe Kommission der Europäischen Gemeinschaften, Vorschlag für eine Empfehlung des Rates über die koordinierte Einführung des dienstintegrierenden digitalen Fernmeldenetzes, KOM (86) 205 endg., vom 20. Mai 1986, S. 7 f mwN; s. auch den Überblick in: BPM, Mittelfristiges Programm 1986, S. 10.

10 Eine detaillierte Beschreibung des Ablaufs der ISDN-Standardisierungsarbeiten findet sich bei *A.M. Rutkowski*, ISDN, S. 35 ff. Knapp zusammenfassend *P. Bocker*, telcom report 6 (1983), S.164 (168). Allg. zur Standardisierungsarbeit der CCITT *J. Scherer*, Telekommunikationsrecht, S. 338 ff mwN.

11 Die von den Studienkommissionen des CCITT vorbereiteten und von der CCITT im Vierjahresrhythmus verabschiedeten technischen Standards sind nicht rechtsverbindlich, sondern bloße »Empfehlungen« (Recommendations), die jedoch wegen des Erfordernisses technischer Kompatibilität der nationalen Telekommunikationssysteme eine hohe faktische Bindungswirkung haben; vgl. *J. Scherer*, Telekommunikationsrecht, S. 340 f mwN.

Die von der 8. CCITT-Vollversammlung nach Abschluß der Studienperiode 1981-1984 im Oktober 1984 verabschiedete Empfehlung I.120 betrifft die Strukturprinzipien und die Entwicklung des ISDN, die Empfehlungen I.130, I. 210, I. 211 und I. 211 betreffen die Klassifizierung der mittels des ISDN zu erbringenden Dienste[12] und einige Dienstmerkmale. In der Studienperiode 1985-1988 wird diese Serie von Empfehlungen überarbeitet und weiter spezifiziert.

Auch die supranationalen Telekommunikationsplanungen auf regionaler Ebene im Rahmen der Europäischen Konferenz der Verwaltungen für Post- und Fernmeldewesen (CEPT) und der Europäischen Gemeinschaften zielen auf das ISDN.

Der Ministerrat der Europäischen Gemeinschaften billigte auf der Grundlage einer Mitteilung der Kommission[13] die Hauptziele der Gemeinschaftspolitik im Bereich der Telekommunikation, nämlich:

- die Schaffung eines gemeinschaftsweiten Marktes für Telekommunikations-Endgeräte und -einrichtungen,
- die Verbesserung der Entwicklung von modernen fortentwickelten Telekommunikationsnetzen und -diensten,
- die Verbesserung des Zugangs für die benachteiligten Regionen der Gemeinschaft durch geeignete Anwendung der Finanzierungsinstrumente der Gemeinschaft zugunsten der Entwicklung von fortentwickelten Diensten und -netzen,
- die Koordination von Verhandlungspositionen innerhalb der internationalen Organisationen, die sich mit Telekommunikation befassen in Abstimmung mit einer Gruppe hoher nationaler Beamter der Telekommunikationsverwaltungen[14].

Auf der Grundlage dieser Zielvorgabe hat die Kommission im Mai 1986 den »Vorschlag für eine Empfehlung des Rates über die koordinierte Einführung des diensteintegrierten digitalen Fernmeldenetzes (ISDN) in der Europäischen Gemeinschaft« unterbreitet[15].

Die Kommission sieht in dem ISDN »eine der wesentlichen Infrastrukturen zur Schaffung eines gemeinschaftsweiten Binnenmarktes«; seine Hauptbedeutung liege darin, die notwendige Unterstützung für neue, multifunktionale

12 S. dazu bereits oben, I.2.

13 Mitteilung der Kommission an den Rat bezüglich der Telekommunikation vom 18.5. 1984 (KOM (84) 277).

14 Schlußfolgerungen des Rates vom 17. Dezember 1984 (Ref. 11477/84).

15 KOM (86) 205 endg. vom 20. Mai 1986; vom Rat verabschiedet als Empfehlung vom 22. 12. 1986 über die koordinierte Einführung des diensteintegrierenden digitalen Fernmeldenetzes (ISDN) in der Europäischen Gemeinschaft (86/659/EWG), ABl. L 382/36.

Endgeräte und die mit ihrer Hilfe ermöglichten TK-Dienste zu liefern. Damit sei das ISDN das »bestgeeignete Instrument zur breiten Unterstützung des neuen Telematikmarktes..., weil unter den in Europa herrschenden Bedingungen getrennt operierende spezielle Datennetze nicht in der Lage sein werden, die nötigen Größenvorteile und die nötige Angebotsbreite zu erzielen«[16].

Ausgangspunkt der Empfehlung ist die aus dem Vergleich der nationalen Telekommunikationsplanungen gewonnene Einsicht, daß die Mitgliedstaaten nur hinsichtlich des allgemeinen Grundgedankens des ISDN übereinstimmen, »während die Einführungstermine für neue Dienste sowie die Spezifikationen hinsichtlich der Dienste und des Netzes von einem zum anderen Land stark voneinander abweichen«[17].

Die von der Kommission vorgeschlagene und vom Rat beschlossene Empfehlung zielt deshalb darauf ab, gemeinschaftseinheitliche Schnittstellen, insbesondere zwischen den öffentlichen Netzen und den privaten lokalen Netzen zu definieren, die Einführungsstrategie und den Zeitplan für die Einführung des ISDN zu koordinieren und europaweit ab 1988 eine »kritische Menge an ISDN-Anschlüssen« – etwa 5 Prozent der Teilnehmerzahl von 1983 – anzustreben, um nach etwa fünf Jahren »eine rein nachfrageorientierte Strategie« der europaweiten Schaffung neuer Telekommunikationsdienste verfolgen zu können[18].

Die nationalen Planungen der Deutschen Bundespost für die Einführung eines breitbandigen Telekommunikationsnetzes, das die integrierte Abwicklung aller bisher bekannten und heute vorstellbaren TK-Dienste ermöglicht, reichen in das nächste Jahrhundert hinein[19].

Die Entwicklung dieses Netzes soll in drei Phasen erfolgen, die sich zeitlich überschneiden: In den beiden ersten Phasen, die bereits begonnen haben, sollen die bislang getrennten öffentlichen Fernmeldenetze »Fernsprechnetz« und »Integriertes Text- und Datennetz« zu einem einheitlichen, digitalen, dienste-integrierten Netz zusammengefaßt werden. In diesem diensteintegrierten Digitalnetz (Integrated Services Digital Network – ISDN) werden die

16 KOM (86) 205 endg. vom 20. Mai 1986, S. 5 f.

17 KOM (86) 205 endg. vom 20. Mai 1986, S. 7.

18 KOM (86) 205 endg. vom 20. Mai 1986, S. 10; Empfehlung des Rates vom 22. 12. 1986 über die koordinierte Einführung des diensteintegrierenden digitalen Fernmeldenetzes (ISDN) in der Europäischen Gemeinschaft (86/659/EWG), ABl. L 382/36.

19 Hierzu und zum folgenden BPM, Mittelfristiges Programm 1986, S. 7 ff; BPM, Konzept 1984, S. 5 ff; *Th. Irmer*, in: D. Elias (Hrsg.), Telekommunikation, S.295 ff; *K.-L. Plank*, Fernmeldenetze, S.28 ff, 111 ff, 139 ff.

bestehenden und zukünftigen vermittelten Fernmeldedienste mit einer Bitrate bis zu (2x) 64 kbit/s abgewickelt werden können. Das bedeutet, daß – mit Ausnahme von Tonrundfunk- und Bewegtbildsignalen (wie sie Fernsehen und Bildfernsprechen erfordern) – praktisch alle heute vorhandenen TK-Dienste über dieses 64 kbit/s- oder »Schmalband«-ISDN zu verwirklichen sind.
In einer dritten Phase soll dieses »Schmalband«-ISDN durch Einbau breitbandiger Netzelemente zu einem »Breitband«-ISDN ausgebaut werden; hierfür wird nach den bisherigen Vorstellungen die Glasfaser als »breitbandiges« Übertragungsmedium eingesetzt werden. Das Breitband-ISDN ermöglicht zusätzlich zu den »schmalbandigen« auch die Übermittlung »breitbandiger« Dienste wie Ton- und Fernsehrundfunk einschließlich des Abruffernsehens sowie das Bildfernsprechen in Farbfernsehqualität[20]: »Es bietet die umfassendste Diensteintegration, die denkbar ist«[21]. Technik und Systemkonzepte für dieses Telekommunikationssystem werden bereits seit 1977 im Rahmen lokaler Feldversuche und des sogenannten BIGFON-Versuchs sowie in einem ISDN-Pilotprojekt entwickelt.
Ziel des BIGFON-Versuchs[22], in dessen Rahmen zehn inselartige Glasfaserortsnetze insgesamt 320 Teilnehmern in sechs westdeutschen Städten und in West-Berlin errichtet und über Fernstrecken miteinander verbunden werden (BIGFERN)[23], ist es, die Übertragungs-, Vermittlungs- und Endgerätetechnik für das breitbandig integrierte TK-System zu entwickeln.
Ziel des ISDN-Pilotprojekts ist es, »alle neuen Netzbestandteile des ISDN unter rauhen Betriebsbedingungen zu erproben und ihre einwandfreie Funktionstüchtigkeit sicherzustellen«[24]; zu diesem Zweck werden in Mannheim und Stuttgart zwei ISDN-Versuchsnetze mit jeweils rund 400 Teilnehmern errichtet. Trotz der bereits absehbaren sozialen, ökonomischen und politischen Auswirkungen der künftigen Telekommunikationsnetze[25] findet weder

20 S. dazu und zu den in diesem Netz möglichen Diensten *Heinrich Armbrüster*, Künftige Kommunikation mit dem Breitband-ISDN, in: net 40 (1986), S. 187 ff.

21 *W. Haist*, in: D. Elias (Hrsg.), Telekommunikation, S.155 (157).

22 BIGFON steht für »breitbandig integriertes Glasfaserortsnetz«; zu Einzelheiten s. *J. Kanzow*, ZPF 11 (1981), S. 22 ff sowie *A. Naab*, in: D. Elias (Hrsg.), Telekommunikation, S.175 (182 ff).

23 Zu Stand und Technik der BIGFON- und BIGFERN-Versuche s. *M. Lange*, ZPF 3 (1983), S. 4 ff; *N. Gawron/K.-E. Kneisel*, Der Ingenieur der DBP 32 (1983), S. 58 ff.

24 *Karl Heinz Rosenbrock*, Das ISDN-Pilotprojekt der Deutschen Bundespost, in: net 40 (1986), S. 126.

25 Zur Diskussion s. *Herbert Kubicek*, Für eine Erweiterung der Diskussion über die Digitalisierung des Fernsprechnetzes und des ISDN, in: Arbeitspapiere zu Organisation, Automation und Führung, Universität Trier, 1985 einerseits, *Karl-Heinz Neumann/Thomas Schnöring*, Das ISDN – Ein Problemfeld aus volkswirtschaftlicher und gesellschaftspolitischer Sicht, in: Wissenschaftliches Institut für Kommunikationsdienste der Deutschen Bundespost, Diskus-

im Rahmen des BIGFON-Versuchs noch im Rahmen des ISDN-Pilotprojekts eine sozialwissenschaftliche »Akzeptanz«-Untersuchung statt[26].

Die »Strategie« der Deutschen Bundespost für die Schaffung des *Schmalband-*ISDN sieht zwei Ausbauphasen vor[27]: In der ersten Phase werden in das vorhandene analoge Fernsprechnetz digitale Vermittlungs- und Übertragungssysteme eingebracht. Mit dem serienmäßigen Einsatz digitaler Vermittlungsstellen wurde 1984/85 begonnen. Geplant ist, die Beschaffung digitaler Vermittlungsstellen jährlich so zu steigern, daß spätestens 1989 die letzten elektromagnetischen Vermittlungseinrichtungen beschafft werden[28]. Auch der Ausbau digitaler Übertragungssysteme, einschließlich der Errichtung erster optischer Übertragungsstrecken (»Glasfaser«-Fernlinien) hat bereits begonnen[29] und soll so forciert werden, daß zwischen 1986 und 1988 der endgültige Beschaffungsübergang von analoger zu digitaler Übertragungstechnik vollzogen werden kann[30]. Das so entstandene digitale Fernsprechnetz wird in der zweiten Phase für die Übertragung und Vermittlung aller schmalbandigen TK-Dienste verwendet werden[31].

Mit der flächendeckenden Verfügbarkeit des Schmalband-ISDN wird etwa für das Jahr 1990 gerechnet[32].

sionsbeiträge zur Telekommunikationsforschung, Nr. 15, Koblenz 1985 = *dies*, in: Jb. DBP 1986. S. auch die Antworten der Bundesregierung auf eine Große Anfrage zum Ausbau der fernmeldetechnischen Infrastruktur, in: BT-Drs. 10/5144, 10/5145 und 10/5146.
Zu einigen (verfassungs-)rechtlichen Aspekten s. *J. Scherer*, Telekommunikationsrecht, S. 699 ff u.ö. Zur ausländischen Diskussion s. *Tony Newstead*, ISDN: a solution in search of a problem ? in: Telecommunications Policy 1986, S. 2 f.

26 Die schwache Begründung, »Akzeptanztests« stünden »aus Aufwandsgründen« nicht im Vordergrund, weil angesichts der Teilnehmerzahlen »keine statistisch verläßliche Aussage möglich ist« (*K.H. Rosenbrock*, in: net 40 1986, S. 126), legt die Vermutung nahe, daß derartige Untersuchungen im Vorfeld der ISDN-Einführung schlicht unerwünscht sind und (allenfalls) erst dann erfolgen werden, wenn die Einführung weitgehend präjudiziert ist.

27 Dazu im einzelnen *Th. Irmer*, in: D. Elias (Hrsg.), Telekommunikation, S.295 (302 ff); s. auch *W. Haist*, ebd., S.155 (157 ff) sowie *H. Klein/D. Scheib*, ebd., S.187 ff.

28 So *H. Klein/D. Scheib*, in: D. Elias (Hrsg.), S.187 (195);

29 Zu diesen seit Februar 1979 (Glasfaserbetriebsstrecke Frankfurt-Oberursel) bereits im normalen (nicht Versuchs-)Betrieb eingesetzten Glasfaserstrecken s. *D. Theml*, ZPF 8 (1981), S. 16 (18 ff); dort auch zu dem in Glasfasertechnik errichteten Bundesbehördennetz in Bonn (S. 20).

30 BPM, Mittelfristiges Programm 1986, S. 21.

31 Vgl. BPM, Konzept 1984, S. 11 f.; ausf. *Th. Irmer*, in: D. Elias (Hrsg.), Telekommunikation, S.295 (297); s. auch die Übersicht S. 299; ähnlich die Darstellung in: Deutsche Bundespost, Strategien und Konzepte für Digitale Kommunikation, Informationsblatt o.J.; s. auch die Übersicht bei *K.H. Rosenbrock*, ZPF 9 (1982), S.24.

32 Vgl. die Prognosen in BPM, Konzept 1984, S. 12 und bei *K.-L. Plank*, Fernmeldenetze, S.29 und 159: Bis zum Jahr 1990 können nach Einschätzung von *Plank* unter Einschluß von Nebenstellen etwa vier Millionen Endeinrichtungen an das Schmalband-ISDN angeschlossen sein. S. auch die Ausbauprognosen bei *Helmut Schön*, ISDN und Ökonomie, in: Jb. DBP 1986 (Vorabdruck), S. 3 (10 ff)

Ab 1990 soll mit der Erweiterung des Schmalband-ISDN zum Breitband-ISDN begonnen werden; bis dahin – so wird erwartet – stehen Glasfaserkabel und optische Systeme in verstärktem Maß und wirtschaftlich konkurrenzfähig zur Verfügung[33].

Auch der nächste Schritt ist schon geplant: Etwa ab 1992 soll sich der Übergang zum Breitbanduniversalnetz (IBFN) vollziehen. In diesem noch weitergehend integrierten TK-Netz können schmal- *und* breitbandige TK-Dienste über *eine* Glasfaseranschlußleitung und *eine* Teilnehmerschnittstelle vermittelt werden[34].

Um das Jahr 2000 wird – wenn man den eher nüchternen unter den gegenwärtig angebotenen Prognosen folgt – die breitbandige Vermittlungs- und Übertragungstechnik zur dann standardmäßig eingesetzten Technik werden[35].

Was als BIGFON derzeit »Systemversuch« ist, wird dann das Telekommunikationsnetz für jedermann.

b.) TK-Netze werden gebaut, um Informationen zu übermitteln. An *dieser* Funktion hat sich nichts geändert.

Während jedoch die überkommenen TK-Netze errichtet wurden, um Informationen in einer spezifischen Form zu übermitteln – das Fernsprechnetz, um die akustische zeitgleiche Verständigung von Mensch zu Mensch zu ermöglichen, das Fernschreibnetz für den schriftlichen Informationsaustausch usw. – führt die schrittweise Netzintegration dazu, daß TK-Netze zu multifunktionalen Übertragungswegen für die Übertragung gleichartiger Nutzsignale werden.

Die älteren TK-Netze wurden nicht als Netze für den Informationstransport geplant und dimensioniert, sondern »rein pragmatisch« für die Übermittlung von Nachrichten in einer bestimmten Form[36], das heißt: für die Abwicklung bestimmter TK-Dienste.

TK-Netze waren also ursprünglich dienstspezifische Netze[37].

33 S. dazu Deutsche Bundespost, Strategien und Konzepte für Digitale Kommunikation; s. auch BPM, Mittelfristiges Programm 1986, S. 30.

34 BPM, Konzept 1984, S. 12 f.

35 *K.-L. Plank*, Fernmeldenetze, S.29. S. auch die Prognosen in BPM, Konzept 1984, S. 16 f und BPM, Mittelfristiges Programm 1986, S. 17.

36 *K.-L. Plank*, Fernmeldenetze, S.18.

37 sog. »dedicated networks«.

Das hat sich geändert: Zunehmend werden neue TK-Formen (»Dienste«[38]) in bestehenden Netzen ermöglicht[39]. Telefax, Bildschirmtext und bestimmte Dienste der Datenkommunikation »laufen« über das Fernsprechnetz; Teletex und bestimmte Dienste der Datenkommunikation werden über das frühere Fernschreibnetz angeboten, das zum »integrierten Datennetz« ausgebaut worden ist[40].

Die TK-Netze sind damit zu dienste-integrierenden Netzen geworden.

TK-Netze und TK-Dienste sind nicht mehr notwendig miteinander verknüpft: Das TK-Netz wird heute vielmehr als System betrachtet, das der Übertragung von (beliebigen) TK-Diensten von einem Endpunkt zu einem anderen dient. Die einem TK-Dienst zugeordnete Kommunikationsform (Fernsprechen, Fernschreiben, Fernkopieren, Bewegtbildübertragen etc.) wird in den Endstelleneinrichtungen des Senders in eine übertragbare, einheitliche (nämlich: digitale) Signalform umgewandelt und in den Endstelleneinrichtungen des Empfängers in die Kommunikationsform zurückverwandelt[41].

Die neuen TK-Netze sind also integrierte Transportsysteme zur Übermittlung von Signalen für beliebige TK-Dienste[42].

c.) Die Zahl dieser TK-Dienste hat sich seit Mitte der siebziger Jahre sprunghaft erhöht und wird weiter steigen. Im integrierten, digitalisierten Vermittlungsnetz wird eine Vielzahl von TK-Diensten der Individual- und der Massenkommunikation möglich sein. Nach den Telekommunikationsformen systematisiert[43] handelt es sich dabei um

- Sprachkommunikation (z.B. Fernsprechen, Audiokonferenz, voice mailing, message handling, store-and-forward-Dienste)
- Textkommunikation (Telex, Teletex, Fernkopieren, Bildschirmtext)
- Festbildkommunikation (Einzelbildkommunikation, slow-scan video, Fernzeichnen)

38 Zur Unterscheidung von TK-Formen und -Diensten s. *J. Scherer*, Telekommunikationsrecht, S. 39 ff.

39 Soweit sich diese Dienste-Integration am Leistungsvermögen vorhandener TK-Netze orientiert, werden solche Netze als value-added-networks bezeichnet; sie kann sich aber auch am Leistungsvermögen eines neuen, noch zu schaffenden Fernmeldenetzes – nämlich des Integrated Services Digital Network (ISDN) ausrichten. S. dazu *K.-L. Plank*, Fernmeldenetze, S.23.

40 S. dazu die wegweisende Zusammenfassung in KtK, TK-Bericht, S. 25 ff und ausf. in Bd. 4.

41 Anschaulich *K.-L. Plank*, Fernmeldenetze, S.20.

42 Dazu ausf. *W. Kaiser*/*H. Armbrüster* et al., Interaktive Breitbandkommunikation, insbes. S. 90 ff, *K.-L. Plank*, Fernmeldenetze, S. 22 f, 79 u.ö.

43 Der Begriff Telekommunikationsform bezeichnet die Gesamtheit von Teilnehmerleistungen und technischen Merkmalen eines Telekommunikationsdienstes, vgl. KtK, TK-Bericht, S. 24 und Bd. 2, S. 10 sowie *J. Scherer*, Telekommunikationsrecht, S. 39 ff mwN.

- Bewegtbildkommunikation (Bildfernsprechen, Bewegtbild-Abruf, Bewegtbild-Verteilung und
- Datenkommunikation[44].

Sprache, Texte, Grafiken, Filme und Daten können – auch kombiniert – im Dialog übermittelt, verteilt und abgerufen werden[45].

d.) Fortschritte in der Mikroprozessortechnologie und die Digitalisierung der Übertragungstechnik eröffnen jetzt breite Gestaltungsspielräume für Netze und Dienste sowie für deren Abgrenzung gegeneinander.
Schon immer konnten TK-Dienstleistungen »im Netz« (»netznah«) oder außerhalb des Netzes (»netzfern«) erbracht werden. Ein Beispiel für eine »netzferne« Dienstleistung ist der Telefonbuchdienst. Er kann freilich auch – als Ansagedienst (Fernsprechauskunft) oder als Textabrufdienst – aus dem Netz heraus vom Netzträger oder mit Hilfe des Netzes von Dienstträgern erbracht werden, die mit dem Netzträger nicht identisch sind[46].
Ganz allgemein können Leistungsmerkmale zentral vom Netzträger oder von einem (vom Netzträger organisatorisch getrennten) Dienstträger, aber »netznah« oder dezentral in den Endeinrichtungen beim Benutzer, also netzfern, erbracht werden. Im erstgenannten Fall handelt es sich um »Netzdienstleistungen«, im zweitgenannten Fall um »Endgerätedienstleistungen«[47].
Zentral zu erbringende Dienstleistungsmerkmale werden in den »Netzknoten« der öffentlichen Wählnetze bereitgestellt[48]. Über die Trägerschaft des betreffenden Dienstes ist damit noch nichts gesagt: Dienstanbieter kann der Netzträger oder ein organisatorisch verselbständigter Dienstträger sein, zumal die Datenverarbeitungs- und -speicherkapazitäten in den Netzknoten auch von Dritten mitgenutzt werden können.

44 Zu den Diensten der Individualkommunikation vgl. *Hubert Suckfüll*, ISDN, das Universalnetz für alle Individualkommunikationsdienste, in: ntz 37 (1984), S. 770 ff; BPM, Mittelfristiges Programm 1986, S. 16; weiterführend – unter Einbeziehung auch der »Verteildienste«, zu denen u.a. ein »Abruffernsehen« gehören wird, vgl. *H. Armbrüster*, in: net 40 (1986), S. 187 (190 f).

45 Zur analytischen Unterscheidung der Nachrichtentechnik von Dialogdiensten (verzögerungsfreier, zweiseitig gerichteter Dialog zwischen Menschen oder technischen Systemen), Abruf- und Zugriffsdiensten (gezielte Informationsbeschaffung auf Anforderung oder durch Auswahl aus einem periodisch umlaufend ausgesandten Gesamtangebot), Verteildiensten (gleichzeitige Informationsverteilung an eine Vielzahl von Empfängern) mit Beispielen neuartiger Dienste *H. Armbrüster*, in: net 40 (1986), S. 187 (190 ff).

46 Vgl. *H. Schön/K.-H. Neumann*, in: Jb. DBP 1985, S. 478 (486); s. auch *A. M. Rutkowski*, ISDN, S. 269 f.

47 Vgl. auch die Systematisierungen bei *H. Schön/K.-H. Neumann*, in: Jb. DBP 1985, S. 478 (488), bei denen freilich als Träger von Netzdienstleistungen nur die Netzträger – nicht aber auch verselbständigte Dienstträger – erwähnt werden.

48 Vgl. *H. Schön/K.-H. Neumann*, in: Jb. DBP 1985, S. 478 (486).

Die zentral zu erbringenden Dienste können über Datenvermittlungsstellen, über örtliche Netzknotenpunkte (»Ortsvermittlungsstellen«), über Fernvermittlungsstellen oder über gesonderte Vermittlungsstellen angeboten werden. Beispiele für die von Datenvermittlungsstellen angebotenen Dienstleistungen sind Protokoll-, Code- und Formatumwandlungen; Dienste bzw. Dienstmerkmale, die z.B. im Netz der Deutschen Bundespost über *Orts*vermittlungsstellen angeboten werden, sind der Fernwirk- und -meßdienst TEMEX[49] sowie Informationsdienstleistungen wie die Fernsprechansagedienste. Über Fernvermittlungsstellen werden z.B. der Service 130 und Konferenzdienstleistungen angeboten, über Sondervermittlungsstellen wird der Bildschirmtextdienst abgewickelt.

Dezentral zu erbringende Leistungsmerkmale werden in den Endeinrichtungen – also jenseits der Schnittstellen beim Benutzer – bereitgestellt. Zu diesen Endgerätedienstleistungen gehören die mit Hilfe von sog. Komforttelefonen ermöglichten Leistungen wie Kurzruf, Wahlwiederholung, Lauthören, Lautsprechen, Display, die z.B. mit Hilfe von Anrufbeantwortern ermöglichten Speicherdienstleistungen sowie die Möglichkeiten der »inhouse«-Kommunikation mit Hilfe von Nebenstellenanlagen[50].

Die von der technischen Entwicklung neu eröffnete Gestaltungsfreiheit bei der »Ansiedlung« von Leistungsmerkmalen im Netz oder in den Endeinrichtungen und die Möglichkeit, »zentral« zu erbringende Leistungen nicht nur vom Netzträger, sondern auch von organisatorisch getrennten Diensträgern erbringen zu lassen, schaffen neue Regelungsprobleme:

Zu entscheiden ist über Dienstprofile, also darüber, welche Leistungsmerkmale – im Rahmen des technisch Möglichen – ein (zentral zu erbringender) TK-Dienst aufweisen soll und welche Leistungsmerkmale in die Endeinrichtungen verlagert werden sollen. Soweit TK-Dienstleistungen zentral erbracht werden sollen (oder aus technischen Gründen erbracht werden müssen) ist weiterhin zu entscheiden, ob der Netzträger, ob ein Dritter oder ob Netzträger und Dritte konkurrierende Träger des betreffenden Dienstes sein sollen. Daß es sich hierbei nicht um »rein ingenieurmäßige«, sondern um *politische* Entscheidungen handelt, liegt auf der Hand.

49 Zu den Leistungsmerkmalen des »Temex«-Dienstes der Post s. *Gerd Schriml*, TEMEX: 10 Jahre lang ein zusätzliches System, in: Wirtschaftsschutz und Sicherheitstechnik, 1985, S. 62 ff; s. auch *Harald Lydorf*, Speziell für Fernwirkanwendungen, in: Wirtschaftsschutz und Sicherheitstechnik 1985, S. 239 ff.

50 Weitere Beispiele bei *H. Schön/K.-H. Neumann*, in: Jb. DBP 1985, S. 478 (488).

3.) *Neue Regelungsprobleme*

Die Telematik hat die Struktur des Telekommunikationsmarktes und damit die regelungsbedürftigen Interessenkonflikte grundlegend geändert.
Die Verknüpfung von Telekommunikation und Datenverarbeitung scheint die alten Grenzlinien zwischen den Märkten für Telekommunikations- und für Datenverarbeitungsdienstleistungen, zwischen Nachrichtenproduktion und Nachrichtentransport zu überwinden.
Interessenkonflikte bestehen nicht länger »nur« zwischen den Anbietern und Nachfragern von Telekommunikationsdienstleistungen, sondern auch innerhalb dieser beiden Gruppierungen: Zwischen den bisherigen Trägern der Telekommunikationsnetze und -dienste, deren rechtlich abgesicherte Alleinstellungen zunehmend abbröckeln und den neu in ihre Märkte drängenden Unternehmen der Datenverarbeitungsindustrie. Aber auch in der Gegenrichtung kommt es zu Interessenkollisionen: Die bislang auf den Nachrichten-*transport* spezialisierten Fernmeldeunternehmen bieten in zunehmendem Maße auch TK-Dienste mit nachrichtenspeichernden und -verarbeitenden Funktionen an und dringen damit in die Märkte der Datenverarbeitungsindustrie vor.
Mit der Verknüpfung von Datenverarbeitung und Telekommunikation zu Informationsdienstleistungen verschwimmen auch die Grenzlinien zwischen den Tätigkeitsbereichen der herkömmlichen Fernmeldeunternehmen und den Datenverarbeitungsunternehmen einerseits und informationsorientierten Dienstleistungsunternehmen (z.B. Banken, Fluggesellschaften, Reisebüros, Nachrichtenagenturen) andererseits. Einige dieser Dienstleistungsunternehmen haben bereits branchenspezifische, weltweite Telekommunikationssysteme (wie das Informationssystem SITA der Fluggesellschaften oder das Bankennetz SWIFT) errichtet[51].
Die von der Telematik eröffneten technischen und tariflichen Gestaltungsmöglichkeiten für Netze und Dienste haben auch zu Interessenkonflikten zwischen unterschiedlichen Benutzergruppen geführt. Dabei verlaufen die Konfliktlinien nicht trennscharf zwischen Privathaushalten und gewerblichen Nutzern, sondern zwischen unterschiedlichen Gruppen von Benutzern der Orts- und der Fernnetze, in Ballungs- und in ländlichen Gebieten. Vorläufig dürften beispielsweise private und kleine sowie mittelständische gewerbliche

51 Zu Aufbau, Funktionsweise und datenschutzrechtlichen Regelungsproblemen der Datennetze SITA (Société Internationale pour la Télécommunication Aéronautique) und SWIFT (Society for Worldwide Interbank Financial Telecommunications) s. *Michael Bergmann*, Grenzüberschreitender Datenschutz, Baden-Baden 1985, S. 40 ff.

Benutzer an vollstandardisierten Telekommunikationsdiensten (Standarddiensten) interessiert sein, die ihnen die Kommunikation mit jedem anderen an das Netz angeschlossenen Teilnehmer ermöglicht. Für Großanwender, die über moderne, miteinander kompatible Datenendgeräte verfügen und nur innerhalb einer geschlossenen Benutzergruppe kommunizieren wollen, kommen demgegenüber auch teilstandardisierte Dienste (Transportdienste) in Betracht, bei denen der Netzträger nur Transportfunktionen übernimmt. »Mit dem Zusammenwachsen von Datenendgeräten (z.B. Personal Computer) mit Fernmelde-Endgeräten (z.B. Telefon) und dem Vordringen der Datenendgeräte in die privaten Haushalte können jedoch auf längere Sicht gesehen Transportdienste auch Bedeutung für die private Kommunikation gewinnen«[52].
Konfliktstoff enthält inzwischen auch die überkommene, durch die Tarifgestaltung bewirkte Umverteilung zwischen den privaten und gewerblichen Nutzern der Telekommunikationsnetze: Die Subventionierung des Ortsverkehrs durch den Fernverkehr – die einer Umverteilung von gewerblichen Nutzern zu Privathaushalten gleichkommt[53] – soll durch »kostenorientierte« Tarife (im Ergebnis also: durch eine Erhöhung der Ortstarife) ersetzt werden.
In diesem Spannungsfeld von herkömmlichen Netz- (und Dienst-)Trägern, (potentiellen) neuen Diensträgern, Informationsanbietern und unterschiedlichen Gruppen von Benutzern ergibt sich für das Telekommunikationsrecht eine Vielzahl von Regelungsproblemen, die hier zunächst nur angedeutet werden sollen und sich auf der Grundlage rechtsvergleichender Betrachtung präzisieren lassen[54]. Sie betreffen die Netzintegration (dazu a.), die durch den Funktionswandel der Netze ermöglichte Dienstevervielfachung (dazu b.) und die neu eröffneten technischen Gestaltungsspielräume (dazu c.).

a.) Die technischen Möglichkeiten der Netzintegration stellen die Telekommunikationspolitik vor einen vielschichtigen Interessenkonflikt. Er hat unter anderem ökonomische, kulturstaatliche und grundrechtliche Dimensionen, die hier nur angedeutet werden können.
Die Netzträger erwarten von der Netzintegration ökonomische Vorteile für sich und die Benutzer: Der Übergang zum integrierten Breitbandvermittlungsnetz werde Auswirkungen auf die Größenvorteile im Telekommunikationsnetz und damit auf die – in neuerer Zeit zunehmend umstrittene –

52 *Franz Arnold*, Öffentliche Fernmeldenetze, Bd. 2, S. 88.
53 S. dazu *K.-H. Neumann*, Gebührenpolitik, S. 145 ff, 218 ff, 254.
54 S. unten, C. II.

»natürliche« Monopolsituation im Bereich der Netzträgerschaft haben: »Die Glasfaser als Übertragungsmedium im Ortsnetz wird zu einer erheblichen Steigerung der Größenvorteile bei der Bereitstellung von Übertragungskapazität beim einzelnen Teilnehmer führen...Da die sonstigen in den Ortsnetzen vorliegenden Größenvorteile durch diese Technologie kaum verändert werden, werden die Größenvorteile in den Ortsnetzen im integrierten Netz eher zunehmen. Auch im Fernnetz ist die erhebliche Übertragungskapazität der Glasfaser ein Faktor, der von der technologischen Seite das Ausmaß der dort vorliegenden Größenvorteile eher steigern wird. Inwieweit dieser Effekt durch ein steigendes Verkehrsvolumen überkompensiert wird, bleibt eine empirisch im einzelnen zu untersuchende Fragestellung. In einer Gesamtbetrachtung läßt sich sagen, daß das integrierte Breitbandnetz nichts Wesentliches am natürlichen Monopolcharakter des Netzes ändern wird«[55].
Diese Prognose ist freilich nicht unbestritten:
Die Größenvorteile und die wegen des geringeren Personalbedarfs und ersparter Aufwendungen für technische Einrichtungen erwarteten Verbundvorteile würden durch die Ineffizienz des Netzträger-Monopolisten mehr als aufgewogen[56].
Auch zur kulturstaatlichen Dimension der Netzintegration werden konträre Prognosen gestellt: Den optimistischen Szenarien einer Vielfalt von Kommunikationsformen und -inhalten[57] stehen pessimistischere Einschätzungen einer derart »mediatisierten« Gesellschaft gegenüber[58].
Die grundrechtliche Dimension des Regelungsproblems betrifft vor allem das informationelle Selbstbestimmungsrecht der Benutzer: Der Preis für die Vorteile der Kommunikation über ein integriertes Telekommunikationsnetz sind Einbußen im Bereich des »technischen« Datenschutzes, den getrennte Netze gewährleisten[59]. Wenn ein integriertes Netz mit integrierten Informationszentralen an die Stelle physikalisch getrennter, dienstespezifischer Netze tritt, sind inhaltliche, organisatorische und Verfahrensregeln erforderlich, um einzelne Datenströme voneinander abzuschotten. Um annähernd so wirksam

55 *H. Schön/K.-H. Neumann*, in: Jb. DBP 1985, S. 478 (494).

56 So *Eli M. Noam*, The Political Economy of ISDN: European Network Integration vs. American System Fragmentation, Paper presented at the XIV Annual Telecommunications Policy Research Conference, Airlie Virginia, Manuskript, New York (Columbia University) 1986, S. 13 ff (16).

57 Vgl. *Helmut Schön*, ISDN und Ökonomie, in: Jb. DBP 1986, S. 3 ff (Vorabdruck).

58 S. dazu *B. Mettler-Meibom*, Breitbandtechnologie, S. 126 ff mwN; s. auch *Wilhelm Steinmüller*, Die Zweite industrielle Revolution hat eben begonnen, in: Kursbuch 66 (1981), S. 152 ff.

59 S. dazu 6. Tätigkeitsbericht der Landesbeauftragten für den Datenschutz in Baden-Württemberg, S. 18 ff am Beispiel des geplanten baden-württembergischen Landessystemkonzepts.

zu sein, wie die »technische« Abschottung unterschiedlicher Netze gegeneinander, ist ein hoher Kontrollaufwand erforderlich, dessen politische, administrative und finanzielle Kosten in die bislang eher ökonomistisch verkürzten Kosten-Nutzen-Analysen erst noch einzustellen sind.

b.) Auch die absehbare Vervielfachung von TK-Diensten führt zu neuartigen Regelungsproblemen: Zu entscheiden ist, wer Träger (Anbieter) der neuen TK-Dienste sein soll und – für den Fall konkurrierender Dienstträgerschaft – wie das Verhältnis zwischen dem – zugleich als Dienstträger auftretenden – Netzträger und den mit ihm konkurrierenden neuen Dienstträgern geregelt werden soll.
Im Vordergrund der ökonomischen Diskussion über den Wettbewerb bei der Dienstträgerschaft steht der Zielkonflikt zwischen Innovationsgewinnen und flächendeckender Versorgung. Einerseits wird behauptet, daß in einem dynamischen Sektor – wie dem der TK-Dienste – Wettbewerb zu Innovationen führe, die »sozial sehr vorteilhaft« seien[60]. Andererseits wird befürchtet, daß sich das soziale Ziel der »Tarifeinheit im Raum« und das strukturpolitische Ziel der flächendeckenden Versorgung »nicht bei gleichzeitiger Realisierung von Wettbewerb« erreichen ließen[61].
Die Zulassung von Wettbewerb zwischen Netzträgern und Dienstträgern beim Angebot von TK-Diensten führt zu einer Vielzahl von regelungsbedürftigen Folgeproblemen: Der Netzträger kann durch die Gestaltung der technischen, betrieblichen und tariflichen Zugangsbedingungen seine Konkurrenten in vielfältiger Weise diskriminieren. Er kann sich durch Quersubventionierung »neuer« Dienste aus Einnahmen, die er mit anderen, lukrativen Diensten erzielt, einen Wettbewerbsvorteil verschaffen, indem er seine neuen Dienste zu wettbewerbswidrigen Kampfpreisen anbietet (predatory pricing). Andererseits kann eine Quersubventionierung neuer Dienste auf Zeit erforderlich und erwünscht sein, um einem neu eingeführten TK-Dienst über die kritische Einführungsphase hinwegzuhelfen (»Hebammenfunktion«).
Soweit der Netzträger den mit ihm konkurrierenden Dienstträgern Mietleitungen zur Abwicklung von TK-Diensten überläßt, kann der »Wiederverkauf« zum Regelungsproblem werden. Es stellt sich dann, wenn die Tarife des

60 *Günter Knieps*, Entstaatlichung im Telekommunikationsbereich, Tübingen 1985, S. 22; ähnl. *G. Knieps/J. Müller/C. Chr. v. Weizsäcker*, Wettbewerb, S. 79. Grundlegend zum »Wettbewerb als Entdeckungsverfahren« die gleichnamige Schrift von *F. A. von Hayek*, insbes. S. 3 f, der allerdings darauf hinweist, »daß die Leistung des Wettbewerbs gerade in den Fällen nicht empirisch nachgeprüft werden kann, in denen er allein interessant ist«.
61 *H. Schön/K.-H. Neumann*, in: Jb. DBP 1985, S. 478 (496).

Netzträgers – wegen der ihm vorgegebenen sozialen Ziele (flächendeckende Versorgung zu einheitlichen Tarifen) – nicht kostenorientiert sind. Konkurrierende Dienstträger können in diesem Fall »Tarifarbitrage« betreiben, indem sie ihre TK-Dienste auf denjenigen (intensiv genutzten und damit gewinnbringenden) Strecken anbieten, auf denen die Differenz zwischen Kosten und Preisen des Netzanbieters besonders groß ist. Ökonomisch relevant ist das Problem des »Wiederverkaufs« derzeit vor allem für den Telefondienst[62].

c.) Durch die neu eröffneten technischen Gestaltungsmöglichkeiten bei der »Ansiedlung« von Dienstmerkmalen im Netz oder in den Endeinrichtungen des Netzes werden Standardisierungsentscheidungen regelungsbedürftig: Sie müssen einen Interessenausgleich ermöglichen zwischen denjenigen Benutzern, denen an einem insgesamt optimierten Telekommunikationssystem gelegen ist, das ihnen eine Telekommunikations-Dienstleistung »aus einer Hand« erbringt und denen, die keine solche Dienstleistung wünschen, sondern – weil sie selbst über leistungsstarke Endeinrichtungen verfügen – lediglich einen Transportdienst in Anspruch nehmen wollen[63].
Für die erstgenannte Teilnehmergruppe ist die Ansiedlung von Leistungsmerkmalen an zentraler Stelle – »im Netz« – von Interesse, für die zweitgenannte Teilnehmergruppe ist die Möglichkeit des Anschlusses von »intelligenten« Endgeräten an das Netz essentiell.

62 S. dazu schon hier *Helmut Schön/K.-H. Neumann*, in: Jb. DBP 1985, S. 478 (515 ff).
63 S. dazu *F. Arnold*, Öffentliche Fernmeldenetze, Bd. 2, S. 175 ff.

B. Auf dem Weg zu neuen Regelungsmodellen

Telekommunikationspolitik und Telekommunikationsrecht reagieren auf die technischen Möglichkeiten der Verschränkung von Telekommunikation und Datenverarbeitung und die daraus resultierenden neuartigen ökonomischen Interessen- und politischen Zielkonflikte.

Die überkommenen Regelungsmodelle befinden sich im Umbruch; einige von ihnen sollen im folgenden Abschnitt näher betrachtet werden.

In den USA versuchte die Federal Communications Commission zunächst, das Zusammenwachsen von Telekommunikation und Datenverarbeitung durch die definitorische Festlegung technisch-funktionaler Grenzlinien zwischen unterschiedlichen Kategorien von Diensten zu steuern. Nach und nach wandelte sich diese an der Vorstellung eines regulierten Telekommunikations- und eines unregulierten Datenverarbeitungssektors ausgerichtete Politik zu einer *Verhaltens*steuerung, die inzwischen notwendigerweise auch die Dienstträger im Bereich der Datenverarbeitung erfaßt (dazu I.)

In Großbritannien wurde das überkommene Regelungsmodell grundlegend umstrukturiert: An die Stelle des organisationsrechtlich ausgerichteten Postmodells trat ein verfahrensrechtlich ausgerichtetes Kommissionsmodell, in dem das Office of Telecommunications (OFTEL) als Regulierungsbehörde das Verhalten unterschiedlicher Netzträger lenkt und überwacht. Im Unterschied zum amerikanischen Modell basiert die Regulierung nicht auf Grenzlinien zwischen Diensten, sondern zwischen Telekommunikationssystemen, für deren Errichtung und Betrieb unterschiedliche Träger lizenziert werden (dazu II.). In den Niederlanden ist die Umstrukturierung des überkommenen Regelungsmodell weniger tiefgreifend. Immerhin ändern sich aber auch dort organisationsrechtliche Grenzlinien, neue verfahrensrechtliche Mechanismen werden geschaffen und die inhaltliche Entscheidung für eine staatlich gewährleistete Telekommunikations-Infrastruktur ist neu bekräftigt und mit Blick auf die Telematik-Dienste präzisiert worden (dazu III.).

In der Bundesrepublik ist das Regelungsmodell im Post- und Fernmeldewesen seit geraumer Zeit Gegenstand von Reformüberlegungen. Noch ehe organisations- und verfahrensrechtliche Strukturen geändert worden sind, hat die Post mit neuen inhaltlichen Grenzziehungen begonnen: Die Telekommunikationsordnung von 1986 unterscheidet »Netze« und »Dienste« als neue Regelungskategorien und zielt darauf ab, mittels eines gebührenpolitischen Instrumentariums Wettbewerb zwischen den Anbietern solcher Dienste zu ermöglichen, bei denen es sich nicht um »Massendienste« handelt (dazu IV.).

I. *USA: Grenzlinien zwischen Diensten*

Die Telekommunikationspolitik und das Telekommunikationsrecht der Vereinigten Staaten haben seit der zweiten Hälfte der sechziger Jahre vor allem mit inhaltlichen »Grenzziehungen« zwischen unterschiedlichen TK-Diensten auf die Verknüpfung von Datenverarbeitung und Telekommunikation reagiert.
Die Grenzlinien wurden – auf der Grundlage bestehender Regelungsstrukturen – nach technisch-funktionalen Kriterien gezogen. Sie dienen dazu, unterschiedliche Regelungsmodelle gegeneinander abzugrenzen: das herkömmliche Regelungsmodell für den Bereich des »Fernmeldewesens« und das sich neu entwickelnde Regelungsmodell für die »Datenverarbeitung«.
Der Prozeß der Grenzlinienziehung wird markiert durch drei, auf formalisierten, komplexen Verfahren beruhende, richtungweisende Entscheidungen, welche die für die Regulierung des Fernmeldewesens zuständige Federal Communications Commission (FCC) in den Jahren 1970, 1977/80 und 1986 getroffen hat.
In dem Verfahren »Regulatory and Policy Problems Presented by the Interdependence of Computer and Communications Services and Facilities« (Computer I-Verfahren)[1] grenzte die FCC mit ihrer sog. *Computer I-Entscheidung*[2] zunächst Kommunikationsdienste und Datenverarbeitungsdienste (communications services/data processing services) und damit die Tätigkeitsbereiche der »regulierten« Fernmeldeunternehmen und der »unregulierten« Datenverarbeitungsunternehmen gegeneinander ab (dazu 1.).
Diese Grenzlinie wurde nur vier Jahre später aufgrund des Computer II-Verfahrens ersetzt durch die Abgrenzung von Übertragungsdiensten und erweiterten Diensten (basic services/enhanced services)[3] (dazu 2.).
Das Vorhaben der FCC, im Anschluß an die Entflechtung der American Telephone and Telegraph Corporation (AT&T) und die damit verbundenen grundlegenden Änderungen der Marktstruktur auch diese technisch-funktionale Unterscheidung, die durch eine Vielzahl von Einzelfall- und Grund-

1 7 F.C.C. 2d 11 (1966) (Notice of Inquiry); 7 F.C.C. 2d 19 (1967) (Supplemental Notice of Inquiry).
2 28 F.C.C. 2d -1970-, Regulatory and Policy Problems presented by the Interdependence of Computer and Communications Services and Facilities, Tentative Decision.
3 Amendment of Section 64.702 of the Commission's Rules and Regulations, 61 F.C.C. 2d 103 (1976) (Notice of Inquiry); 64 F.C.C. 2d 771 (1977) (Supplemental Notice of Inquiry and Enlargement of Proposed Rulemaking); Amendment of Section 64.702 of the Commission's Rules and Regulations (Second Computer Inquiry), Final Decision, 77 F.C.C.2d, 384 -1980-.

satzentscheidungen weiter verfeinert worden war, aufzugeben und ein stärker an der Marktmacht von Netz- und Diensträgern orientiertes Regelungsmodell an ihre Stelle zu setzen, stieß bei den betroffenen Unternehmen auf nahezu einhellige Ablehnung. In ihrer *Computer III-Entscheidung*[4] hielt die FCC daher auch nach der Entflechtung des Fernmeldeunternehmens AT&T an der technisch-funktionalen Grenzlinie fest. Zugleich setzte sie jedoch ihre Politik der Lockerung dieser Grenzlinie durch die Statuierung von Ausnahmen fort und rückte das telekommunikationspolitische Ziel der flächendekkenden Versorgung mit TK-Diensten stärker in den Vordergrund (dazu 4.)

1.) *Die »Computer I-Entscheidung« der FCC*

Eine der ersten dienstespezifischen Differenzierungen, mit denen ein telekommunikationsrechtliches Regelungsmodell auf das Zusammenwachsen von Datenverarbeitung und Telekommunikation reagiert hat, war die von der FCC aufgrund der ·*First Computer Inquiry* vorgenommene Unterscheidung von Kommunikationsdiensten und Datenverarbeitungsdiensten.
Die *First Computer Inquiry* begann 1966 mit dem Ziel, die aus der Interdependenz von »Computer-« und Kommunikationsnetzen und –diensten resultierenden Regelungsprobleme zu lösen[5].

a.) Die Bemühungen der FCC, eine Grenzlinie zwischen unterschiedlichen Diensten zu ziehen, und der Verlauf dieser Grenzlinie lassen sich nur vor dem Hintergrund des rechtlichen Rahmens der amerikanischen TK-Politik und der divergierenden Interessen der unterschiedlichen Akteure verstehen:
Auf Bundesebene ist in den USA seit 1934 vor allem die FCC – eine dem Kongreß unterstellte Regierungskommission – für die Regulierung des Telekommunikationsbereichs zuständig; die Telekommunikation innerhalb der Gliedstaaten wird von State Public Utility Commissions reguliert[6].

4 FCC 86-252, Amendment of Sections 64.702 of the Commission's Rules and Regulations, Report and Order, CC Docket No. 85-229.

5 Regulatory and Policy Problems Presented by the Interdependence of Computer and Communications Services and Facilities, 7 FCC 2d 11 (1966) – Notice of Inquiry -; 7 FCC 2d 19 (1967) – Supplemental Notice of Inquiry –.

6 Verfassungsrechtlich wird das Verhältnis dieser beiden Regulierungsebenen zueinander auf der Grundlage von Art. VI der amerikanischen Verfassung durch den Grundsatz der »preemption« gesteuert: Danach kann Bundesrecht entgegenstehendes Recht der Gliedstaaten beiseitesetzen und eine Sperrwirkung für die Gliedstaaten entfalten. Zu den richterrechtlichen Beurteilungskriterien vgl. die Entscheidungen des U.S. Supreme Court in Rice v. Santa Fe Elevator Corp., 331 U.S. 218 (229 f) -1947- und Florida Lime and Avocado Growers Inc. v. Paul, 373 U.S. 132 (1963)

Neben diesen Regulierungsbehörden sind – vor allem auf Bundesebene – eine Vielzahl von Verwaltungsbehörden (darunter vor allem das Department of Justice, das Department of Commerce und das Department of State sowie die United States Information Agency)[7], der Kongreß und – in besonderem, seit der Entflechtung von AT&T weiter verstärktem Maße – die Gerichte an der Steuerung der amerikanischen Telekommunikationspolitik beteiligt[8].
Nach dem Communications Act von 1934 ist die FCC dafür zuständig, die drahtlose und drahtgebunde Telekommunikation im Verkehr zwischen Gliedstaaten und im internationalen Bereich zu regeln (»interstate and foreign communication by wire or radio«)[9].
Das gesetzlich vorgegebene Ziel der Regulierung ist es, »to make available, so far as possible, to all the people of the United States a rapid, efficient, Nationwide, and world-wide wire and communications service with adequate facilities and reasonable charges«[10].
Die Regulierungsbefugnis der FCC erstreckt sich auf drei vom Gesetz unterschiedene Gruppen von Telekommunikationsunternehmen: die *common carriers* – ein Rechtsbegriff, den man im telekommunikationsrechtlichen Zusammenhang am besten mit »öffentliche Netz- und Diensträger« übersetzt –, die Fernsehunternehmer (broadcasters) und, seit 1984, die Kabelfernsehbetreiber.
Für die Grenzlinienziehung zwischen unterschiedlichen Telekommunikationsdiensten erwies sich vor allem die von Titel II des Communication Act eröffnete Regelungskompetenz bezüglich der *common carriers* (und das implizierte Fehlen einer Regelungskompetenz für Unternehmen, die nicht *common carriers* sind) als folgenreich.

7 Eine übersichtliche Darstellung des Beziehungsgeflechts der unterschiedlichen staatlichen Akteure findet sich bei *Kenneth W. Leeson*, International Communications: Blueprint for Policy, Amsterdam 1984, S. 138 ff, der die strukturellen Defizite des amerikanischen »policymaking« im Telekommunikationsbereich beklagt (S. 152) und eine verbesserte Koordination fordert; s. auch *Tedson J. Meyers*, The Method is the Message, in: E.-J. Mestmäcker (Hrsg.), Transborder Telecommunications, S. 31 (33 ff). Zu Koordinierungsdefiziten in der Telekommunikationspolitik der Bundesrepublik s. *J. Scherer*, Telekommunikationsrecht, S. 485 ff, 663 ff.

8 Zur Rolle des Kongresses, der die Telekommunikationspolitik vor allem mittelbar durch Wahrnehmung seiner Aufsichtsbefugnisse über die FCC beeinflußt, s. *R.R. Bruce/J.P. Cunard/ M.D. Director*, Telecommunications, Vol. 2, S. 31 f; s. auch ebd., S. 33 ff, 72 ff zur Rolle der Gerichte im allgemeinen und insbesondere zur Rolle des für die Auslegung des AT&T-Entflechtungsvergleichs zuständigen Bezirksrichters *Harold Greene* als *policy-maker*.

9 47 U.S.C. § 152 (a) (1983).

10 47 U.S.C. § 151 Sec. 1. S. bereits oben, A.II.1. a.

Common carriers waren bis zur Entflechtung von AT&T im Jahr 1984

- die American Telephone and Telegraph Company (AT&T);
- einige größere, vertikal integrierte Telefongesellschaften, von denen General Telephone and Electronics die größte ist und
- etwa 1.500 unabhängige Telefongesellschaften (independents).

Zur AT&T – dem »Bell-System« – gehörten vor der Entflechtung 23 Fernmeldegesellschaften, die rund 85 Prozent des Fernmelde-Ortsverkehrs abwickelten. Das AT&T Long Lines Department hatte im Bereich des Fernverkehrs und der internationalen Telekommunikation einen Marktanteil von über 90 Prozent. Zu AT&T gehörte Western Electric Corp., der größte Hersteller von fernmeldetechnischen Geräten, der nahezu den gesamten fernmeldetechnischen Bedarf des Bell-Systems deckte und als zentrale Einkaufsorganisation fungierte, sowie die Bell Telephone Laboratories, die größte private Forschungseinrichtung der Welt, die je zur Hälfte der AT&T und Western Electric gehörte[11].

GTE kontrolliert 18 Tochtergesellschaften in 33 Bundesstaaten und verfügt mit der Automatic Electric Co. über eine eigene Herstellerfirma; GTE bedient etwa 8 Prozent der amerikanischen Telefone. Ähnlich strukturiert sind United Telecommunications und Continental Telephone.

Die »Independents« versorgten nach einem dem Kongreß im Jahr 1981 vorgelegten Bericht etwa 75 Prozent der Fläche, aber nur knapp vier Prozent der Bevölkerung der USA mit Fernsprechdiensten[12].

Nach Titel II des Communications Act[13] ist es die Aufgabe der FCC, das Verhalten der *common carriers* zu regulieren. Dazu zählt insbesondere die Regulierung der Netz- und Diensteinrichtung – und damit indirekt die Regulierung des Marktzutritts – die Regulierung der Benutzungsbedingungen einschließlich der Tarife und die Rentabilitätsregulierung.

Einen Genehmigungsvorbehalt für die Netz- und Diensteinrichtung sowie für die Beendigung von Dienstangeboten durch *common carriers* enthält § 214 des Communications Act:

11 Vgl. U.S. Congress, Telecommunications in Transition: The Status of Competition in the Telecommunications Industry, A Report by the Majority Staff of the Subcommittee on Telecommunications, Consumer Protection and Finance of the Committee on Energy and Commerce, U.S. House of Representatives, 97th Congr., 1st Session, Washington 1981 (abgek.: *House Staff Report*), insbes. S. 115 ff.

12 *House Staff Report*, S. 159 ff.

13 47 United States Code (U.S.C.), §§ 201-224.

»No carrier shall undertake the construction of a new line or of an extension of any line, or shall acquire or operate any line or extension thereof, or shall engage in transmission over or by means of such additional or extended line, unless and until there shall first have been obtained from the Commission a certificate that the present or future public convenience and necessity require or will require the construction, or operation, or construction and operation, of each additional or extended line«.

Grundlage für die Regulierung der Benutzungsbedingungen einschließlich der Tarife ist § 201 b des Communications Act:

»All charges, practices, classifications, and regulations for and in connection with such communication service shall be just and reasonable, and any such charge, practice, classification or regulation that is unjust or unreasonable is hereby declared to be unlawful«.

Danach genehmigt die FCC die Benutzungsbedingungen für Telekommunikationsdienste der *common carrier* und deren Tarife.

Außerdem ermächtigt Titel II des Communications Act die FCC zur Rentabilitätsregulierung der *common carrier*[14].

Trotz seiner grundlegenden Bedeutung als Anknüpfungspunkt für staatliche Regulierung ist das rechtsdogmatische Konzept der *common carriage* im amerikanischen (Telekommunikations-)Recht diffus geblieben. Der Communications Act definiert fast zirkulär den common carrier als »any person who engages as a common carrier for hire«[15].

Immerhin verknüpft das Gesetz in § 201 a die Stellung der *common carrier* im Telekommunikationsbereich mit Versorgungspflichten:

»It shall be the duty of every common carrier engaged in interstate or foreign communication by wire or radio to furnish such communication service upon reasonable request therefor«.

Die FCC ist zu deren Durchsetzung ermächtigt:

»The Commission may, after full opportunity for hearing, in a proceeding upon complaint or upon its own initiative without complaint, authorize or require by order any carriers, party to such proceeding, to provide itself with adequate facilities for performing its service as a common carrier and to extend its line...« (§ 214 d).

Die Gerichte haben auf überkommene, im Verkehrsrecht entwickelte Konzepte der *common carriage* zurückgegriffen und als *common carrier* im

14 Zu Einzelheiten s. *Günter Knieps*, Entstaatlichung im Telekommunikationsbereich, Tübingen 1985, S. 56 f.

15 47 U.S.C. § 153 (h) (1983). –

Telekommunikationsbereich solche Unternehmen bezeichnet, die ihre Dienste zur Übermittlung von Informationen öffentlich anbieten[16].
Die Aufgabe, den Tätigkeitsbereich der nach Titel II des Communications Act zu regulierenden *common carrier* ein- und gegen die Tätigkeitsbereiche andere (Netz- und) Dienstträger abzugrenzen, fiel jedoch im wesentlichen der FCC zu, die den ersten wichtigen Schritt mit der Einleitung des *Computer I*-Verfahrens tat.

b.) Technischer Hintergrund des *Computer I*-Verfahrens, das die FCC 1966 mit einer öffentlichen »Notice of Inquiry«[17] einleitete, war das Aufkommen von Computersystemen, die sowohl Datenverarbeitungs- als auch Vermittlungsfunktionen erfüllen konnten.
Durch die Verknüpfung dieser Systeme mit Übertragungskanälen konnten Unternehmen mit freien Datenverarbeitungskapazitäten in ihren »in house«-Systemen oder neu entstehende Datenverarbeitungsunternehmen den Telefonkunden eine Vielzahl von Datenverarbeitungs- und Datenbankdiensten anbieten. Gleichzeitig begannen die *common carriers* damit, die Computer in ihren Vermittlungsstellen einzusetzen und bemühten sich darum, ihre Dienstleistungen auf Dienste der Datenverarbeitung auszuweiten[18].

c.) Diese technisch bedingte Annäherung der als *common carriers* regulierten Fernmeldeunternehmen und der bislang nicht von der FCC regulierten Computer- und Datenverarbeitungsindustrie stellte die FCC vor neuartige Regulierungsprobleme: Es ging darum, die beiden Industriezweige einander zuzuordnen und über das Ob und Wie ihrer staatlichen Regulierung zu entscheiden.
Theoretisch bestanden mehrere Optionen: Die traditionelle Fernmeldeindustrie (communications industry), in der die AT&T dominierte, und die von IBM dominierte Datenverarbeitungsindustrie (computer industry) konnten in

16 Vgl. neuerdings NARUC I, 525 F.2d 601, 640-642.

17 Regulatory and Policy Problems Presented by the Interdependence of Computer and Communications Services and Facilities, 7 FCC 2d 11 (1966) -Notice of Inquiry-; 7 FCC 2d 19 (1967) -Supplemental Notice of Inquiry- (abgek.: *Computer I*-Notice, Supplemental Notice).

18 Vgl. 7 FCC 2d (Computer I), S. 12 ff; s. auch *G.W. Brock*, Industry, S. 269 f. Etwa zeitgleich reagierte auch die Deutsche Bundespost auf das Zusammenwachsen von Fernmeldewesen und Datenverarbeitung: Zu ihrem 1969 begonnenen und alsbald gescheiterten Versuch, mittels des gemischtwirtschaftlichen Unternehmens Datel GmbH im Bereich der Datenfernverarbeitung tätig zu werden, s. *J. Scherer*, Telekommunikationsrecht S. 368-372.

Wettbewerb treten und ihre Tätigkeitsbereiche zunehmend verschränken oder die Tätigkeit jeder der beiden Industrien konnte auf das jeweils überkommene Tätigkeitsfeld begrenzt werden oder es konnten neue Unternehmen gegründet werden, deren Tätigkeitsbereich »quer« zu den bisher getrennten Bereichen Fernmeldewesen und Datenverarbeitung stehen und beide Techniken nutzen würde[19].

Einer theoretisch »sauberen« Umsetzung einer dieser Regelungsalternativen standen jedoch rechtlich bedingte Schwierigkeiten und ökonomische Folgeerwägungen entgegen:

(1) Während die öffentlichen Netz- und Dienstträger im Fernmeldewesen (communications common carriers) von jeher der Regulierung durch die FCC auf der rechtlichen Grundlage von Titel II des Communications Act von 1934 unterlagen, war die Computerindustrie keine von einer spezifischen Bundes- oder Gliedstaatenbehörde regulierte Industrie. Sie würde deshalb einer Einbeziehung in die *common carrier*-Regulierung entschiedenen Widerstand entgegensetzen.

Andererseits bestand bei einer Einschränkung der *common carrier*-Regulierung auf Datenverarbeitungsdienste die Möglichkeit, daß AT&T seine marktbeherrschende Stellung als Netzträger in einer die neuen Dienstträger diskriminierenden Weise mißbrauchen könnte.

(2) Eine weitere Schwierigkeit – und ein zusätzliches Grenzziehungserfordernis – ergab sich aus einem 1956 zwischen AT&T und dem Justizministerium (Department of Justice) geschlossenen gerichtlichen Vergleich (consent decree): In diesem Vergleich, mit dem ein seit 1949 anhängiges Antitrust-Verfahren gegen AT&T und ihr Tochterunternehmen Western Electric Co., Inc. beendet worden war[20], hatte sich AT&T verpflichtet, keine anderen Geschäfte zu betreiben als die Bereitstellung von öffentlichen Kommunikationsübertragungsdiensten (common carrier communications services) oder dazugehörige Nebengeschäfte (businesses »incidental thereto«)[21].

Während der Vergleich die Merkmale der öffentlichen Kommunikationsübertragungsdienste (common carrier services) in Anknüpfung an den – insoweit, wie erwähnt, nicht sehr ergiebigen – Communications Act präzisierte, enthielt er sich für die »Nebendienste« jeder Präzisierung.

»Common carrier«-Dienste definierte der Vergleich als »communication services and facilities, other than message telegram service, the charges for which are subject to public regulation under the Communications Act of 1934,

19 Zu diesen Optionen und zum folgenden s. *G.W. Brock*, Telecommunications, S. 269.
20 Zur Geschichte des Antitrust-Verfahrens s. *G.W. Brock*, Industry, S. 187-194.
21 U.S. v. Western Electric Co., Inc., 1956 Trade Cases 68, 246 S. 71, 138 (D.N.J. 1956).

or any amendment thereof, or would be subject to such regulation thereunder if such a service or facility were furnished in interstate commerce«[22].

Die Folge dieser gerichtlichen Dienstträgerschafts-Abgrenzung war, daß die FCC mit ihrer Entscheidung darüber, die Datenverarbeitungsdienste zum Gegenstand ihrer Regulierungstätigkeit nach Titel II des Communications Act zu machen oder sie nicht zu regulieren, zugleich über die Beteiligung oder Nichtbeteiligung von AT&T am Markt für Datenverarbeitungsdienste entschied.

(3) Für den Fall, daß Fernmeldeunternehmen auch Datenverarbeitungsdienste anbieten durften, prognostizierte die FCC, daß durch wettbewerbswidriges Verhalten das Fernmeldemonopol auf die neuen Dienste ausgedehnt werden würde[23]. Diese Gefahr resultiere aus zwei möglichen Verhaltensweisen der *common carriers*: Zum einen konnten sie die neuen Datenverarbeitungsdienste mit Einnahmen aus ihren herkömmlichen Fernmeldediensten »quersubventionieren« und damit gegenüber ihren Konkurrenten einen Wettbewerbsvorteil erlangen. Zum anderen konnten die *common carriers* ihre Doppelstellung als Dienst- *und* Netzträger gegenüber den konkurrierenden Nur-Dienstträgern mißbrauchen und ihnen z.B. ungünstigere Konditionen für die Netzbenutzung stellen.

d.) Die FCC versuchte, diese Regelungsprobleme durch die Schaffung unterschiedlicher telekommunikationsrechtlicher Dienste-Kategorien zu lösen. Dabei war ihr bewußt, daß sich Datenverarbeitungs- und Kommunikationsdienste angesichts der technischen Entwicklungen nicht trennscharf gegeneinander ausgrenzen lassen:

> »It is possible for users not only to have on-line communications with the computer for data processing purposes, but it is also possible for such users to have the means of communicating with each other when the computer is programmed to switch messages of one to another«[24].

Kompetenzrechtlicher Ausgangspunkt der Kategorisierungen war die Entscheidung der Kommission, daß ihre Regulierungsbefugnisse nur in solchen Bereichen bestünden, in denen die Situation eines natürlichen – durch Größenvorteile begründeten – Monopols vorliegt oder in denen das öffentliche Interesse wegen der Gefahr wettbewerbswidrigen Verhaltens durch Regulierung geschützt werden muß[25].

22 aaO, S. 71, 137.
23 Vgl. First Computer Inquiry, Tentative Decision, 28 F.C.C. 2d 291, 299.
24 First Computer Inquiry, Tentative Decision, 28 F.C.C. 2d 11, 304 (1970).
25 First Computer Inquiry, Tentative Decision, 28 FCC 2d 291, 297 (1970)

Im Bereich der Datenverarbeitungsindustrie bestehe ein so hohes Maß an Wettbewerb, daß eine umfassende Regulierung – unabhängig davon, ob die Datenverarbeitung mit Hilfe von Fernmeldeeinrichtungen erfolgt – derzeit nicht erforderlich sei[26].

Ausgehend von diesen Prämissen formulierte die FCC drei Kategorien von Telekommunikationsdiensten[27]:

- Kommunikationsdienste (communications services)
- Datenverarbeitungsdienste (data processing services)
- hybride Dienste (hybrid services).

e.) Während die erstgenannte Regulierungskategorie im Communications Act vorgegeben war, wurde die zweite von der FCC entwickelt und definitorisch eingegrenzt:

Datenverarbeitung bezeichnete nach der *Computer I*-Entscheidung die Verwendung von Computern für die Verarbeitung von Informationen im Unterschied zur Leitungs- und Nachrichtenvermittlung. Erläutert wurde diese Definition durch einige Regelbeispiele, wonach »Datenverarbeitung« unter anderem den Einsatz von Computern zur Speicherung, zum Abruf, zur Umordnung, zur Verknüpfung und zur Errechnung von Daten nach Maßgabe programmierter Befehle umfaßt[28].

Unter Nachrichtenvermittlung (message switching) sollte dabei die von einem Computer gesteuerte, mit Hilfe von fernmeldetechnischen Einrichtungen durchgeführte Übertragung von Nachrichten zwischen zwei oder mehr Punkten verstanden werden, bei der die Nachricht inhaltlich unverändert bleibt.

Mit dieser Ausgrenzung wurde den Fernmeldeunternehmen der Einsatz von Datenverarbeitungsanlagen in ihren Vermittlungsstellen ermöglicht.

Die so von den Kommunikationsdiensten ausgegrenzten Dienste der Datenverarbeitung einschließlich der stationären Datenverarbeitung (local data processing service)[29] und der Datenfernverarbeitung (remote access data proces-

26 First Computer Inquiry, Tentative Decision, 28 FCC 2d, 291, 298 (1970); s. auch den salvatorischen Hinweis: »However, if there should develop significant changes in the structure of the data processing industry, or, if abuses emerge which require the exercise of corrective action by the Commission, we shall not hesitate to re-examine the policies set forth herein«. Vgl. auch 28 F.C.C. 2d, S. 267 (1971) -Final Decision-.

27 Computer I, Tentative Decision, 28 F.C.C. 2d, 291, 304-305 (1970); s. auch Final Decision and Order, 28 F.C.C. 2d 267, 277-281 (1971).

28 »*Data processing* – the use of a computer for the processing of information as distinguished from circuit or message-switching. ›Processing‹ involves the use of the computer for operations which include, *inter alia*, the functions of storing, retrieving, sorting, merging, and calculating data, according to programmed instructions«, 28 F.C.C. 2d 291, 295 (1970)

29 Sie werden definiert als: »an offering of data processing where communications facilities are not involved in serving the customer«.

sing)[30] blieben unreguliert. Demgegenüber fielen alle *message switching services* in den zu regulierenden Bereich[31].
Unentschieden blieb der Status der von der FCC sogenannten »hybriden« Dienste, bei denen Datenfernverarbeitung und Nachrichtenvermittlung zu einem einzigen Dienst integriert worden sind[32].
Mit der Kategorie der »hybriden Dienste« schuf die FCC eine Art Pufferzone zwischen den nicht regulierten Diensten der Datenverarbeitung und den nach Maßgabe des Communications Act zu regulierenden Kommunikationsdiensten und legte nur recht undeutliche Kriterien für die im Einzelfall von ihr zu treffende Zuordnungsentscheidungen fest: Ein hybrider Dienst werde dann als Kommunikationsdienst angesehen und dementsprechend reguliert, wenn das Dienstmerkmal »Datenverarbeitung« hauptsächlich dem Kommunikations- oder Nachrichtenvermittlungsbedürfnis des Benutzers diene; Datenverarbeitungsdienst und demgemäß unreguliert anzubieten sei der hybride Dienst dann, wenn das Dienstmerkmal »Datenverarbeitung« Bestandteil eines Datenverarbeitungs-Dienstprofils sei[33].
Die Zuordnung der hybriden Dienste wollte die FCC auf der Grundlage einer Analyse des jeweiligen Dienstprofils und der Bestimmung des Schwerpunkts des jeweiligen Dienstes (»the primary thrust of the service«) vornehmen[34]. Entscheidend war für die FCC, ob ein »hybrider« Dienst aufgrund seiner Vermittlungsfunktionen gleichartig war einem »point-to-point service«, wie ihn die herkömmlichen common carrier anboten[35].

f.) Mit dieser Grenzlinienziehung hatte die FCC aus kompetenzrechtlicher Sicht zweierlei erreicht: Zum einen hatte sie die kompetenzrechtlich problematische Ausweitung ihrer Regulierungstätigkeit auf die Datenverarbeitungsindustrie vermieden; zum anderen hatte sie für die Betätigung von AT&T eine Grenzlinie gezogen, die sich mit der des *consent decree* von 1956 zur Deckung bringen ließ. Die »hybriden«, aber eher den Kommunikationsdiensten zuzuordnenden Dienste mit Datenverarbeitungs-Merkmalen ließen sich

30 Dabei handelt es sich um »an offering of data processing wherein communications facilities, linking a central computer to remote customer terminals, provide a vehicle for the transmission of data between such computer and customer terminals«.

31 29 F.C.C. 2d, 298; s. auch 28 F.C.C., 291 (295).

32 »Hybrid services – an offering of service which combines Remote Access data processing and message-switching to form a single integrated service«, 28 F.C.C. 2d, S. 291, 296.

33 Vgl. 28 F.C.C. 2d, S. 291, 305.

34 Vgl. 28 F.C.C. 2d 291, 305.

35 28 FCC 2d, S. 291, 304 f (1970); s. auch 28 FCC 2d 267, 277-281 (1971) -Final Decision and Order-.

gleichsetzen mit jenen »Nebengeschäften« zu Kommunikationsübertragungsdiensten, die AT&T auf der Grundlage des *consent decree* gestattet waren[36]. Anders gesagt: AT&T und ihre Tochterunternehmen waren wegen des gerichtlichen Vergleichs von 1956 weitgehend von der Bereitstellung von Datenverarbeitungsdiensten ausgeschlossen; sie durften solche Dienste nur anbieten, wenn und soweit sie »Nebendienste« zu Kommunikationsdiensten[37] waren.

Im übrigen galt: Die als *common carrier* regulierten Fernmeldeunternehmen durften grundsätzlich nur Träger von Kommunikationsdiensten sein.

g.) Um Datenverarbeitungsdienste anzubieten, mußten die *common carrier* organisatorisch verselbständigte Tochterunternehmen (separate corporate identities) als Dienstträger gründen.

Mit diesem in der Computer I-Entscheidung festgelegten und erst 16 Jahre später aufgegebenen Grundsatz der weitestgehenden strukturellen Trennung (maximum separation policy)[38] verfolgte die FCC vier Ziele[39]:

(1) Die Bereitstellung von Datenverarbeitungsdiensten durch den *common carrier* sollte die Bereitstellung effizienter öffentlicher common carrier (= Fernsprech-)Dienste nicht beeinträchtigen,

(2) die mit der Bereitstellung von Datenverarbeitungsdiensten verbundenen Kosten sollten weder mittelbar noch unmittelbar auf die Benutzer der *common carrier*-Dienste abgewälzt werden,

(3) die mit *common carrier*-Diensten erzielten Einnahmen sollten nicht zur (Quer-)Subventionierung des Angebots von Datenverarbeitungsdiensten verwandt werden und

(4) die Bereitstellung von Datenverarbeitungsdiensten sollte weder den Wettbewerb zwischen *common carriers* und Datenverarbeitungsunternehmen beeinträchtigen noch wettbewerbswidrige Verhaltensweisen begünstigen.

Im einzelnen verlangte die »maximum separation policy«, daß ein *common carrier* seine Datenverarbeitungsdienste ausschließlich durch neu zu errichtende Tochtergesellschaften anbieten mußte, die räumlich getrennt sein und über eine eigene Buchhaltung verfügen mußten. Die Tochterunternehmen konnten die Netz- und Übertragungsdienstleistungen des *common carrier* nur

36 Zum *consent decree* s. oben, bei Anm. 20 f.

37 im Originaltext: »incidental to communications services within the meaning of both the consent decree and the FCC's policy on hybrid services«, 28 FCC 2d, 305 -Tentative decision-.

38 S. dazu noch unten, 3.

39 28 F.C.C. 2d, S. 291, 302.

zu den gleichen Bedingungen in Anspruch nehmen wie konkurrierende Datenverarbeitungs-Dienstträger[40].
Auch war es den *common carriers* untersagt, die von ihren Tochterunternehmen angebotenen Datenverarbeitungsdienste zu »vermarkten« oder für sie zu werben[41].

h.) Sowohl die in der Computer I-Entscheidung vorgenommenen Kategorisierungen als auch die »maximum separation policy« wurde gerichtlich angegriffen.
Ein Appellationsgericht des Bundes (Second Circuit Court of Appeals) hatte zu entscheiden, ob die von AT&T eingesetzte Anlage »Dataspeed 40/4« – ein »intelligentes« Endgerät, das dem Benutzer unter anderem die Datenspeicherung ermöglicht – einen zu den Kommunikations- oder zu den Datenverarbeitungsdiensten zu rechnenden »hybriden Dienst« erbringt. Das Gericht entschied in Übereinstimmung mit der Kommission, daß es sich dabei um einen hybriden Kommunikationsdienst handele und bestätigte damit implizit die von der FCC vorgenommenen Kategorisierungen[42].
Das gleiche Gericht entschied auf die gegen die *maximum separation policy* gerichteten Klagen einiger *common carriers* hin, daß die Kommission kompetenzrechtlich befugt war, zur Verhinderung von Quersubventionierungen die strukturelle Trennung der Datenverarbeitungsdienste von den herkömmlichen Kommunikationsdiensten anzuordnen[43].

2.) *Neue Grenzlinie und ihre Durchbrechungen: Die »Computer II«-Entscheidung*

Nur fünf Jahre nach der endgültigen *Computer I*-Entscheidung von 1971 leitete die FCC mit einer »Notice of Inquiry and Proposed Rulemaking«[44] ein weiteres Verfahren zur Vorbereitung einer Abgrenzungsentscheidung ein: die *Second Computer Inquiry* (Computer II).

40 28 FCC 2d, S. 291, 303;28 FCC 2d, 274.
41 28 FCC 2d, S. 291, 303 -Tentative Decision-; 28 FCC 2d, 269-71 -Final Decision and Order-.
42 IBM Corp. v. FCC, 570 F. 2d 452, 454 (2d Cir. 1978).
43 GTE Service Corp. v. FCC, 474 F. 2d 724, 730 (2d Cir. 1973).
44 61 F.C.C. 2d 102 (1976); s. auch 64 F.C.C. 2d 771 (1977) -Supplemental Notice of Inquiry and Enlargement of Proposed Rulemaking-.

a.) Erforderlich geworden war dieser erneute Versuch, Grenzlinien zwischen Diensten bzw. ihren Trägern zu ziehen, aufgrund technischer Entwicklungen, für welche die in der *Computer I*-Entscheidung entwickelten Kategorien nicht hinreichend responsiv waren.

Das nachrichtentechnische Leitbild, das der Computer I-Entscheidung zugrunde gelegen hatte, war das der *computer utility* – eines Rechenzentrums, an das über das Fernmeldenetz eine Vielzahl von Benutzer-Endeinrichtungen angeschlossen sind und das Dienste der Datenfernverarbeitung erbringt. Dementsprechend war die in der *Computer I*- Entscheidung gezogene Grenzlinie an überkommenen Industriestrukturen (Fernmeldeindustrie/Datenverarbeitungsindustrie) orientiert.

Die zunehmende Miniaturisierung der Grundbausteine von Datenverarbeitungssystemen (»Chips«) ermöglichte inzwischen die Herstellung von kleinen und kleinsten Computern und deren Einbau an jeder Stelle des Telekommunikationsnetzes. Das technische Leitbild der *computer utility* war binnen weniger Jahre obsolet geworden[45].

Mit den in der *Computer I*-Entscheidung entwickelten Regelungskategorien ließ sich dieser technische Wandel telekommunikationsrechtlich nicht erfassen: Die Verlagerung von Datenverarbeitungsfunktionen in das (Tele-)-Kommunikationsnetz – seine Vermittlungsstellen – und in seine Endeinrichtungen ließ immer neue »hybride«, nämlich zwischen »Datenverarbeitung« und »Kommunikation« angesiedelte Dienste entstehen, deren abstrakt-generelle Zuordnung zur einen oder anderen Kategorie immer problematischer wurde[46].

Der technisch möglichen und von AT&T angestrebten Integration von Datenverarbeitungsfunktionen in das Fernmeldenetz stand die in der *Computer I*-Entscheidung gezogene, auf dem *consent decree* von 1956 beruhende Grenzlinie zwischen (hybriden) Kommunikationsdiensten und (hybriden) Datenverarbeitungsdiensten entgegen. Um AT&T den Aufbau eines technisch modernen Netzes zu ermöglichen, hätte die FCC den Bereich der »hybriden« Kommunikationsdienste – und damit den von ihr zu regulierenden Tätigkeitsbereich der *common carrier* – immer mehr ausweiten müssen[47].

45 Vgl. 77 F.C.C. 2d, S. 384, 391 (1980) -Final Decision-.

46 Computer II, 72 F.C.C.2d, S. 358, 362-363 (1978) -Tentative Decision-; 77 F.C.C.2d, S. 384, 391-393 -Final Decision-.

47 72 F.C.C. 2d 406-412 -Tentative Decision-.

Auch die zunehmende Integration von Datenverarbeitungsfunktionen in die Endeinrichtungen des Fernmeldenetzes warf Regulierungsprobleme auf, für die die *Computer I*-Entscheidung keine Lösungsansätze bot[48].

Dementsprechend suchte die FCC mit ihrem *Computer II*-Verfahren Antworten auf die Frage

- welche Grenzlinie angesichts der geänderten technischen Möglichkeiten die überkommene, bislang zwischen »Kommunikationsdiensten« und »Datenverarbeitungsdiensten« verlaufende Regulierungsgrenze ersetzen soll
- ob und ggf. in welchem Umfang die über das Netz eines *common carrier* erbrachten »erweiterten« Dienste (enhanced services) reguliert werden müssen,
- ob angesichts der technischen Entwicklung im Endgerätesektor die herkömmliche Regulierung der Bereitstellung von Endgeräten noch angemessen ist und
- welche Rolle die *common carriers* als Träger von erweiterten Diensten und als Anbieter von Endeinrichtungen spielen sollen[49].

Das Ergebnis des *Computer II*-Verfahrens, das 1976 eingeleitet wurde und 1980 mit einer *Final Decision* endete[50], war eine komplexe, abstrakt-generelle Diensträgerschaftsentscheidung.

Sie betraf *erstens* die Grenzziehung zwischen unterschiedlichen Kategorien von Diensten: Die mit der *Computer I*-Entscheidung eingeführte telekommunikationsrechtliche Unterscheidung von Kommunikations- und Datenverarbeitungsdiensten wurde aufgegeben und ersetzt durch die negativ gegeneinander ausgegrenzten Kategorien »Übertragungsdienste« und »erweiterte Dienste« (enhanced services).

An diese Grenzziehung knüpfte die *Computer II*-Entscheidung *zweitens* telekommunikationsrechtliche Folgen für die Diensträger: Während die *common carriers* als Träger von Übertragungsdiensten der herkömmlichen Regulierung bei der Planung, der Errichtung und dem Betrieb ihrer Netze und Dienste unterlagen, blieben die Träger von erweiterten Diensten »unreguliert«.

Für die *common carriers* als Träger erweiterter Dienste enthielt die Entscheidung *drittens* »strukturelle« Anforderungen: Um die Quersubventionierung

48 Vgl. 72 F.C.C. 2d, S. 406-412 -Tentative Decision-; 77 F.C.C. 2d, S. 384, 435 f -Final Decision-.

49 Vgl. *Second Computer Inquiry*, Final Decision, 77 F.C.C.2d, S. 384 ff -1980-. 385 f.

50 *Second Computer Inquiry*, Final Decision, 77 F.C.C.2d, S. 384 ff -1980-.

erweiterter Dienste und wettbewerbswidriges Diskriminierungsverhalten zu verhindern, wurde den beiden marktmächtigsten *common carriers* AT&T und GTE aufgegeben, erweiterte Dienste nur mittels verselbständigter Tochterunternehmen zu erbringen.
Aus dem gleichen Grund trennte die FCC jetzt auch *viertens* den »Endgerätebereich« vollends vom Netz- und Dienstebereich indem sie die *common carriers* verpflichtete, die Trennung organisatorisch nachzuvollziehen und auch die vom Benutzer verlangten (künftig unregulierten) Preise für die Bereitstellung von Endeinrichtungen von den (nach wie vor regulierten) Tarifen für Übertragungsdienste zu trennen (unbundling of charges).

b.) Mit der *Computer II*-Entscheidung trug die FCC der technischen Entwicklung und der Unzulänglichkeit ihrer in Computer I entwickelten, industriebezogenen Abgrenzung Rechnung:

> »We are faced with the reality that technology and consumer demand have combined to so overrun the definitions and regulatory scheme of the *First Computer Inquiry* that today no comparable, minimally enduring line of demarcation can be drawn«[51].

Die Kommission räumte ein, daß die nur wenige Jahre alte Unterscheidung von Kommunikations- und Datenverarbeitungsdiensten als Anknüpfungspunkt für die von ihr erstrebte Regulierung untauglich sei und ersetzte sie durch die neue, dichotomische Unterscheidung von Übertragungsdiensten (basic services) und erweiterten Diensten (enhanced services).
Basic services sind nach der *Computer II*-Entscheidung der FCC reine Übertragungsdienste, bei denen die vom Benutzer bereitgestellte Information unverändert mittels einer »Übertragungs-Pipeline« zum Empfänger transportiert werden[52].
Enhanced services sind nicht abschließend definiert, sondern lediglich negativ gegen die Übertragungsdienste ausgegrenzt: Ein erweiterter Dienst ist jeder Dienst, der nicht Übertragungsdienst ist[53].

51 *Second Computer Inquiry*, Final Decision, 77 F.C.C. 2d, S. 384, 430 (1980).

52 »...(The) pure transmission capability over a communications path that is virtually transparent in terms of its interaction with customer supplied information«, *Second Computer Inquiry*, Final Decision, 77 F.C.C.2d 420. S. auch 84 F.C.C.2d 50, 54-55 (1980) -Reconsideration Order-: »A basic service is the offering of a ›transmission pipeline‹ in contrast to the myriad services that are dependent upon, but different in kind from the pipeline service«.

53 *Second Computer Inquiry*, Final Decision, 77 F.C.C.2d S. 384, 386 (1980); s. auch ebd., S. 420: »An enhanced service is any offering over the telecommunications network which is more than a basic transmission service«.

Erläuternd fügte die FCC hinzu, daß erweiterte Dienste solche sind, bei denen die zu übermittelnde Information verändert wird – z. B. ihrem Inhalt, ihrem Code oder ihrem Datenprotokoll nach – oder bei denen Informationen ohne inhaltliche Veränderung zwischengespeichert werden[54].
Mit diesen beiden negativ gegeneinander ausgegrenzten Kategorien glaubte die FCC, eine dauerhafte Lösung des Abgrenzungsproblems gefunden und damit zugleich Planungssicherheit für die Benutzer und die Herstellerindustrie geschaffen zu haben. Die neue Grenzlinie lasse einerseits die Bereitstellung der vorhandenen Übertragungsdienste (insbesondere den Telefondienst) als eigenständige Dienste und als Transportdienste für »erweiterte Dienste« unbeeinträchtigt und ermögliche andererseits den Trägern der öffentlichen Übertragungsdienste die Integration von Datenverarbeitungsfunktionen zur Erhöhung der Wirtschaftlichkeit ihrer Netze für Übertragungszwecke[55].
Die Qualifizierung eines Dienstes als Übertragungsdienst oder erweiterter Dienst entscheidet über das Ob und Wie der staatlichen Regulierung: Während Übertragungsdienste nach Maßgabe des Titels II des Communications Act reguliert werden[56], bleiben erweiterte Dienste grundsätzlich »unreguliert«, genauer: ihre Träger unterliegen u.a. keiner Regulierung ihrer Dienstprofile, ihrer Benutzungsbedingungen und keiner Versorgungspflicht. Zwar hielt die FCC an ihrer bereits in der *Computer I*-Entscheidung vertretenen Ansicht fest, daß sie kompetenzrechtlich befugt sei, auch die Träger erweiterter Dienste zu regulieren[57]. Ein »comprehensive regulatory scheme« für die erweiterten Dienste sei jedoch derzeit angesichts der durch lebhaften Wettbewerb gekennzeichneten Marktsituation und der davon zu erwartenden optimalen Nutzung der Telekommunikationsnetze durch eine Vielzahl neuer, innovativer, den Benutzerbedürfnissen angepaßter Dienste für nicht erforderlich[58].

c.) Eine bedeutsame Ausnahme von dem Grundsatz, daß erweiterte Dienste und ihre Träger »unreguliert« bleiben, gilt jedoch für die *common carriers* als

54 77 F.C.C.2d, S. 384, 420 (1980) -Final Decision –.
55 *Second Computer Inquiry*, Final Decision, 77 F.C.C. 2d, S. 384, 423. Vgl. auch die rückblickende Einschätzung in FCC, *Third Computer Inquiry*, Notice of Proposed Rulemaking, Federal Register 50, 33581, 33582. »The ›enhanced services‹ definition of Computer II...(was) intended to establish a durable dichotomy between regulated and unregulated activities, to facilitate planning and decisionmaking by the public and by industry«.
56 S. dazu oben, 1.) a.
57 *Second Computer Inquiry*, Final Decision, 77 F.C.C. 2d, S. 384, 432, 435.
58 *Second Computer Inquiry*, Final Decision, 77 F.C.C. 2d, S. 384, 428 ff, 433. Allg. zum Grundsatz der Erforderlichkeit als Beurteilungsmaßstab für Regelungsmodelle im Telekommunikationsbereich *J. Scherer*, Telekommunikationsrecht, S. 203 f.

Träger erweiterter Dienste: Für diesen Fall verlangte auch die *Computer II*-Entscheidung – wie schon zuvor die *Computer I*-Entscheidung –, daß die *common carrier* ihre erweiterten Dienste durch Tochterunternehmen anzubieten haben, die nach den Grundsätzen der *maximum separation*-Regeln organisiert sein müssen[59].

Die FCC gründet ihre Fortschreibung der Trennungsregeln auf eine Kosten-Nutzen-Analyse, juristisch formuliert: auf eine Untersuchung der Geeignetheit und Erforderlichkeit der *maximum separation rules* zur Erreichung der Regulierungsziele »kostenorientierte Preise« und »innovatives Diensteangebot«. Der Nutzen der Trennungsregeln liege zum einen darin, daß der Benutzer (tarif)regulierter Übertragungsdienste nicht das Angebot unregulierter erweiterter Dienste (mit)finanzieren müsse, zum anderen in der – wohlfahrtserhöhenden – Verhinderung wettbewerbswidrigen Verhaltens des *common carrier*. Mögliche wettbewerbswidrige Verhaltensweisen seien vor allem die Verweigerung des Netzzugangs für konkurrierende Dienstträger und wettbewerbswidrige Preissetzung in Verdrängungsabsicht (predatory pricing)[60]. Die Kosten der *maximum separation* könnten vor allem in einer Verminderung der Innovationsrate (und damit ebenfalls in Wohlfahrtsverlusten für die Benutzer) bestehen, weil die zur organisatorischen Aufspaltung ihrer Unternehmensbereiche gezwungenen Netz-/Dienstträger die Vorteile vertikaler Integration nicht nutzen könnten[61].

Beide Folgenerwägungen waren in hohem Maße spekulativ: Weder ließ sich der Wohlfahrtsgewinn quantifizieren, der von einem unverfälschten Wettbewerb zu erwarten war, noch war abzusehen, ob und in welchem Umfang das Erfordernis struktureller Trennung die *common carriers* in ihrer Innovationsfähigkeit beeinträchtigen würden:

> »The magnitude of (the) benefits is not susceptible to precise quantification, but we do expect it to be substantial...
>
> The issue ... is whether the structural requirements that we are imposing...will diminish (the common carrier's) ability to innovate, and whether the user public will suffer adverse consequences. We believe not.«[62]

59 *Second Computer Inquiry*, Final Decision, 77 F.C.C. 2d, S. 384, 468-469.

60 S. dazu bereits oben, 1.) c.; s. auch *Second Computer Inquiry*, Final Decision, 77 F.C.C. 2d, S. 384, 463 und noch unten, 4.) b. und c.

61 *Second Computer Inquiry*, Final Decision, 77 F.C.C. 2d, S. 384, 464 f.

62 *Second Computer Inquiry*, Final Decision, 77 F.C.C. 2d, S. 384, 463, 465. In der Computer III-Entscheidung fiel die gleiche Kosten-Nutzen-Abwägung auf der Grundlage nachweisbarer Innovationsverluste anders aus; s. dazu unten, 4.) b.

Der Anwendungsbereich der *maximum separation*-Regeln wird von der *Computer II*-Entscheidung teils eingeschränkt, teils erweitert:
Eingeschränkt insofern, als ihnen nicht länger alle *common carriers*[63] unterworfen werden, sondern nur noch die beiden marktmächtigen Netz- und Dienstträger AT&T und GTE. Erweitert wurde der Anwendungsbereich der Trennungsregeln dadurch, daß nun nicht nur die Bereitstellung erweiterter Dienste, sondern auch die Bereitstellung von Endgeräten durch verselbständigte Tochterunternehmen erfolgen mußte.
Die Beschränkung der Trennungsregeln auf die beiden marktmächtigsten *common carriers* wurde damit begründet, daß nur sie Anreize und (finanzielle wie technische) Möglichkeiten zur Quersubventionierung erweiterter Dienste und zur Diskriminierung konkurrierender Dienstträger hätten[64]. Später wurde diese Entscheidung zu Gunsten von GTE revidiert. Damit unterlag nur noch AT&T den Regeln zur strukturellen Trennung[65].
AT&T implementierte die Entscheidung im Jahr 1982 durch Gründung der Tochtergesellschaft »American Bell« (jetzt: AT&T Information Systems, Inc.), deren Unternehmensgegenstand die Erbringung erweiterter TK-Dienste (einschließlich der Produktion und Herstellung von Endgeräten) ist[66].
Die Erstreckung der Trennungsregeln auf die Bereitstellung von Endeinrichtungen war eine Konsequenz der schrittweise vollzogenen, teils durch die Rechtsprechung angestoßenen, teils von der FCC vorangetriebenen Liberalisierung des »Endgerätebereichs«[67]: Um den Preiswettbewerb zwischen den *common carriers* und konkurrierenden Geräteanbietern zu ermöglichen, mußten die Tarifpakete, in die neben den Gebühren für TK-Dienste auch die Gebühren für die Bereitstellung von Endgeräten eingeschnürt waren, aufgeknüpft werden (unbundling of tariffs): Wiederum war es vorrangiges Regulierungsziel der FCC, zu kostenorientierten Tarifen zu gelangen[68]. Zur Erreichung dieses Ziels wurde jetzt die Dienstleistung »Bereitstellen von Endeinrichtungen« aus der Tarifregulierung durch die FCC herausgenommen.

63 Zur Vielzahl der *common carriers* in den USA siehe oben, 1.) a.

64 *Second Computer Inquiry*, Final Decision, 77 F.C.C. 2d, S. 384, 469-475.

65 Reconsideration Order, 84 F.C.C.2d, 72-75.

66 Zur Gründung und Entwicklung von American Bell s. *Bernhard Wieland*, Entflechtung, S. 25 f.

67 S. dazu *J. Scherer*, Telekommunikationsrecht, S. 216-219 sowie *J. Müller*, in: Deregulierung als ordnungs- und prozeßpolitische Aufgabe, Berlin 1986, S. 133, 138 ff. Zur Rekonstruktion der »Endgerätepolitik« der FCC s. auch *Second Computer Inquiry*, Final Decision, 77 F.C.C. 2d, S. 384, 439 f mwN.

68 *Second Computer Inquiry*, Final Decision, 77 F.C.C. 2d, S. 384, 445 mit dem Hinweis: »This Commission has repeatedly held that rates for major service categories must reflect the costs of providing those services«, mwN.

Das heißt: *Common carriers* mußten nun bei der Bereitstellung von Endeinrichtungen in Preiswettbewerb mit anderen Anbietern treten; zugleich wurde das Prinzip des »end-to-end«-Telekommunikationsdienstes aufgegeben: Die FCC sah sich rechtlich nicht verpflichtet, die Bereitstellung von landesweiten Telekommunikationsdiensten *einschließlich* der Bereitstellung von Endeinrichtungen als *common carrier*-Dienst zu gewährleisten[69], sondern strebte die Isolierung des Endgerätebereichs vom Netz- und Dienstebereich an, um die (Geräte-) Wahlfreiheit der Benutzer und »vollen und fairen Wettbewerb« im Endgerätesektor zu gewährleisten[70].

Die Grundsatzentscheidung lautet:

> We find that (customer premises equipment) is a severable commodity from the provision of transmission services«[71].

Die organisatorische Konsequenz daraus zog die Computer II-Entscheidung dadurch, daß sie den *common carriers* zusätzlich aufgab, auch ihr Endgerätegeschäft durch ein verselbständigtes Tochterunternehmen abzuwickeln[72].

d.) Gegenüber der *Computer I*-Entscheidung wurden die Regeln über die strukturelle Trennung auf der Grundlage inzwischen gesammelter Erfahrungen weiter ausdifferenziert[73]:

AT&T – der *common carrier*, für den die Regeln zur *structural separation* letztlich anwendbar blieben, – war jetzt verpflichtet, erweiterte Dienste und Endeinrichtungen durch ein Tochterunternehmen anzubieten, das organisatorisch verselbständigt sein, über eigene Räume, eigenes Personal und eigene Datenverarbeitungseinrichtungen verfügen mußte. Beim Verkauf von Gütern und der Erbringung von Dienstleistungen (etwa: Netzdienstleistungen) an das Tochterunternehmen mußte AT&T die gleichen Preise verlangen und die gleichen Konditionen zugrundelegen wie gegenüber Dritten.

Alle Transaktionen zwischen AT&T und dem Tochterunternehmen mußten schriftlich dokumentiert und der FCC binnen dreißig Tagen angezeigt werden. Vom Tochterunternehmen zu erbringende »erweiterte Dienste« darf AT&T weder verkaufen noch für sie werben.

Um einen »informationellen« Wettbewerbsvorsprung des Tochterunternehmens zu verhindern, ist AT&T als Netzträger verpflichtet, Informationen über technische Netzstandards und Schnittstellenbedingungen sowie Netzplanun-

69 *Second Computer Inquiry*, Final Decision, 77 F.C.C. 2d, S. 384,451.
70 *Second Computer Inquiry*, Final Decision, 77 F.C.C. 2d, S. 384,453.
71 *Second Computer Inquiry*, Final Decision, 77 F.C.C. 2d, S. 384, 446.
72 *Second Computer Inquiry*, Final Decision, 77 F.C.C. 2d, S. 384, 446.
73 *Second Computer Inquiry*, Final Decision, 77 F.C.C. 2d, S. 384, 475-484 (1980).

gen gleichzeitig, in gleichem Umfang und zu gleichen Konditionen ihren Tochterunternehmen und allen anderen an das Netz angeschlossenen Anbietern von erweiterten Diensten zugänglich zu machen.

e.) Auch die *Computer II*-Entscheidung wurde gerichtlich überprüft: Die Klägerin – die Computer and Communications Industry Association – machte geltend, daß die FCC nicht berechtigt sei, die erweiterten Dienste unreguliert zu lassen und daß sie mit der Aufstellung von Regeln über die strukturelle Trennung ihre Kompetenzen überschritten habe.
Das Appellationsgericht entschied, daß die Ausgrenzung von erweiterten Diensten aus den nach Titel II des Communications Act regelungsbedürftigen »common carrier services« rechtmäßig sei: Die erweiterten Dienste seien überwiegend keine »common carrier«-Dienste. Solche Dienste seien nämlich dadurch charakterisiert, daß sie »für jedermann gleichermaßen« erbracht werden müßten. Erweiterte Dienste seien jedoch dadurch gekennzeichnet, daß sie den spezifischen Bedürfnissen des jeweiligen Nutzers angepaßt werden müßten[74].
Auch in den von der FCC aufgestellten Regeln über die strukturelle Trennung zwischen dem Angebot von Übertragungs- und von erweiterten Diensten durch *common carriers* sah das Appellationsgericht keine Kompetenzüberschreitung: Zwar dürfe die FCC nach dem bisherigen Richterrecht (case law), an welches das Appellationsgericht anknüpfte, nur solche Regelungsgegenstände aufgreifen, die in einem hinreichend engen Zusammenhang zu ihrer eigentlichen Regulierungsaufgabe stehen[75]. Eine solche Annexkompetenz bestehe jedoch bei den Regeln über die strukturelle Trennung.

f.) Die in der *Computer II*- Entscheidung gezogene Grenzlinie wurde bald durchlässig.
Über den genauen Verlauf der zwischen »basic services« und »enhanced services« gezogenen Grenzlinie kam es in den Jahren nach der Entscheidung zu Kontroversen. Sie führten dazu, daß die FCC ihre Grenzlinie alsbald einzelfallbezogen für spezifische TK-Dienste genauer definierte und über den Einzelfall hinaus Regeln festlegte, nach denen Grenzüberschreitungen von ihr zugelassen würden.

74 Computer and Communications Industry Association v. FCC, 693 F.2d 198, 210 (D.C. Cir. 1982), cert. den. sub nom. Louisiana Public Service Commission v. FCC, 103 S.Ct. 2109 (1983).

75 »Reasonably ancillary to the effective performance of the Commission's various responsibilities«, 693 F.2d 213.

Anlaß hierfür gaben vor allem zwei Dienste bzw. Dienstmerkmale:
- Sprachspeicherungsdienste (voice storage) und
- Protokollumwandlungsdienste (protocol conversion)

(1) Aufgrund von Eingaben zahlreicher Dienstträger, die die Kommission teils um eine Überprüfung ihrer *Computer II*-Entscheidung, teils um die Zuordnung einzelner TK-Dienste zu den Kategorien »basic« und »enhanced« ersucht hatten, griff die FCC ihr Verfahren wieder auf und erließ eine Reconsideration Order[76].

Darin hielt sie grundsätzlich an der Unterscheidung von Übertragungsdiensten und erweiterten Diensten fest und befaßte sich insbesondere mit zwei Diensten der AT&T: Für den Massenanrufdienst »Dial-It« und den Abrufdienst »Custom Calling II« erstrebte AT&T die Qualifizierung als Übertragungsdienste, um sie *ohne* strukturelle Trennung im Verbund mit ihren sonstigen TK-Diensten anbieten zu können.

Massenanrufdienste wie »Dial-It« sind entweder Ansagedienste, bei denen bestimmte Informationen (Sportnachrichten, Börsenkurse, Wetterbericht) im Netz gespeichert und von den Benutzern abgerufen werden, oder »media stimulated calling services«, bei denen die Telefonbenutzer über Hör- oder Fernsehrundfunk aufgerufen werden, eine oder mehrere Telefonnummern anzurufen und ihre Meinung zu bestimmten Fragen zu sagen, wobei diese Äußerungen vom Dienstanbieter im Netz gespeichert werden.

Bei Sprachspeicherungsdiensten – wie Custom Calling II – werden telefonisch übermittelte Nachrichten zum Zweck der späteren Übermittlung oder zum Abruf im Netz gespeichert: Der Netzträger übernimmt bei diesen Diensten die Funktion eines Telefon-Anrufbeantworters[77].

AT&T argumentierte, daß der Dienst Custom Calling II als Bestandteil eines Übertragungsdienstes qualifiziert werden müsse – selbst wenn es sich »eigentlich« um einen erweiterten (weil mit Nachrichtenspeicherung verbundenen) Dienst handele –, weil er nur in Verbindung mit dem Übertragungsnetz flächendeckend und ökonomisch effizient angeboten werden könne.

Die FCC hielt dies nicht für hinreichend substantiiert und folgte dem Gegenargument der am Verfahren beteiligten Konkurrenten von AT&T: Die Effizienzverluste, die AT&T aufgrund des Erfordernisses der »structural sepa-

76 Reconsideration Order, 84 F.C.C. 2d, 75.

77 S. dazu Reconsideration Order 84 F.C.C.2d, 55, para 13; s. auch ATT Co. Petition for Waiver (»Custom Calling II«), 88 F.C.C. 2d 1 (1981) betr. Ablehnung eines Antrags auf Dispenserteilung für das Angebot des Dienstes »Custom Calling II« ohne Zwischenschaltung einer Tochtergesellschaft.

ration« erleide, würden bei weitem aufgewogen durch die Wohlfahrtsgewinne, die der Wettbewerb zwischen einem von AT&T zu gründenden Tochterunternehmen und konkurrierenden, innovativen Anbietern vergleichbarer Dienste mit sich bringen werde.

Dementsprechend qualifizierte die FCC Dienste von der Art des Custom Calling II wegen des Dienstmerkmals »Informationsabruf« (information retrieval function) als erweiterten Dienst[78].

Das Vertrauen der FCC auf die Innovationskraft des Wettbewerbs wurde jedoch enttäuscht. Auch fünf Jahre nach der »Custom Calling II«-Entscheidung bot kein Unternehmen einen vergleichbaren Dienst an. Die FCC konstatierte später selbstkritisch: »The principal loser has been the public«[79].

Immerhin führte jedoch das Wiederaufgreifen des *Computer II*-Verfahrens und die Analyse der Sprachspeicherungsdienste zu einer grundsätzlichen Regelung für künftige Fälle: Die FCC räumte ein, daß Befreiungen vom Erfordernis der strukturellen Trennung ausnahmsweise möglich sein müßten. Denn es sei vorstellbar, daß das Erfordernis der Einrichtung von Tochterunternehmen einen Netzträger daran hindere, einen erweiterten Dienst anzubieten, der sich technisch nicht »vom Netz« trennen lasse. Neben solchen technischen könnten auch ökonomische Gründe ausschlaggebend sein, im Einzelfall eine Ausnahme vom Grundsatz der »structural separation« zuzulassen, wenn andernfalls der betreffende Dienst zu nicht mehr tragbaren Preisen angeboten werden müßte[80].

Voraussetzung für die Erteilung einer Ausnahmebewilligung (waiver) sei der vom antragstellenden Unternehmen auf der Grundlage detaillierter ökonomischer und technischer Analysen zu erbringende Nachweis, daß die Anwendung der »structural separation rules« nicht im öffentlichen Interesse liegt, weil die den Benutzern entstehenden Nachteile (Nichteinrichtung des betreffenden Dienstes oder Dienstangebot zu untragbaren Preisen) schwerer wiegen als die durch »structural separation« angestrebten Vorteile[81].

Mit der damit grundsätzlich eröffneten Möglichkeit der Dispenserteilung war die Grenzlinie zwischen basic services und enhanced services für AT&T und ihre *operating companies* etwas durchlässiger geworden.

78 Reconsideration Order, 84 F.C.C. 2d, 55-56.
79 *Third Computer Inquiry*, Notice of Proposed Rulemaking, 50 Fed. Reg., 33581, 33582. S. dazu noch unten, 3.) b..
80 84 F.C.C.2d, 55-58.
81 84 F.C.C.2d 55-58.

(2) Für eine weitere wichtige Gruppe von Diensten – die Protokollumwandlungsdienste (protocol conversion) – war eine Zeitlang unklar, ob und nach welchen Regeln den marktmächtigen Netzträgern Ausnahmebewilligungen vom Erfordernis der »structural separation« erteilt würden[82].

Die *Computer II*-Entscheidung und die Reconsideration Order hatten auch bezüglich der Protokollumwandlung eine auf den ersten Blick sehr deutliche Grenzlinie gezogen: Protokollumwandlungen sind grundsätzlich erweiterte Dienste, weil sie mit Veränderungen der zu übertragenden Nachricht (genauer: der die Nachricht »kontrollierenden« Informationen)[83] verbunden sind[84].

Folgerichtig sind Protokollumwandlungen (nur) dann *keine* erweiterten Dienste, wenn sie sich aus betrieblichen Gründen im Netz abspielen: »(I)f information enters a carrier's network on protocol ›A‹, it must exit the network on the same protocol, even though within the network it could be conversed to ›x‹, ›y‹ or ›z‹ protocols for network traffic management or security purposes«[85].

Als erweiterter TK-Dienst blieb die Protokollumwandlung unreguliert und durfte von AT&T und (nach 1983) auch von den Bell Operating Companies nur mittels selbständiger Tochtergesellschaften angeboten werden[86].

Besondere Probleme ergaben sich für die paketvermittelte Datenübertragung: Bei dieser Form der Nachrichtenvermittlung, die mit Hilfe von Datenspeichern erfolgt, in die die »Datenpakete« zur kurzzeitigen Zwischenspeicherung gesandt werden[87], erforderten die bestehenden Übertragungsstandards Protokollumwandlungen für die Übertragungsbeziehung zwischen Nutzer und Netzträger sowie zwischen unterschiedlichen Netzträgern. Dies führte im Ergebnis oft dazu, daß die Nachricht nach einem anderen Protokoll empfangen wurde, als gesendet worden war.

82 Die FCC definierte Protokolle als »governing the rules and methods used for packaging the transmitted data in quanta, the rules for controlling the flow of information, and the format for headers and trailers surrounding the transmitted information and of separate control messages«, 77 F.C.C.2d 420, note 33.

83 Vgl. die oben, Fn. 82, zitierte Definition.

84 *Second Computer Inquiry*, Final Decision, 77 F.C.C.2d, S. 384, 420 f; 84 F.C.C.2d 60, -Reconsideration Order-.

85 *Second Computer Inquiry*, Final Decision, 77 F.C.C. 2d, S. 384, 421 f und 88 F.C.C.2d 44 (60).

86 S. nochmals *Second Computer Inquiry*, Final Decision, 77 F.C.C. 2d, S. 384, 420 f und zur Ausweitung auf die Bell Operating Companies Policy and Rules Concerning the Furnishing of Customer Premises Equipment, Enhanced Services and Cellular Communications Services by the Bell Operating Companies, 93 F.C.C.2d 722 (1983).

87 Für eine Beschreibung des Prinzips der Paketvermittlung s. *F. Hillebrand*, Datex – Infrastruktur der Daten- und Textkommunikation, Heidelberg 1981, S.69.

Für AT&T hatte dies – bei strikter Anwendung der von der FCC festgelegten Abgrenzungsregel – zur Folge, daß sie den Dienst »paketvermittelte Datenübertragung« nicht selbst anbieten konnte.
Die FCC nahm auch diese von ihr als Effizienzprobleme angesehenen Schwierigkeiten nicht zum Anlaß, um die Dichotomie von Übertragungs- und erweiterten Diensten aufzugeben. Sie bemühte sich vielmehr, die Grenzlinie durch eine Reihe von Grundsätzen zu verfeinern[88] und eröffnete zur Abwendung unerwünschter Folgen die Möglichkeit, Anträge auf Erteilung von Dispensen zu stellen. Für die *common carriers* bedeutete das, daß ihnen ausnahmsweise, auf der Grundlage einer Einzelfallentscheidung der FCC, gestattet werden konnte, Protokollumwandlungen selbst – ohne Gründung und Zwischenschaltung eines Tochterunternehmens – vorzunehmen.
Einige Kategorien möglicher Ausnahmen wurden überwiegend auf der Grundlage technisch-funktionaler, aber auch ökonomischer Kriterien definiert:
Erstens: Ein vermittelter Übertragungsdienst (basic switched service) könne das Dienstmerkmal »Protokollumwandlung« zum Zweck der Herstellung, der Durchführung und der Beendigung von Sprach- oder Datenpaketübertragungen umfassen[89].
Zweitens werde auf Antrag unverzüglich ein Dispens erteilt, wenn die Definition von »erweiterten Diensten« die *common carriers* in unerwünschter Weise bei der Einführung neuer Technologien (etwa bei der Digitalisierung ihrer Netze) zur Abwicklung bestehender Dienste behindern könne[90].
Drittens wies die FCC darauf hin, daß Anträge auf Dispenserteilung für die Protokollumwandlung im Datenverkehr zwischen unterschiedlichen Netzen (internetworking) besonders wohlwollend beschieden würden[91].
Viertens befand die Kommission, daß über sonstige Protokollumwandlungsdienste im Einzelfall entschieden werden müßte; Leitlinie für diese Dienstzulassungsentscheidungen ist der Grundsatz, daß durch solche Dienste die Nutzungsmöglichkeiten des Netzes als transparente Übertragungseinrichtung für konkurrierende Dienstanbieter nicht eingeschränkt werden dürfe[92].
Die mit der *Protocols Order* eröffneten Möglichkeiten der Dispenserteilung führten zu einem ambivalenten Resultat: Einerseits dienen sie dazu, »die

88 Communications Protocols Under Section 64-702 of the Commission's Rules and Regulations, 95 F.C.C.2d 584 -1983- (abgek.: Protocol's Order).
89 *Protocols Order*,95 F.C.C.2d 584, 591, Rn. 15 (1983).
90 *Protocols Order*, 95 F.C.C.2d 584, 592, Rn. 17 (1983). Vgl. auch *Third Computer Inquiry*. Report and Order, FCC 86-252, June 16, 1986, S. 161731, 161747, Rn. 21, Fn. 55.
91 *Protocols Order*, 95 F.C.C. 2d, S. 584, 595.
92 95 F.C.C.2d at 594, Rz. 22.

gravierendsten Effizienzverluste« zu vermeiden, die sich aus der strikten Trennung von Übertragungsdiensten und erweiterten Diensten ergeben können. Andererseits beeinträchtigt das Dispensverfahren die Planungssicherheit der (potentiellen) Diensträger und führt zur Verzögerung von Diensteinführungsentscheidungen[93].

3.) *Alte Grenzlinien und neue Marktstrukturen:*
»Computer II« nach der Entflechtung von AT&T

Die technische Fortentwicklung, vor allem aber die Marktstrukturveränderungen, die infolge der mit Wirkung vom 1. Januar 1984 vorgenommenen Entflechtung von AT&T eingetreten sind, haben die in der *Computer II*-Entscheidung vorgenommene Grenzziehung in Frage gestellt (a.). Die FCC leitete deshalb im August 1985 ein drittes Verfahren – die *Third Computer Inquiry* – ein mit dem Ziel, ihre bisherige Regulierungspolitik grundlegend zu ändern: Die auf technisch-funktionalen Kriterien basierende Grenzlinie zwischen Übertragungsdiensten und erweiterten Diensten sollte ebenso abgeschafft werden wie das daran anknüpfende Erfordernis der strukturellen Trennung zwischen den *Trägern* von Übertragungs- und erweiterten Diensten (b.). An ihre Stelle sollte eine grundlegend neue, an der Marktmacht des jeweiligen Dienstträgers ausgerichtete Regulierung treten (c.).

a.) Schon die wachsende Zahl der von der FCC zu treffenden Dispensentscheidungen hatte gezeigt, daß sich auch die Grenzlinie zwischen Übertragungsdiensten und erweiterten Diensten nicht strikt ein- für allemal festlegen läßt, sondern der Prozeduralisierung – der ständigen Neubestimmung in rechtlich geregelten Verfahren – bedurfte.
Darüber hinaus hat die negative Ausgrenzung der erweiterten Dienste von den Übertragungsdiensten in der Praxis zu beträchtlichen Anwendungsproblemen geführt: So erwies es sich als schwierig, den »erweiterten Dienst« von den Netzeinrichtungen abzugrenzen, die ihn ermöglichen. Erforderlich ist diese Abgrenzung, weil erweiterte *Dienste* von der FCC nicht reguliert werden; die *Netze*, mit deren Hilfe die betreffenden Dienste erbracht werden, unterliegen jedoch als »common carrier transmission facilities« der staatlichen Regulierung[94].

93 So die FCC selbst, FCC, *Third Computer Inquiry*, Notice of Proposed Rulemaking, 50 Fed. Reg. 33581, 33585.
94 Zu diesem Problem s. FCC, Notice of Proposed Rulemaking (Computer III), 50 Fed. Reg. 33581, 33583.

Die ansteigende Zahl von Dispensanträgen, mit denen *common carriers* die Einrichtung von erweiterten Diensten unter Befreiung vom Erfordernis der *structural separation* erstrebten, erschienen nur als das Symptom eines tieferliegenden Problems der »basic«/ »enhanced«-Dichotomie: Sie beruht im Grunde noch immer – wie schon die in der *Computer I*-Entscheidung gezogene Grenzlinie – auf der Unterscheidung von »Kommunikation« (= Übertragung von Nachrichten) und »Datenverarbeitung« (= erweiterter Dienst) und führt deshalb immer dann zu problematischen Abgrenzungsentscheidungen im Einzelfall, wenn Datenverarbeitungsfunktionen in das Telekommunikationsnetz integriert werden sollen, um *Kommunikation* zu verbessern[95].

Vor allem aber schienen die Veränderungen der Marktstruktur, die sich aus der Entflechtung von AT&T ergeben hatten, eine Modifizierung, wenn nicht gar eine grundlegende Revision der *Computer II*-Entscheidung zu erfordern: Mit Wirkung zum 1. Januar 1984 war AT&T in acht kleinere Unternehmen aufgespalten worden. Diese Entflechtung, die mit der Marktstruktur auch die amerikanische Telekommunikationspolitik grundlegend beeinflußte, war das Ergebnis eines seit 1974 anhängigen Antitrust-Verfahrens des amerikanischen Department of Justice gegen AT&T; dem Unternehmen wurde u.a. ein Mißbrauch seiner marktbeherrschenden Stellung im Bereich der Endgeräte-Bereitstellung, bei der Gewährung von Zugang für konkurriende Dienstanbieter zu Ortsvermittlungsstellen und im Fernnetz vorgeworfen.

Das Verfahren endete mit einem vor dem Bezirksgericht für Washington D.C. geschlossenen Vergleich. Er stellte, prozeßrechtlich gesehen, eine Modifizierung des 1956 ebenfalls in einem Antitrust-Verfahren geschlossenen gerichtlichen Vergleichs (Modification of Final Judgment) dar. Nach dem *Tunney Act* war das Bezirksgericht verpflichtet, dafür zu sorgen, daß der gerichtliche Vergleich dem öffentlichen Interesse dient und ist jetzt damit betraut, die Implementation des Vergleichs zu überwachen[96]. Das hat dazu geführt, daß Telekommunikationspolitik in den USA heute sehr weitgehend richterrecht-

95 Vgl. *Third Computer Inquiry*, Notice, 50 Fed. Reg., 33581, 33582, Rz. 4: »Carriers have generally not sought to offer data or information ›processing‹ of their subscriber's communications. Rather, they have sought to offer capabilities that seem to improve the ability of users to communicate. Yet, the specific definition of ›enhanced services‹ adopted in Computer II brought into question whether such capabilities could be offered on a regulated basis«.

96 15 U.S.C. § 16 (e) (1983); zu den Vollstreckungs- und Kontrollbefugnissen des Gerichts s. 552 F.2d, 215.

lich gesteuert wird und die kompetenzrechtlichen Grenzen zwischen der FCC, dem Department of Justice und dem Gericht unklarer sind denn je[97].

Der Vergleich hat im wesentlichen den folgenden Regelungsgehalt[98]:

AT&T mußte sich von ihren 22 lokalen Betriebsgesellschaften (local operating companies) trennen. Diese Unternehmen wurden zu sieben unabhängigen regionalen Holdinggesellschaften zusammengefaßt, die jeweils eine Region (local access and transport areas -LATAS-) mit dem Telefondienst versorgen. Sowohl AT&T als auch die regionalen Holdinggesellschaften (Regional Holding Companies -RHC's-)[99] unterliegen infolge des gerichtlichen Vergleichs neuen (richterrechtlich zu konkretisierenden) Begrenzungen ihrer Tätigkeitsbereiche (»line-of-business restrictions«), die mit den von der *Computer II*-Entscheidung gezogenen Grenzlinien harmonisiert werden müssen.

Das Änderungsurteil (Modification of Final Judgment – MFJ -) schließt sowohl AT&T als auch die Bell Operating Companies von der Trägerschaft bestimmter TK-Dienste aus. Obwohl auch die hierdurch gezogenen Grenzlinien die Kontrolle monopolistischer Marktmacht, insbesondere die Verhinderung von Quersubventionierung und von diskriminierendem Verhalten bezwecken, sind diese wettbewerbsrechtlichen Grenzlinien nur zum geringen Teil mit den telekommunikationsrechtlichen der *Computer II*-Entscheidung kongruent.

Nach dem MFJ sind AT&T und die Bell Operating Companies von der Erbringung bestimmter »Informationsdienste« ausgeschlossen. Die im MFJ enthaltene Definition dieser Dienstekategorie ist ähnlich, aber nicht gleichlautend wie die FCC-Definition der »erweiterten« Dienste – sie betrifft wiederum die Abgrenzung von Telekommunikation und Datenverarbeitung. Ein »information service« ist danach:

> »The offering of a capability for generating, acquiring, storing, transforming, processing, retrieving, utilizing, or making available information

97 Eine detaillierte Analyse der kompetenzrechtlichen Problematik findet sich bei *R.R. Bruce/J.P. Cunard/M.D. Director*, Telecommunications, Vol. 2, S. 72 ff; s. auch *J.D. Smith*, Reconciling the Antitrust Laws and the Communications Act in the AT&T Divestiture, Washington 1985 (FCC-Manuskript).

98 Eine ausführliche juristische Analyse findet sich in *R.R. Bruce/J.P. Cunard/M.D. Director*, Telecommunications, Vol. 2, S. 58 ff; s. auch, aus kommunikationspolitischer Sicht, *I. de Sola Pool*, in: Harry M. Shooshan III (Hrsg.), Disconnecting Bell: The Impact of the AT&T Divestiture, New York 1984, S. 112 ff sowie die volkswirtschaftliche Betrachtung von *B. Wieland*, Die Entflechtung des amerikanischen Fernmeldemonopols, Berlin 1985, insbes. S. 18 ff.

99 Zur neuen Organisationsstruktur und den Aufgaben von AT&T und den sieben regionalen Holdings s. *B. Wieland*, Entflechtung, S. 53 ff.

which may be conveyed via telecommunications, except that such service does not include any use of any such capability for the management, control or operation of a telecommunications system or the management of a telecommunications service«[100].

Diese Dienstekategorie wird im MFJ weiter untergliedert in »elektronische Nachrichtendienste« (electronic publishing) und andere Datenverarbeitungsdienste[101]. Während elektronische Nachrichtendienste dadurch charakterisiert sind, daß der Diensträger den Inhalt der übermittelten Information bestimmt oder ein Interesse daran hat[102], ist dies bei den anderen Datenverarbeitungsdiensten nicht der Fall.

Auf der Grundlage dieser neuen Differenzierung bestimmt das MFJ für AT&T *erstens*, daß das Unternehmen in den ersten sieben Jahren nach Inkrafttreten des Vergleichs keine »elektronischen Nachrichtendienste« (electronic publishing services) anbieten darf und *zweitens*, daß die in dem Consent decree von 1956 enthaltene Beschränkung des Unternehmensgegenstandes von AT&T auf »common carrier communications services« nicht mehr gelte[103].

Damit grenzte das MFJ einerseits – zeitlich befristet – eine neue Dienstekategorie aus, die mit keiner der beiden von der *Computer II*-Entscheidung definierten Kategorien deckungsgleich ist und ebnete andererseits der restrukturierten AT&T den Weg in das Datenverarbeitungsgeschäft.

Ausschlaggebend für die zeitlich befristete Beschränkung war vor allem die vom Gericht prognostizierte Gefahr, daß AT&T seine mächtige Stellung als Diensträger im Fernnetz dazu mißbrauchen könne, um zugunsten eigener, neu einzurichtender Informationsdienste gegen konkurrierende Dienstanbieter zu diskriminieren und so den neuen Markt für elektronische Informationsdienste zu monopolisieren. Im einzelnen:

»AT&T could discriminate against competing electronic competitors in a variety of ways. It could, for example, use its control over the network to give priority to traffic from its own publishing operations over that of competitors... Furthermore, it appears that AT&T would have both the incentive and the opportunity to develop technology, facilities, and sertvices that favor its own publishing operations and the areas served by these operations rather than the operations of the publishing industry at large. Similarly, AT&T could discriminate in interconnecting competitors

100 552 F. Supp. 229.

101 552 F.Supp. 179.

102 Im Original: Dienste, bei denen AT&T »would control, or have an interest in, the content of the information being transmitted«, 552 F.Supp. 180.

103 S. dazu oben, B.I.1.

to the network and in providing needed maintenance on competitor's lines«[104].

Diese wettbewerbsrechtlichen Überlegungen wurden zusätzlich verfassungsrechtlich untermauert: Das Grundrecht der Meinungsfreiheit im Ersten Zusatzartikel zur amerikanischen Verfassung (First Amendment) umfasse auch eine Gewährleistung von Meinungsvielfalt (interest in diversity), die gefährdet wäre, wenn AT&T Informationsdienste anbieten dürfte[105].

Auch für die Bell Operating Companies enthält das MFJ dienstespezifische Beschränkungen: Sie dürfen grundsätzlich nur zum natürlichen Monopol gehörende, von der Tarifregulierung erfaßte Dienste anbieten[106] und sind verpflichtet, allen Fernverkehrsgesellschaften gleiche Zugangsbedingungen zu denen von ihnen betriebenen Ortsnetzen zu gewähren[107].

Ausschlaggebend hierfür war der im Antitrustverfahren vom Department of Justice erhobene Vorwurf, daß AT&T als Netzträger konkurrierenden Diensträgern den Zugang zum Ortsnetz entweder gar nicht oder nur zu diskriminierenden Bedingungen eröffnet habe. Einen ähnlichen Mißbrauch der Monopolstellungen der jetzt von AT&T getrennten BOC's wollte das MFJ verhindern; es hielt jedoch eine Dispensmöglichkeit offen, mit deren Hilfe das Gericht der sich ändernden Marktsituation Rechnung tragen kann: Wenn eine Operating Company im Einzelfall nachweisen kann, daß ein Mißbrauch ihrer Monopolstellung zur Verhinderung von Wettbewerb im relevanten Markt unwahrscheinlich ist, kann ihr vom Gericht der Marktzutritt im Einzelfall gestattet werden[108].

Von der damit eröffneten Möglichkeit gerichtlicher Dispenserteilung machen die Regional Holding Companies in erheblichem Maße Gebrauch und verstricken damit die Justiz immer tiefer in die Rolle des »policy maker«[109].

Das allgemeine Verbot der Betätigung außerhalb des Ortsnetzmonopols wird ergänzt durch drei spezifischere Verbote:

- Die BOC's dürfen keine Fernverkehrsdienste bereitstellen,
- sie dürfen keine Endeinrichtungen produzieren; wohl aber: sie vermarkten und
- sie dürfen keine »Informationsdienste« anbieten[110].

104 552 F. Supp. 181.

105 552 F. Supp. 183-185.

106 552 F.Supp. 186.

107 Zu dem vom Gericht verlangten »equal access plan« s. F. Supp. 232. App. 2 sowie – auch zu den Reaktionen der FCC – *R.R. Bruce/J.P. Cunard/M.D. Director*, Telecommunications, Vol. 2, S. 70 ff, 217 ff.

108 552 F.Supp., 195.

109 Dazu *R.R. Bruce/J.P. Cunard/M.D. Director*, Telecommunications, Vol. 2, S. 72 ff.

110 Zur Definition von information services s. bereits oben, bei und in Anm. 100.

Diese neuen, jetzt richterrechtlichen Dienstträgerschaftsentscheidungen erforderten kurzfristige Anpassungen der telekommunikationsrechtlichen Regelungsstrukturen, die die FCC auf der Grundlage ihrer *Computer II*-Entscheidung geschaffen hatte; sie deuteten bereits auf eine Lockerung der strengen Regeln über die strukturelle Trennung hin:
In ihrer kurz vor der Entflechtung ergehenden *BOC Separation Order* entschied die FCC, daß auch die neu zu errichtenden Bell Operating Companies den (freilich im einzelnen abzumildernden) *structural separation*-Regeln unterlägen, wenn und soweit sie Endeinrichtungen bereitstellen oder erweiterte Dienste anbieten[111]. Dabei ließ es die FCC vorläufig dahingestellt, ob die BOC's mit dem gerichtlichen Verbot der Trägerschaft von »information services« zugleich von allen »erweiterten Diensten« ausgeschlossen sind[112].
Kurz nach der Entflechtung aufgrund des MFJ drängte auch AT&T auf eine Freistellung von den Erfordernissen struktureller Trennung für die Bereitstellung von Endeinrichtungen und erweiterte Dienste. Die Entscheidung der FCC trug den geänderten Marktverhältnissen Rechnung: Angesichts des verschärften Wettbewerbs, dem AT&T sowohl im Fernnetz als auch auf dem Endgerätemarkt ausgesetzt sei (und der dadurch verringerten Wahrscheinlichkeit von Quersubventionierungen), sei die organisatorische Trennung des Endgerätegeschäfts nicht länger erforderlich[113]. Mit ihrer *AT&T Structural Relief Order* hob sie das Trennungerfordernis für die Bereitstellung von Endeinrichtungen auf.
Für die erweiterten Dienste verfolgte AT&T das Ziel einer Aufhebung der *structural separation* weiter und erreichte eine vorläufige, vorbehaltlich des Ergebnisses der jetzt eingeleiteten *Third Computer Inquiry* erteilte Befreiung[114].
Daß schon im Vorfeld der *Computer III*-Entscheidung die strukturelle Trennung deutlich zurückgenommen wurde, erklärt sich nur teilweise aus der geänderten Marktstruktur. Ein anderer, wichtiger Faktor, der schließlich auch das Ergebnis der *Computer III*-Entscheidung prägte, war die Feststellung, daß sich die mit *Computer II* geschaffene Regelungsstruktur für die (nicht organisationsfähigen) »kleineren« Anwender nachteilig ausgewirkt hatte: Die

111 *BOC Separation Order*, 95 F.C.C. 2d,1131, Rz. 32.
112 *BOC Separation Order*, 95 F.C.C. 2d, 1127, Rz. 22.
113 *Order*, Furnishing of Customer Premises Equipment and Enhanced Services by American Telephone and Telegraph Co., 102 F.C.C. 2d, 655 (1985).
114 *Memorandum Opinion and Order*, Petition of AT&T for Limited and Temporary Waiver of 47 CFR Section 64.702 Regarding Its Provision of Unregulated Services Externally to the AT&T-C Network, Mimeo No. 1147, 27 November 1985.

Einführung von erweiterten Diensten war auf die Ballungsgebiete und auf Großanwender beschränkt geblieben; der flächendeckenden Einführung von erweiterten Diensten in der Trägerschaft von *common carriers* (auch) für kleinere Anwender und für private Haushalte standen die von der *Computer II*-Entscheidung errichteten telekommunikationsrechtlichen Barrieren entgegen[115].

b.) Die geschilderten Grenzziehungsprobleme, die Gemengelage von administrativen und – durch das MFJ begründeten – richterrechtlichen Regelungsansätzen sowie die Auswirkungen der Entflechtung von AT&T auf die Marktstruktur veranlaßten die FCC, im August 1985 die *Third Computer Inquiry* einzuleiten mit dem erklärten Ziel, die Kategorisierung und Regulierung von Datenverarbeitungs- und Datenübertragungsdiensten umfassend zu überprüfen[116].

Es sollte – wie die FCC in ihrer verfahrenseröffnenden »Notice of Proposed Rulemaking« ausführte – »eine realistischere Grenzlinie gezogen werden zwischen solchen Angeboten, die weiterhin in der traditionellen Weise reguliert werden und solchen, die von der Regulierung freizuhalten sind, ohne allzu stark auf definitorischen Ansätzen zu beruhen, die durch technische Fortschritte unbrauchbar werden können«[117].

Die in der *Notice* enthaltenen Einzelvorschläge der FCC und die vorgeschlagenen Alternativen zeigen, daß es das wichtigste Ziel der *Third Computer Inquiry* war, die Restriktionen abzubauen, denen AT&T und die Bell Operating Companies nach den *Computer II*-Regeln bei der Einrichtung und beim Angebot von erweiterten TK-Diensten unterliegen:

> »We should no longer subject either AT&T or the BOCs to structural separation based on the criteria we previously utilized«[118].

Ausschlaggebend hierfür waren nicht nur die zahlreichen Dispensanträge, mit denen AT&T und Bell Operating Companies die Kommission in den Monaten vor der Verfahrenseinleitung immer wieder versucht hatten, Befreiung von den »structural separation«-Regeln zu erlangen, sondern – wie die *Notice*

115 Vgl. *Third Computer Inquiry*, Notice, 50 Fed. Reg., S. 33581. 33582 Rz. 6: »...The result (of Computer II) has been a denial of the public of efficient services that can be created through... integration and their benefits«.

116 Vgl. *Third Computer Inquiry*, Notice, 50 Fed. Reg. S. 33581, 33584; s. auch S. 33585: »...(T)he centerpiece of this proceeding will be a broad reexamination of regulatory policies that have been developing over the past several years«.

117 *Third Computer Inquiry*, Notice, 50 Fed. Reg. S. 33581, 33584.

118 Vgl. *Third Computer Inquiry*, Notice, 50 Fed. Reg. S. 33581, 33584, Rz. 19; s. auch *Robert R. Bruce*, Computer III: Time for an Overhaul Or Simply a Tune-Up ? in: New York Law Journal, 13. Sept. 1985, S. 1.

erkennen läßt – vor allem auch die oben angedeuteten volkswirtschaftlichen Kosten dieser Regeln: Die Grenzlinie zwischen Übertragungs- und erweiterten Diensten und der für AT&T und die BOC's – wenngleich inzwischen abgeschwächt – geltende Grundsatz, daß erweiterte Dienste nur von separaten Tochtergesellschaften angeboten werden dürfe (structural separation), verhindere zwar wirkungsvoll die Quersubventionierung dieser Dienste und andere Mißbräuche marktbeherrschender Stellungen. Sie führe aber andererseits zu beträchtlichen Kosten indem sie

- die Handlungsfähigkeit der *common carriers* bei der Einrichtung neuer Dienste beschränke,
- die Ausnutzung von Verbundvorteilen (economies of scope) einschränke und
- eine differenzierende Regulierung für den Fall sich ändernder Wettbewerbsbedingungen erschwere, denn mit der Zuordnung eines TK-Dienstes zu den Kategorien »basic« bzw. »enhanced« ist zugleich über die anwendbaren Regulierungsmechanismen entschieden[119].

Auf der Grundlage einer in der *Notice* enthaltenen vorläufigen Kosten-Nutzen-Analyse der *structural separation*-Regeln, die dann später in der *Computer III*-Entscheidung vertieft wurde, gelangte die FCC zu der (vorläufigen) Überzeugung, daß die Kosten der *structural separation* inzwischen ihren öffentlichen Nutzen überwiegen[120].

Zur Bewältigung dieses Regelungsproblems unterbreitete die FCC in ihrer *Notice* im wesentlichen zwei unterschiedlich weitreichende Entscheidungsvorschläge, zu denen Stellungnahmen interessierter Kreise angefordert wurden: In erster Linie strebte die Kommission eine Ergänzung der ausschließlich technisch-funktionalen Grenzlinie durch eine an komplexeren, ökonomischen Kriterien ausgerichtete Abgrenzung zwischen Diensten bzw. ihren Trägern an; damit wäre der Regelungsansatz von *Computer II* grundlegend verändert worden.

In zweiter Linie schlug sie hilfsweise ein Bündel von Einzelmaßnahmen vor, mit denen die *Computer II*-Entscheidung »evolutionär« an die geänderten technischen und ökonomischen Verhältnisse angepaßt werden sollte.

Der weitestreichende Regelungsvorschlag der FCC zielte auf eine Ergänzung der ausschließlich technisch-funktionalen Grenzlinie, wie sie in *Computer II* gezogen worden war, durch eine an der Marktmacht des jeweils marktbe-

119 *Third Computer Inquiry*, Notice, 50 Fed. Reg. S. 33581, 33585.

120 Vgl. *Third Computer Inquiry*, Notice, 50 Fed. Reg. S. 33581, 33584, Rz. 19 und zur *Computer III*-Entscheidung noch unten, 4.

herrschenden Diensträgers ausgerichtete – also *nach ökonomischen Kriterien zu ziehende* –, aber immer noch an den Kategorien »Übertragungsdienst«/«Nichtübertragungsdienste« ausgerichtete Grenzlinie.

Dem liegt die Annahme zugrunde, daß Datenverarbeitung und Datenkommunikation sich zu Regulierungszwecken nicht länger technisch-funktional, wohl aber nach der Marktmacht der jeweiligen Diensträger unterscheiden lassen.

Daß auch dieser ökonomische Regulierungsansatz noch immer auf der definitorischen Abgrenzung von Übertragungsdiensten und anderen (»erweiterten«) Diensten beruhen mußte, ergab sich bereits aus dem Communications Act, der die Regulierung von *communication services* und den sie erbringenden *common carriers* vorsieht. Es konnte also auch bei dem grundlegenden Reformvorschlag nur um eine (freilich weitreichende) Änderung und Ergänzung der in *Computer II* enthaltenen Abgrenzungsregeln, nicht aber um deren völlige Abschaffung gehen[121].

Die enge Verknüpfung zwischen der technisch-funktional begründeten Zuordnung eines Dienstes in die Kategorien »Übertragungsdienst« oder »erweiterter Dienst« und den darauf anzuwendenden telekommunikationsrechtlichen Regeln sollte aber aufgegeben werden zugunsten einer einzelfallbezogenen Analyse der Marktmacht der jeweiligen Diensträger[122].

Nach wie vor sollten ausschließlich *common carriers* reguliert werden, allerdings nur, wenn und soweit sie eine marktbeherrschende Stellung haben.

> »No regulatory controls are proposed for services related to communications offered by non-common carriers or for services offered by non-dominant carriers«[123].

Ziel der Regulierung der Diensträgerschaft von marktbeherrschenden *common carriers* sollte es – nach wie vor – sein, die mißbräuchliche Ausweitung von Monopolstellungen beim Angebot von Übertragungsdiensten auf andere, im Wettbewerb angebotene Dienste durch ein jetzt stärker zu differenzierendes Regulierungsinstrumentarium zu verhindern[124].

121 Vgl. auch *Third Computer Inquiry*, Notice, 50 Fed. Reg. S. 33581, 33583: »...We make specific proposals *to amend* the Computer II rules...However we recognize that such proposals tend to follow the fundamental approach of Computer II. That is, they still would rely upon a definitional structure«.

122 Vgl. FCC, *Third Computer Inquiry*, Report and Order, FCC 86-252, CC Docket No. 85-229, S. 161731, 161786, Rz. 102. (im folgenden abgek.: Third Computer Inquiry, Report, und zitiert nach der Randzahl – Rz. –).

123 *Third Computer Inquiry*, Notice, 50 Fed. Reg. S. 33581, 33586.

124 *Third Computer Inquiry*, Notice, 50 Fed. Reg. S. 33581, 33586.

Differenziert werden soll danach, ob ein marktbeherrschender *common carrier* Alleinanbieter eines Dienstes ist oder nicht; dabei sollten künftig drei Kategorien von Diensten unterschieden werden:

- Übertragungsdienste (*basic communications services*), deren Dienstmerkmale der bisherigen Definition von »basic services« entsprechen;
- Kommunikations-Hilfsdienste (*services ancillary to communications*), das sind die bisher der Kategorie »erweiterte Dienste« (enhanced services) zugeordneten Dienste und die Bereitstellung von Endeinrichtungen (customer premises equipment) und
- Nicht-Kommunikationsdienste (non-communications services), also solche Dienste, die nichts mit der Bereitstellung von Diensten oder Endgeräten zu tun haben.

Während die Übertragungsdienste weiterhin nach Maßgabe von Titel II des Communications Act reguliert und die Nicht-Kommunikationsdienste unreguliert bleiben sollten, wollte die FCC die Kommunikations-Hilfsdienste in einer nach drei Kriterien differenzierten Weise regulieren. Diese Kriterien sind:

- die Marktmacht des jeweiligen Dienstanbieters, anders gesagt: »whether the service is offered by a dominant carrier«;
- die ökonomischen Merkmale des jeweiligen Dienstes: »whether it can be offered on an effectively competitive basis« und
- das Ausmaß der Abhängigkeit des betreffenden Dienstes von der Bereitstellung der Netz-Infrastruktur: »whether, if a dominant carrier is to offer the service in a competitive market, others would have to depend on the carrier's ›bottleneck facilities‹ to compete with the service«[125].

Für die Regulierung ergaben sich daraus unter anderem vier von der FCC im einzelnen beschriebene Konstellationen:

(1) Der marktbeherrschende *common carrier* bietet einen Kommunikations-Hilfsdienst (*ancillary to communications*) an, dessen Kostenstruktur die Entstehung von Wettbewerb unwahrscheinlich erscheinen läßt. Beispiele für solche Hilfsdienste sind die Bereitstellung von Endeinrichtungen der Telekommunikation und die Bereitstellung von erweiterten Diensten, wie sie in der *Computer II*-Entscheidung definiert worden sind[126].

Solche Hilfsdienste wollte die FCC zusammen mit den zugehörigen Übertragungsdiensten nach den herkömmlichen Regeln regulieren.

(2) Der marktbeherrschende *common carrier* bietet Dienste oder Produkte an, die nichts mit Telekommunikation zu tun haben (*non communications*), d.h. er diversifiziert seine Produktpalette, indem er z.B. Autos produziert. In

125 *Third Computer Inquiry*, Report, Rz. 103.

126 *Third Computer Inquiry*, Notice, 50 Fed. Reg. S. 33581, 33587, unter b.).

diesem Fall sollte die Kostenrechnung des Unternehmens kontrolliert werden, um Quersubventionierungen zu Lasten der Benutzer des monopolisierten Dienstes zu verhindern[127].

(3) Der marktbeherrschende *common carrier* bietet einen Kommunikations-Hilfsdienst im Wettbewerb an, ohne daß dieses Dienstangebot von seiner ausschließlichen Verfügungsbefugnis über das Ortsnetz oder sonstige technische Einrichtungen (*bottleneck facilities*) abhängt. Hier soll in gleicher Weise reguliert werden wie im Fall (2)[128].

(4) Der marktbeherrschende *common carrier* bietet einen Kommunikations-Hilfsdienst im Wettbewerb an, wobei dieses Dienstangebot von der alleinigen Verfügungsbefugnis über technische Einrichtungen abhängt. In diesem Fall wollte die FCC durch ein Gebot der Kostentrennung und die Kontrolle der Kostenrechnungen sowie der Tarifierung die mißbräuchliche Ausnutzung der Netzträgerschaft verhindern.

Gegenüber den *Computer II*-Regeln enthielt dieser Vorschlag zwei grundlegende Neuerungen:

Erstens wäre mit der Qualifizierung eines Dienstes als Übertragungsdienst bzw. als erweiterter Dienst nicht mehr *automatisch* auch über seine Regulierung bzw. Nichtregulierung entschieden. Vielmehr kommt es nach der vorgeschlagenen Regelungssystematik *zusätzlich* auf eine Analyse der jeweiligen Marktstruktur und die Marktmacht des betreffenden *common carriers* an[129].

Zweitens würde das bislang für *common carriers* geltende Erfordernis der strukturellen Trennung zwischen dem Angebot von Übertragungsdiensten einerseits und von erweiterten Diensten und Endeinrichtungen andererseits nach dieser Neuregelung überflüssig. Das Regulierungsziel, Quersubventionierungen der erweiterten Dienste mit Hilfe von Einnahmen der monopolisierten Dienste und sonstige Formen des Marktmacht-Mißbrauchs zu verhindern, wird nicht länger mit dem einschneidenden Mittel der organisatorischen

127 *Third Computer Inquiry*, Notice, 50 Fed. Reg. S. 33581,33586.

128 *Third Computer Inquiry*, Notice, 50 Fed. Reg. S. 33581, 33586.

129 Insofern ist es etwas mißverständlich, wenn die FCC in ihrer Notice formuliert: »This approach does not turn on the nature or definition of an offering; it turns on its economic characteristics« (S. 33586), denn die Bestimmung der »nature or definition of an offering« (= basic service/ancillary to communications/non-communications) ist Voraussetzung für die Analyse der »economic characteristics«; vgl. auch die Formulierung im vorangehenden Satz: »The *important* policy question is whether a given offering does or does not have monopoly characteristics, not what its service attributes are«. Hier wird deutlicher, daß die definitorischen Unterscheidungen zwischen TK-Diensten zwar weniger bedeutsam sind, als dies nach der Computer II-Entscheidung erscheinen mochte, aber sie sind (schon wegen des zugrundeliegenden Communications Act) nicht irrelevant.

Aufspaltung in unterschiedliche (Tochter-)Gesellschaften verfolgt, sondern mit milderen Mitteln.
Nur in zweiter Linie schlug die FCC ein Bündel von Maßnahmen vor, mit denen die bestehenden *Computer II*-Regeln »evolutionär« den aufgetretenen Anwendungsproblemen angepaßt werden sollten[130].
Diese Vorschläge betreffen zum einen die Klarstellung, daß Datenverarbeitung *im Netz*, soweit sie der Herstellung einer Verbindung, der Übermittlung oder der Beendigung einer Verbindung dient (network processing functions) Bestandteil eines Übertragungsdienstes sein kann[131], zum anderen die Zuordnung von Protokollumwandlungsdiensten, für die die Kommission Lösungsalternativen unterbreitete[132].

4.) *Von der Grenzlinienziehung zur Verhaltenssteuerung: Die »Computer III«-Entscheidung*

Gewinner der von der FCC vorgeschlagenen ökonomisch fundierten Grenzziehung zwischen Übertragungsdiensten und anderen von *common carriers* angebotenen Diensten wären ebendiese *common carriers*, vor allem AT&T, in geringerem Umfang auch die Bell Operating Companies gewesen. AT&T wäre eine vertikale Integration von beachtlichem Ausmaß – nämlich die (Wieder-)Vereinigung der für Fernmeldefernverkehrs-Dienste zuständigen AT&T Communications und der im enhanced services- und Endgerätegeschäft tätigen AT&T Information Systems ermöglicht, den Bell Operating Companies eine stärkere Integration ihrer Übertragungs- und sonstigen Dienste im Ortsnetz gestattet worden[133].
Die ganz überwiegende Mehrzahl der 99 Personen, Firmen, Verbände, Behörden und sonstigen Organisationen, die auf die *Notice of Proposed Rulemaking* der FCC hin eine Stellungnahme abgaben[134], sprach sich jedoch gegen die von der FCC vorgeschlagene grundsätzliche Neuorientierung aus. Angesichts dieser ablehnenden Haltung hielt die FCC nicht an ihrem Vorschlag fest; die *Computer III*-Entscheidung brachte dementsprechend keine grundsätzliche Neuorientierung der Grenzziehungen (a.), sondern be-

130 *Third Computer Inquiry*, Notice, 50 Fed. Reg. S. 33581, 33593.
131 *Third Computer Inquiry*, Notice, 50 Fed. Reg. S. 33581, 33593.
132 Für Einzelheiten s. *Third Computer Inquiry*, Notice, 50 Fed. Reg. S. 33581, 33595-33599.
133 So auch *R.E. Wiley/H. D. Polsky*, Understanding the Computer III Inquiry, in: Telematics, 2 (1985), S. 3, 6 f.
134 Eine Liste der an der *Third Computer Inquiry* Beteiligten findet sich im Anhang A (List of Commenters) der Entscheidung, FCC 86-252, Report and Order, S. 161903 ff.

schränkte sich darauf, das Erfordernis der strukturellen Trennung abzuschaffen (b.) und durch nicht-organisationsbezogene, mildere Mittel zur Erreichung der Regulierungsziele zu ersetzen (c.) sowie kleinere Korrekturen der basic/enhanced-Grenzlinie vorzunehmen (d.).

a.) Gegen die vorgeschlagene Grenzziehung auf der Grundlage ökonomischer Analysen des jeweiligen »Dienste-Marktes« wurde vor allem eingewandt, daß eine solche für jeden Kommunikations-Hilfsdienst gesondert anzustellende Untersuchung zu Planungsunsicherheit, Verzögerungen bei der Zulassung neuer Dienste und Innovationshemmnissen führen müsse, zumal sie auf höchst vagen Konzepten von »Marktmacht«, »Wettbewerb« und »marktbeherrschender Stellung« beruhe[135].
Darüber hinaus wurden Befürchtungen laut, daß die FCC bisher nicht regulierte Träger von erweiterten Diensten – unter anderem die unabhängigen Telefongesellschaften (*independents*) – sowie sonstige marktbeherrschende Anbieter von Datenverarbeitungsdiensten einer Regulierung unterwerfen wolle; hiergegen waren schon im Vorfeld der *Computer III*-Entscheidung auch kompetenzrechtlich begründete Argumente formuliert worden[136].
Schließlich wandten sich einige Interessengruppen dagegen, daß mit der marktbezogenen Analyse das von ihnen als wirkungsvolleres Mittel bezeichnete Prinzip der strukturellen Trennung aufgegeben werde. Die nichtstrukturellen Vorkehrungen zur Verhinderung von Quersubventionierungen seien nicht geeignet, um wettbewerbswidriges Verhalten der *common carriers* zu verhindern[137].
Die ganz überwiegend ablehnenden Stellungnahmen bewogen die FCC, auf den von ihr vorgeschlagenen Neuansatz zu verzichten: Die von nahezu allen beteiligten Industriekreisen geäußerten Befürchtungen, daß die Grenzlinienziehung aufgrund »ökonomischer Analysen« zu Planungsunsicherheit und Verzögerungen bei der Einführung neuer Dienste führe, lasse nicht erwarten, daß die von der Kommission angestrebten Effizienzsteigerungen und Wettbewerbsverbesserungen auf dem Markt für erweiterte TK-Dienste eintreten. Obwohl die Kommission nach wie vor die Ansicht vertritt, daß die mit der *Computer II*-Entscheidung geschaffenen Kategorien relativ unflexibel sind, ist

135 Hierzu und zum folgenden: *Third Computer Inquiry*, Report, Rz. 104-105.

136 *Robert R. Bruce*, Computer III: Time for an Overhaul Or Simply a Tune-Up ? in: New York Law Journal, 13. Sept. 1985, S. 1, 3: »It is not at all clear how enhanced services, comprising a class that was specifically designed to be outside the scope of direct Title II regulation, suddenly could be brought within Title II«.

137 *Third Computer Inquiry*, Report, Rz. 105; Zweifel u.a. auch bei *R.E. Wiley/H. D. Polsky*, Understanding the Computer III Inquiry, in: Telematics, 2 (1985), S. 3, 7.

sie jetzt der Ansicht, daß sie ihre mit der *Third Computer Inquiry* verfolgten (Re-)Regulierungsziele[138] weitgehend auch dadurch erreichen kann, daß sie das Erfordernis struktureller Trennung aufhebt und durch geeignete nichtstrukturelle Mechanismen der Wettbewerbssicherung ersetzt[139].

b.) Auf die von der FCC in ihrer *Notice* aufgeworfene Frage, ob das Erfordernis der strukturellen Trennung zwischen den von AT&T und den Bell Operating Companies angebotenen Übertragungsdiensten einerseits und ihren erweiterten Dienste andererseits aufgegeben werden sollte, gaben die Interessengruppen, die sich im Verlauf der *Third Computer Inquiry* äußerten, divergierende, weil auf unterschiedlichen Prognosen beruhende Antworten: Die Befürworter einer Aufhebung der *structural separation* – darunter neben AT&T und den Bell Operating Companies vor allem Anwenderorganisationen, das U.S. Department of Justice, aber auch IBM[140] – vertraten die Ansicht, daß das Erfordernis organisatorischer Trennung die Einführung erweiterter Dienste für breite Bevölkerungskreise verhindert habe. Innovative erweiterte Dienste seien zwar für Großanwender, nicht aber für kleinere Unternehmen und Privathaushalte erhältlich. Die Befürworter einer Aufhebung der *structural separation* prognostizierten, daß dadurch die Abwicklung von erweiterten TK-Diensten über die flächendeckenden Netze der *common carriers* und damit als Massendienste für jedermann ökonomisch erst möglich

138 S. dazu oben, 3.) b.

139 *Third Computer Inquiry*, Report, Rz. 109.

140 Daß IBM die Abschaffung der structural separation unterstützte, obwohl dadurch ihr schärfster Konkurrent, AT&T, gestärkt wurde, läßt sich möglicherweise damit erklären, daß das Unternehmen vom Stufenaufbau der von der FCC veröffentlichten *Notice of Proposed Rulemaking* in ein Dilemma gebracht worden war: Mit dem von der FCC vorgeschlagenen neuen Regulierungsansatz (der *economic analysis*) durfte IBM sich schon wegen der damit verbundenen »Gefahr«, seinerseits einer Regulierung unterworfen zu werden, nicht abfinden. Stattdessen mußte die überkommene Grenzlinie zwischen »basic services« und »enhanced services«, die dem Unternehmen ein weites, unreguliertes Tätigkeitsfeld eröffnete, verteidigt werden (vgl. Abschnitt I. der *Comments of International Business Machines Corporation*: »The Commission should not adopt a regulatory approach that would sacrifice the benefits of Computer II deregulation of all enhanced services...«)
Dies konnte jedoch angesichts der von der FCC in ihrer Notice (und von vielen Kritikern im Vorfeld der Third Computer Inquiry) geäußerten Zweifel an der Tauglichkeit dieser Grenzziehung nicht »kompromißlos« geschehen (vgl. Abschnitt III. der *Comments*: »Replacement of the Computer II structural separation requirement with effective nonstructural safeguards...will solve the problems«). Die in der IBM-Stellungnahme enthaltene Befürwortung des Vorschlags, das structural separation Erfordernis abzuschaffen (und durch wirkungsvolle alternative Mittel zu ersetzen) läßt sich von daher als eine taktisch motivierte Konzession an die FCC im *regulation game* deuten.

und zu Innovationsgewinnen sowie zu gesamtwirtschaftlichem Produktivitätszuwachs führen werde[141].

Die Möglichkeit, von der FCC eine Ausnahmebewilligung (waiver) vom *structural separation*-Erfordernis zu erhalten, sei nicht geeignet, die Innovationshemmnisse zu beseitigen, da das *waiver*-Verfahren zusätzliche Planungsunsicherheit schaffe und wegen seiner unnötigen Komplexität zur weiteren Verzögerung der Diensteinführung beitrage.

Vor allem die für eine Aufhebung des *structural separation*-Erfordernisses eintretenden Anwendergruppen bekundeten einen Bedarf an integrierten (»end-to-end«) TK-Diensten der Datenverarbeitung, an deren Bereitstellung AT&T und die Bell Operating Companies im Gegensatz zu IBM und GTE gehindert sei[142].

Demgegenüber behaupteten die Gegner einer Abschaffung der *structural separation* – vor allem die Association of Data Processing Service Organizations und zahlreiche Anbieter von *enhanced services* –, daß die AT&T und den Bell Operating Companies auferlegte strukturelle Trennung innovativ und wettbewerbsfördernd gewirkt habe. Sie prognostizierten, daß eine Abschaffung des Erfordernisses struktureller Trennung angesichts der Marktmacht der *common carriers* zu gravierenden Wettbewerbsbeeinträchtigungen und letztlich zu einer »Re-Monopolisierung« des amerikanischen Telekommunikationsmarktes führen werde[143].

Die FCC analysierte auf der Grundlage der eingegangenen Stellungnahme die Kosten des *structural separation*-Erfordernisses und stellte sie ihrem Nutzen gegenüber. Das Ergebnis dieser abermaligen, jetzt auf neue Erfahrungen gegründeten »Kosten-Nutzen-Analyse«[144] wurde konfrontiert mit dem Ergebnis einer Analyse der Kosten und des Nutzens alternativer, weniger einschränkender wettbewerbssichernder Maßnahmen[145] zur Erreichung des Regulierungsziels: Bereitstellung effizienter und preiswerter Telekommunikationsdienste[146].

Als Kosten des *structural separation*-Erfordernisses verbuchte die FCC Effizienzverluste, die dadurch einträten, daß

141 *Third Computer Inquiry*, Report, Rz.48.

142 IBM kann solche »end-to-end«-Dienste anbieten, weil sie und die mit ihr verbundenen Unternehmen Rolm Corp. (Hersteller von Telefon-Endeinrichtungen) und MCI (Netzträger) nicht dem *structural separation*-Erfordernis unterliegen; gleiches gilt für das vertikal integrierte Unternehmen GTE.

143 *Third Computer Inquiry*, Report, Rz. 59-71.

144 S. bereits oben, 2.) c.

145 Zu diesem Vergleich alternativer Regelungsstrukturen s. *Third Computer Inquiry*, Report, Rz. Rz. 75-76.

146 *Third Computer Inquiry*, Report, Rz. 77.

- bestimmte erweiterte Dienste, die ökonomisch sinnvoll nur in enger Verknüpfung mit Übertragungsdiensten des Netzträgers angeboten werden können, gar nicht erst eingeführt werden[147];
- Verbundvorteile, die sich aus der Nutzung von technischen Einrichtungen und Sachverstand für Übertragungs- *und* erweiterte Dienste ergeben können, der strukturellen Trennung zum Opfer fallen[148];
- Personal und technische Einrichtungen »verdoppelt« werden müßten[149].

Dem stehen Vorteile gegenüber, die sich nach der jetzigen Einschätzung der FCC durchweg auch mit anderen Mitteln als dem der *structural separation* erreichen lassen.

Die strukturelle Trennung sollte – wie erwähnt – in erster Linie Quersubventionierung verhindern. Durch die organisatorische Trennung des *basic service*-Trägers vom *enhanced service*-Träger wird die Quersubventionierung zwischen einzelnen Dienstzweigen unmöglich gemacht; durch die gesellschaftsrechtliche Separierung der beiden Diensträger wird die Quersubventionierung über organisatorische Grenzen hinweg kontrollierbarer und damit zumindest erschwert.

Dieses Regulierungsziel ist nach Ansicht der FCC seit der Entflechtung von AT&T nicht mehr vordringlich, da die Möglichkeiten von Quersubventionierungen mit der Abtrennung der Bell Operating Companies und dem verstärkten Wettbewerb im Fernnetz stark reduziert seien. Die verbleibenden Bereiche, in denen gemeinsame Kosten entstehen (z.B. Forschung und Entwicklung, Marketing sowie Aufbau, Betrieb und Wartung von technischen Einrichtungen), ließen sich durch Kostenrechnungs-Regeln kontrollieren.

Das zweite mit der strukturellen Trennung verfolgte Regelungsziel war es, AT&T am Mißbrauch ihrer marktbeherrschenden Stellung als Netzträgerin zu hindern. Vor allem sollte der mißbräuchlichen Festlegung von technischen Netzstandards entgegengewirkt werden, mit denen konkurrierenden *enhanced service*-Trägern die (Mit-)Benutzung des Netzes unmöglich gemacht werden kann. Auch zur Erreichung dieses Regulierungsziels sind freilich andere, weniger einschneidende Mittel geeignet, nämlich die Gewährleistung von Netzzugangsrechten der *enhanced service*-Träger und die Festlegung von – offenzulegenden – technischen Netzstandards, die jedermann den Netzzugang

147 Als Beispiel nennt die FCC den oben, 2.) f. erwähnten Custom Calling II-Dienst und einen TK-Dienst zur Bonitätsüberprüfung von Kreditkarten und Schecks, vgl. *Third Computer Inquiry*, Report, Rz. 79 sowie – für die Bell Operating Companies – ebd., Rz. 89-90.

148 *Third Computer Inquiry*, Report, Rz. 80.

149 *Third Computer Inquiry*, Report, Rz. 81; s. auch – für die Bell Operating Companies – ebd., Rz. 91.

gestatten. Die Entwicklung einer solchen »Open Network Architecture« ist das Herzstück der *Computer III*-Entscheidung[150].

Das Ergebnis der Abwägung der Kosten des *structural separation*-Erfordernisses und seines angesichts der geänderten Marktsituation deutlich geminderten Nutzens[151] lautet:

> »We find that for the provision of enhanced services, the costs from the structural separation requirements in lost innovation and inefficiency render these requirements far less desirable than nonstructural safeguards«[152].

Dementsprechend hob die FCC das bislang für AT&T und die Bell Operating Companies geltende Erfordernis einer strukturellen Trennung zwischen der Trägerschaft von Übertragungs- und erweiterten Diensten auf.

c.) Die Aufhebung des *structural separation*-Erfordernisses erfolgte jedoch weder bedingungslos noch sofort. Die *Computer III*-Entscheidung enthält vielmehr eine Reihe von nicht-organisationsbezogenen Regeln (*nonstructural safeguards*), die die Regeln über die strukturelle Trennung ersetzen. Zu diesen verhaltensbezogenen Regeln gehören Vorschriften über die Kostenrechnung, über die Offenlegung von netz- und übertragungsdienstbezogenen Informationen[153] gegenüber den *enhanced service*-Betreibern, soweit deren Interessen berührt sind und die Offenlegung von Informationen über Benutzer und ihr Nutzungsverhalten[154].

Die zuletzt erwähnte sogenannte *customer proprietary network information,* die bei AT&T und den Bell Operating Companies beim Betrieb von Netzen und Diensten anfällt, kann für die Vermarktung von *enhanced services* von Bedeutung sein. Aus dem Nutzerverhalten und der Analyse von Verkehrsverläufen (traffic patterns) lassen sich Rückschlüsse auf den Bedarf an *enhanced services* ziehen[155].

150 S. dazu schon hier *Third Computer Inquiry*, Report, Rz. 114 und noch unten, c.

151 Dazu im einzelnen: *Third Computer Inquiry*, Report, Rz. 86: Infolge der Abtrennung der Bell Operating Companies kann AT&T beim Anschluß konkurrierender Dienstträger an das Ortsnetz keine diskriminierenden Bedingungen (mehr) setzen; der Spielraum für diskriminierendes Verhalten beim Anschluß an das Fernnetz ist wegen des auch dort entstehenden Wettbewerbs geringer; s. auch ebd. Rz. 96: Auch für die Bell Operating Companies sind mit dem Aufkommen von Direktanschlüssen unter Umgehung des Ortsnetzes (*bypassing*) und dem Aufkommen von Wettbewerb im Ortsnetz die Möglichkeiten diskriminierenden Verhaltens eingeschränkt.

152 *Third Computer Inquiry*, Report, Rz. 98.

153 Zu diesen *network disclosure obligations* s. *Third Computer Inquiry*, Report, Rz. 241-255, insbes. Rz. 252-253.

154 *Third Computer Inquiry*, Report, Rz. 256-265.

155 *Third Computer Inquiry*, Report, Rz. 256.

Dementsprechend hatten im Verlauf der *Computer III*-Inquiry vor allem die Anbieter von *enhanced services* und von Endeinrichtungen, aber auch organisierte Großanwender ein Interesse am Zugang zu solchen Informationen angemeldet. Freilich liegen auch die aus einem solchen Informationszugang resultierenden gravierenden Beeinträchtigungen des Fernmeldegeheimnisses auf der Hand. Die FCC knüpfte deshalb die Offenlegungspflicht von AT&T und Bell Operating Companies bezüglich der *customer proprietary network information* an eine ausdrückliche Anweisung des betreffenden Nutzers[156].

Die wichtigsten, von der *Computer III*-Entscheidung bereitgestellten Instrumente zur Verhinderung eines Marktmacht-Mißbrauchs durch AT&T oder die Bell Operating Companies sind

- die Gewährleistung eines gleichberechtigten Netzzugangs für alle Dienstträger (*comparably efficient interconnection*, CEI)

und

- die Schaffung einer Offenen Netzarchitektur (*open network architecture*, ONA).

Die beiden Maßnahmen stehen zueinander in einem zeitlichen Stufenverhältnis: Bis die endgültigen Pläne für eine Offene Netzarchitektur (*Open Network Architecture Plans*) erstellt und genehmigt sind, dürfen AT&T und die Bell Operating Companies einzelne *enhanced services* zusammen mit ihren Übertragungsdiensten – also ohne »strukturelle Trennung« – anbieten, wenn sie zuvor einen CEI-Plan eingereicht haben. Dazu findet ein öffentliches Anhörungsverfahren statt, auf dessen Grundlage die FCC über die Genehmigung des CEI-Plans entscheiden wird[157].

Die CEI-Anforderungen greifen also bereits seit dem Erlaß der *Computer III*-Entscheidung.

Die Entwicklung einer *Open Network Architecture* ist hingegen auf längere Sicht angelegt: Um vollends vom Erfordernis der strukturellen Trennung ihres *enhanced service*-Angebots befreit zu werden, müssen AT&T und die Bell Operating Companies bis zum 1. Februar 1988 genehmigungspflichtige *Open Network Architecture Plans* vorlegen, die u.a. die Erfordernisse des gleichberechtigten Netzzugangs (*CEI requirements*) erfüllen müssen und Gegenstand öffentlicher Anhörung sein werden[158].

156 Näheres zu CPNI in AT&T Structural Relief Order, 102 FCC 2d at 692, Rz 63; S. 692-694, Rz. 64-67.

157 *Third Computer Inquiry*, Report, Rz. 115.

158 *Third Computer Inquiry*, Report, Rz. 114; s. auch Rz. 220.

Während es sich bei den CEI-Anforderungen um dienstespezifische Standards handelt, ist die *Open Network Architecture* ein auf das Übertragungsnetz und seine Dienste, also stärker netzbezogener Standard[159].
Anwendungsbereich und Inhalt der CEI-Erfordernisse sind in der *Computer III*-Entscheidung im einzelnen spezifiziert[160].
Sie gelten vorläufig für AT&T und die Bell Operating Companies; ihre Anwendbarkeit auch auf die – zum Teil über eine beträchtliche Marktmacht verfügenden – unabhängigen Telefongesellschaften soll in einem weiteren Verfahren untersucht werden[161].
Inhalt der CEI-Erfordernisse ist die Verpflichtung der von ihnen betroffenen *common carrier*, jedermann den Zugang zum Netz und den Übertragungsdiensten unter gleichen Bedingungen (»on an ›equal access‹ basis«) zu gewähren[162].
Das heißt auch, daß für die vom *common carrier* selbst angebotenen erweiterten Dienste die gleichen Zugangsbedingungen zu gelten haben wie für die von seinen Konkurrenten angebotenen Dienste.
Dieser *equal access*-Grundsatz, mit dem erreicht werden soll, daß die im übrigen chancengleichen Dienstträger in einen Wettbewerb um innovative Dienstmerkmale treten[163], wird in der *Computer III*-Entscheidung durch eine Vielzahl von Parametern konkretisiert.
Sie betreffen unter anderem

- die Bereitstellung funktional gleicher Schnittstellen (*interface functionality*), d.h. die für konkurrierende Dienstträger bereitgestellten Schnittstellen müssen die gleichen Funktionsmerkmale aufweisen wie die vom *common carrier* für seine eigenen erweiterten Dienste benutzten;
- die getrennte Bereitstellung von Übertragungsdiensten (*unbundling of basic services*), d.h. die vom *common carrier* den mit ihm konkurrierenden Dienstträgern bereitgestellten Übertragungsdienstleistungen müssen von seinen sonstigen Übertragungsdiensten getrennt sein;
- den Weiterverkauf von Diensten (*resale*): der *common carrier* ist verpflichtet, seine den *enhanced services* zugrunde liegenden Übertragungsdienste zum gleichen Tarif in Anspruch zu nehmen, den er dafür von seinen Konkurrenten verlangt;
- die technischen Dienstmerkmale (*technical characteristics*): der *common carrier* muß seinen Konkurrenten zur Erbringung ihrer *enhanced services*

159 Vgl. *Third Computer Inquiry*, Report, Rz. 113,
160 *Third Computer Inquiry*, Report, Rz.117-193.
161 *Third Computer Inquiry*, Report, Rz. 124-132 und FCC, Supplemental Notice.
162 *Third Computer Inquiry*, Report, Rz. 147.
163 *Third Computer Inquiry*, Report, Rz.149.

Übertragungsdienste mit den gleichen technischen Dienstmerkmalen (u.a. Übertragungsgeschwindigkeit, Fehlerrate etc.) bereitstellen, wie sie seinen eigenen *enhanced services* zugrundeliegen;

- den Aufbau, die Unterhaltung und die Entstörung von technischen Einrichtungen: sie dürfen für *enhanced services* von Konkurrenten nicht länger dauern als für den *common carrier*;
- den Zeitpunkt des Dienstangebots: um einen Wettbewerbsvorsprung des *common carriers* zu verhindern, müssen die CEI-Erfordernisse im gleichen Zeitpunkt vorliegen, in dem der *common carrier* seinen *enhanced service* anbietet. Innerhalb eines angemessenen Zeitraums vor diesem Termin müssen den Konkurrenten Betriebsversuche gestattet werden.
- die Minimierung von Transportkosten (*minimization of transport costs*): Die *common carriers* sind verpflichtet, alle zumutbaren Anstrengungen zu unternehmen (und gegenüber der FCC zu substantiieren), um die Transport- und Übertragungskosten ihrer Konkurrenten möglichst gering zu halten. Solche Kosten – die bei den *common carriers* nicht entstehen – können sich daraus ergeben, daß die konkurrierenden Diensträger die zur Erbringung von *enhanced services* erforderlichen technischen Einrichtungen nicht in den Vermittlungsstellen des *common carriers* unterbringen können (*collocation*).

Eine Rechtspflicht zur *collocation* hat die FCC wegen der zu erwartenden technischen und betrieblichen Probleme zwar nicht statuiert, sie empfiehlt aber freiwillige *collocation*-Vereinbarungen als einen möglichen Weg zur Minimierung der den Diensträgern entstehenden Kosten.

Besonders umstritten war die Frage der Tarifierung der von den *common carriers* nach Maßgabe der CEI-Erfordernisse bereitzustellenden Dienste: Während die betroffenen *common carriers* für eine strikt kostenorientierte Tarifierung plädierten, strebten die mit ihnen konkurrierenden Diensträger und ihre Verbände eine an den Durchschnittskosten orientierte (und ihnen damit günstigere) Tarifierung an[164].

Die FCC fand eine nach den Dienstmerkmalen der vom *common carrier* zu erbringenden Leistungen differenzierende Lösung, die sich am Regulierungsziel orientierte:

> »The purpose of CEI is to increase the interconnection efficiencies available to the carrier's enhanced service competitors, not to decrease the efficiencies available to those carriers«[165].

164 Besonders ausführlich begründet war die Stellungnahme von IBM, vgl. die knappe Zusammenfassung in *Third Computer Inquiry*, Report, Rz. 169.

165 *Third Computer Inquiry*, Report, Rz. 172.

Eine undifferenzierte Ausrichtung der CEI-Tarife an den Durchschnittskosten war damit ausgeschlossen. Stattdessen entschied die FCC, daß für die entfernungsabhängige Übertragung keine durchschnittskostenorientierten Preise verlangt werden dürfen; zulässig ist das *price averaging* hingegen für den Betrieb der Vermittlungseinrichtungen und die Bereitstellung des von allen Dienstträgern gemeinsam genutzten Übertragungsdienstes[166].
Auf der Grundlage der CEI-Anforderungen präzisierte die FCC die wesentlichen Merkmale der *Open Network Architecture*, die ab 1988 die dienstbezogene Genehmigung von CEI-Plänen ersetzen soll.
Open Network Architecture ist ein Bündel von technischen Standards, deren Festlegung im einzelnen die FCC den betroffenen Unternehmen und den privaten Standardisierungsgremien überlassen hat – verbunden mit der Ankündigung, daß sie einschreiten werde, falls sich die Standards negativ auf die Effizienz des TK-Systems oder den Wettbewerb auswirkten oder der Standardisierungsprozeß nicht offen und fair verlaufe[167].
In ihrer *Computer III*-Entscheidung legte die FCC nur – nach Art eines Zielekatalogs – sehr grobe inhaltliche Anforderungen fest, denen die von ihr zu genehmigende Netzarchitektur zu entsprechen hat. Dabei handelt es sich im wesentlichen um die gleichen Anforderungen, denen auch die CEI-Pläne genügen müssen: Die *Open Network Architecture* ist die stärker netzbezogene (technologische) Implementation des Grundsatzes vom gleichen Netzzugang, den die CEI-Anforderungen (vorläufig, d.h. bis 1988) dienstebezogen implementieren[168].

d.) Die marginalen Korrekturen an der Grenzlinie zwischen *basic services* und *enhanced services*, die in der *Computer III*-Entscheidung vorgenommen wurden, betrafen die Regeln, nach denen AT&T und die Bell Operating Companies Protokollumwandlungsdienste in Verbindung mit ihren Übertragungsdiensten (und damit ohne *structural separation*) anbieten dürfen[169].
Im übrigen kündigte die FCC in einer zusammen mit der *Computer III*-Entscheidung veröffentlichten *Supplemental Notice* eine grundsätzliche Überprüfung der Zuordnung von Protokollumwandlungsdiensten an, die unter Berücksichtigung des aktuellen Standes der Technik und der Marktsituation klären soll, ob solche Dienste (noch) zur Kategorie »enhanced services«

166 Hierzu und zu weiteren Einzelheiten der Tarifierung s. *Third Computer Inquiry*, Report, Rz. 172-186.
167 *Third Computer Inquiry*, Report, Rz. 219.
168 Zu Einzelheiten s. *Third Computer Inquiry*, Report, Rz. 201-219.
169 Zu Einzelheiten s. *Third Computer Inquiry*, Report, Rz. 266-306.

gehören, ob sie als »adjunct services« sowohl in die Kategorie der »basic services« als auch der »enhanced services« fallen können oder ob zwischen einzelnen Protokollumwandlungsdiensten zu differenzieren ist[170].

Zusammenfassende Würdigung

Das amerikanische Regulierungsmodell bewegt sich von der Regulierung abstrakt-generell gegeneinander ausgegrenzter Dienstekategorien in Richtung einer stärker auf einzelne Telekommunikationsdienste bezogenen, auf Netz(zugangs- und -benutzungs)standards zielende Regulierung des Verhaltens von Netz- und Diensträgern.

170 Supplemental Notice of Proposed Rulemaking, In the Matter of Amendment of Sections 64.702 of the Commission's Rules and Regulations, (Third Computer Inquiry), and Policy Rules Concerning Rates for Competitive Common Carrier Services and Facilities Authorizations Thereof, CC Docket No. 85-229, S. 161681, 16. Juni 1986.

II. *Großbritannien: Grenzlinien zwischen Telekommunikationssystemen*

In Großbritannien hat das Zusammenwachsen von Telekommunikation und Datenverarbeitung zur Herausbildung eines Regelungsmodells geführt, das auf der Zulassung unterschiedlicher Telekommunikationssysteme beruht. Anknüpfungspunkt für telekommunikationsrechtliche Regelungen sind nicht (wie – zumindest anfangs – in den USA) abstrakt-generell definierte Kategorien von Diensten, sondern das jeweilige nachrichtentechnische System. Die mit dessen Hilfe zu erbringenden Informationsdienstleistungen werden in der jeweiligen Genehmigung beschrieben. Die Genehmigungsempfänger als Netzträger oder als Dienstträger zu bezeichnen, griffe zu kurz und wäre (weil das britische Recht sie weder als das eine noch als das andere ansieht) mißverständlich. Es handelt sich um Betreiber (*operators*) von Telekommunikationssystemen. Diesem – durch die telekommunikationsrechtliche Regelungssystematik geprägten – Sprachgebrauch soll gefolgt werden.

Die 1981 einsetzende Neuregelung des Telekommunikationssektors in Großbritannien konnte an amerikanische Erfahrungen anknüpfen. Das überkommene Postmodell wurde durch ein Kommissionsmodell nach amerikanischem Vorbild ersetzt. Trotz dieser Annäherung der Regelungsstrukturen unterscheidet sich aber das neue britische Modell – schon wegen der durch die unterschiedliche Ausgangssituation gebotenen andersartigen »Deregulierungsstrategie«[1] – wesentlich vom amerikanischen: Das privatisierte Unternehmen British Telecom soll nach wie vor Träger des nationalen Fernmeldenetzes und des »grundlegenden« Fernsprech- und Telexdienstes bleiben. Als konkurrierender Betreiber wurde das Unternehmen Mercury Communications Ltd. (MCL) zugelassen, das eine zweite nationale Netzinfrastruktur aufbauen und neben »neuen« auch die überkommenen Dienste der Sprach- und Datenkommunikation anbieten soll. Während der damit angestrebte »Wettbewerb auf der Netzebene« wegen des langwierigen Aufbaus der Infrastruktur bislang kaum in Gang gekommen ist[2], hat die Zulassung konkurrierender Betreiber von Mehrwertnetz-Diensten (*value added network services*), die diese Dienste vor allem über die von British Telecom bereitgestellte Netzinfrastruktur – und

1 S. dazu *A. Heuermann/K.-H. Neumann*, Liberalisierung, S. 200 ff.

2 Zur Entwicklung von Mercury Communications Ltd. s. *R. R. Bruce/J.P. Cunard/M.D. Director*, Telecommunications, Vol.5, S. 36 ff; s. auch *A. Heuermann/K.-H. Neumann*, Liberalisierung, S. 125 ff mwN.

im Wettbewerb zu British Telecom als Diensttrager – anbieten, zu einem intensiven »Wettbewerb auf der Dienstebene« geführt[3].
Die Herausbildung des neuen britischen Regelungsmodells beruht auf weitreichenden inhaltlichen, organisatorischen und prozeduralen Netz- und Dienstträgerschaftsentscheidungen des Gesetzgebers (dazu 1.). Auf dieser Grundlage wurde der bisherige Netz- und Diensttrager British Telecom (BT) von einem öffentlichen Unternehmen zu einem staatlich regulierten Privatunternehmen umstrukturiert. Die Auflösung des überwiegend organisationsrechtlich gesteuerten PTT-Modells und das Erfordernis neuartiger Planungs-, Errichtungs- und Betriebs(regulierungs-)Entscheidungen hatte verfahrensrechtliche Konsequenzen: Zur Koordinierung der jetzt mit der Regulierung des Telekommunikationssektors befaßten – zum Teil neu eingerichteten – Behörden und um die Beteiligung der von telekommunikationspolitischen (Regulierungs-)Entscheidungen Betroffenen an den neuartigen Entscheidungsprozessen zu gewährleisten, ist ein Ausbau des Verfahrensrechts erforderlich geworden (dazu 2.).
Auf der Grundlage komplexer Verfahren entscheidet die neu eingerichtete Regulierungsbürokratie über Planung, Einrichtung und Betrieb unterschiedlicher Telekommunikationssysteme (dazu 3.), deren Dienste-Angebote derzeit nach neuen inhaltlichen Kriterien und nach der Marktmacht des Betreibers differenziert gegeneinander abgegrenzt werden (dazu 4.).

1.) *Neue gesetzgeberische Grundentscheidungen*

Die Umstrukturierung des britischen Telekommunikationssektors vollzog sich in drei analytisch unterscheidbaren Schritten, deren erster zwar noch nicht im Zusammenhang mit der Verknüpfung von Telekommunikation und Datenverarbeitung stand, aber die Voraussetzung für spätere strukturelle Änderungen schuf:

a.) Im Jahr 1969 wurde das British Post Office, das zuvor in die staatliche Verwaltung eingegliedert war, durch den Post Office Act in ein öffentliches Unternehmen umgewandelt und dadurch gegenüber dem Postministerium, dessen Aufgaben nach seiner Auflösung im Jahr 1974 weitgehend vom Wirtschaftsministerium (Department of Trade and Industry) übernommen

3 Zu diesen »zwei Stufen« des Wettbewerbs s. *K.-H. Neumann/ C.Chr. von Weizsäcker*, Tarifpolitik bei Mietleitungen und Nebenstellenanlagen unter volkswirtschaftlichen Gesichtspunkten, in: Jb. DBP 1982, S. 381 (384 f).

wurden, stärker verselbständigt[4]. Das Ministerium fungierte als Regulierungs- (und Kontroll-)Instanz des öffentlichen Unternehmens. Die Regulierung erfolgte vor allem durch Zielvorgaben, die zum einen dazu dienten, ein Effizienzanreizsystem zu schaffen (Preisleitlinien, Rentabilitätsvorgaben für Investitionen, Finanzziele) und zum anderen die Verwirklichung sozialstaatlicher Grundsätze bezweckten (Verpflichtung zur Tarifeinheit im Raum, Kontrahierungszwang)[5].
Ergänzt wurde die Preis-, Rentabilitäts-, Finanzierungs- und Verhaltensregulierung des Post Office durch Genehmigungsvorbehalte und detaillierte Informationspflichten, die dem Ministerium eine lückenlose Kontrolle des unternehmerischen Verhaltens ermöglichten[6].

b.) Der im Oktober 1981 verabschiedete British Telecommunications Act gliederte das British Post Office in zwei organisatorisch selbständige öffentliche Unternehmen. Dem Post Office wurden die Post- und Postbankdienste übertragen, während British Telecom (BT) zwar grundsätzlich weiterhin für die Bereitstellung und den Betrieb der Telekommunikationsnetze und Dienste zuständig war, aber nicht mehr über die gleiche, nahezu uneingeschränkte rechtlich abgesicherte Alleinstellung verfügte wie das British Post Office.
Für die Netz- und Diensträgerschaft (= die Trägerschaft von Telekommunikationssystemen) sowie die Standardisierung, die Zulassung und die Bereitstellung von Endeinrichtungen traf das Gesetz neue inhaltliche Entscheidungen:
- BT war nicht länger der alleinige Träger eines Telekommunikationssystems; der Telecommunications Act ermöglichte vielmehr die Lizenzierung konkurrierender Telekommunikationssysteme auf der Grundlage einer vom Department of Industry im Benehmen mit BT zu erteilenden Genehmigung;
- die Festlegung nationaler technischer Standards für Telekommunikationseinrichtungen wurde dem British Standards Institute, die Entscheidung über die Zulassung zum öffentlichen Netz wurde dem Wirtschaftsministerium übertragen, das die Geräteüberprüfungen vom British Approvals Board for Telecommunications durchführen ließ,
- zugelassene Endeinrichtungen durften jetzt (mit Ausnahme des nach wie vor von BT bereitzustellenden Telefonhauptanschlusses) auch von kon-

4 S. dazu bereits oben, A. II. 3.) b.
5 Zu Einzelheiten s. *A. Heuermann/Th. Schnöring*, Die Entwicklung des britischen Post Office, in: ArchPF 1985, S. 1 ff sowie ausführlicher *dies.*, in: Jb. DBP 1985, S. 321 (342 ff).
6 *A. Heuermann/Th. Schnöring*, Die Entwicklung des britischen Post Office, in: Jb. DBP 1985, S. 321 (357).

kurrierenden Privatunternehmen bereitgestellt, an das öffentliche Netz angeschlossen und gewartet werden.

Aufgabe von BT war es nach den im Telecommunications Act von 1981 enthaltenen Zielvorgaben, bedarfsgerechte Dienste anzubieten. Bei der Erfüllung dieser Aufgabe hatte BT ein Bündel – teils konfligierender – gesetzlicher Zielvorgaben zu beachten, nämlich: die Grundsätze der Effizienz und der Sparsamkeit, die sozialen, industrie- und handelspolitischen Bedürfnisse, die Verbesserung und Weiterentwicklung des TK-Systems und die Entwicklungen auf den Gebieten der Telekommunikation und der Datenverarbeitung[7].

Die organisations- und verfahrensrechtlichen Regelungsstrukturen zur Konkretisierung und Umsetzung dieser Zielvorgabe sind in zweifacher Hinsicht bemerkenswert: Sie führten erstens zu einer prozeduralen Öffnung telekommunikationspolitischer Entscheidungsprozesse für Betroffenenpartizipation und zweitens zu einer administrativen Pluralisierung[8] und zur Fortführung der 1969 begonnenen Trennung von hoheitlicher Regelung und als unternehmerisch definiertem Dienstangebot: Die Empfehlung, den beiden öffentlichen Unternehmen einen pluralistisch besetzten »Council on Post Office and Telecom Affairs« zuzuordnen, der für die langfristige nationale Kommunikationsplanung zuständig sein sollte, wurde von der Regierung *Thatcher* zwar nicht aufgegriffen und schlug sich im Telecommunications Act von 1981 nicht nieder; das mit beratenden Funktionen ausgestattete Post Office User's Council, das – wie erwähnt[9] – schon bislang vom British Post Office vor der Verwirklichung dienstebezogener Vorhaben zu konsultieren war und dessen Zuständigkeitsbereich durch den Telecommunications Act auf British Telecom erstreckt wurde, blieb aber bestehen, ohne daß sich allerdings seine geringen Einflußmöglichkeiten erhöhten[10].

Organisationsrechtlich wurde BT im Jahr 1981 zu einer vom Wirtschaftsministerium gesteuerten *public corporation.*

Ihr Vorstand bestand aus einem vom Wirtschaftsminister bestellten Vorsitzenden und sechs bis zwölf ebenfalls vom Wirtschaftsminister – nach Konsultation mit dem Vorsitzenden – bestellten Mitgliedern[11].

7 British Telecommunications Act 1981, Ch. 38, Cl. 3 (1) und (2), im folgenden abgekürzt als Ch. 38 1981.

8 S. dazu noch unten, 2.) b.

9 S. oben, Teil A., II. 3.) b.

10 Ch. 38 1981, Sect. 9 mit Hinw. auf Sect. 14 und 15 des Post Office Act von 1969. Krit. zu den Einflußmöglichkeiten des POUNC *Francis Cripps/Wynne Godley*, The Planning of Telecommunications in the United Kingdom, Cambridge, U.K., 1978, S. 70 f; s. auch ebd. S. 22 ff zur Reorganisation von 1969.

11 Ch. 38 1981, Sect. 1 (3), (4).

Die Aufsicht über BT oblag dem Wirtschaftsminister, der nach Konsultation mit BT »allgemeine Anweisungen« erteilen durfte, die im nationalen Interesse liegen oder dazu dienen, Mängel in den langfristigen Planungen von BT oder bei der Ausübung ihrer Befugnisse zu beheben[12].
Einzelanweisungen durfte er nach Konsultationen mit BT im Interesse der nationalen Sicherheit oder der auswärtigen Beziehungen und zur Erfüllung internationaler Rechtspflichten erteilen[13].
Darüber hinaus oblag dem Wirtschaftsminister die Rechtsaufsicht über die Benutzungsbedingungen der ausschließlich von BT angebotenen Dienste; nach Konsultation mit BT durfte er unzulässige Gebühren- oder Benutzungsregelungen aufheben.
An der langfristigen TK-Planung und der Investitionsplanung, zu der das Gesetz BT verpflichtete, war der Wirtschaftsminister in beratender Funktion beteiligt[14], darüber hinaus standen ihm weitgehende Informations- und Kontrollrechte zu[15].
Die parlamentarische Grundsatzentscheidung, neben British Telecom andere Betreiber von Telekommunikationssystemen zuzulassen, erforderte Verfahrensregeln, die vorläufig noch sehr schwach ausgeprägt waren: Der Telecommunications Act ermächtigte den Secretary of State, im Benehmen mit BT Lizenzen für den Betrieb von Telekommunikationssystemen zu erteilen[16].
Auf der Grundlage dieser Bestimmung erteilte das Ministerium im Februar 1982 dem Mercury-Konsortium[17] die Genehmigung zur Errichtung und zum Betrieb eines unabhängigen Telekommunikationssystems. Genehmigt wurden außerdem zwei mobile Funktelefonsysteme (Cellular radio systems)[18], von denen eines in der Trägerschaft von BT und der Firma Securicor steht, während das andere von den Firmen Racal und Millom betrieben wird. Außerdem genehmigte das Ministerium mit einer (abstrakt-generellen) »gene-

12 Ch. 38 1981, Sect. 6 (2), (3).
13 Ch. 38 1981, Sect. 6 (5).
14 Ch. 38 1981, Sect. 6 (9), (10).
15 Ch. 38 1981, Sect. 6 (12), (13).
16 Ch. 38 1981, Sect. 15.
17 Das Mercury-Konsortium bestand ursprünglich aus dem bis 1981 staatlichen Unternehmen Cable and Wireless, British Petroleum und Barclays Merchant Bank; 1984 verkauften Barclays und British Petroleum ihre Anteile an Cable and Wireless; vgl. *A. Heuermann/K.-H. Neumann*, Liberalisierung, S. 125-128.
18 Träger des einen Cellular radio systems ist die Firma Cellnet, ein gemeinsames Tochterunternehmen von BT und der Firma Telecom Securicor Cellular Radio Ltd., das andere System wird von dem Unternehmen Racal Vodafone errichtet und betrieben, an dem der Gerätehersteller Racal, die Firma Millicom und die Hambros Bank beteiligt sind; vgl. *A. Heuermann/K.-H. Neumann*, Liberalisierung, S. 140.

ral licence« die Errichtung und den Betrieb von Mehrwert-Netzdienstleistungen (value added network services)[19]

c.) Mit dem Telecommunications Act von 1984, der den derzeit gültigen gesetzlichen Rahmen der britischen TK-Politik darstellt, kam die Trennung von Regelungs- und Dienstleistungsfunktionen zu ihrem vorläufigen Abschluß[20].
Das Gesetz sieht die Errichtung einer neuartigen Regulierungsbehörde – des Office of Telecommunications (OFTEL) – vor; an ihrer Spitze steht der vom Wirtschaftsminister auf fünf Jahre zu ernennende Director General of Telecommunications, der nach Maßgabe der ihm vom Gesetz übertragenen Einzelbefugnisse die Planung, die Einrichtung und den Betrieb von Telekommunikationssystemen regelt[21].
Das (auf der Grundlage des Telecommunications Act von 1981 bereits stark eingeschränkte) Alleinrecht von BT, Telekommunikationssysteme zu errichten und zu betreiben, wird durch das Gesetz von 1984 vollends aufgehoben[22].
Zugleich schuf das Gesetz die rechtlichen Voraussetzungen für die Ende 1984 erfolgende Privatisierung von BT[23].
Auch das Gesetz von 1984 enthält nur sehr allgemeine, konfligierende Zielvorgaben und stellt einen organisations- und (vor allem) verfahrensrechtlichen Rahmen für die administrative Auflösung entstehender Zielkonflikte bereit:
Als vorrangiges Ziel, das der Wirtschaftsminister und der Director General of Telecommunications bei der Ausübung der ihnen übertragenen Einzelbefugnisse zu verfolgen haben, nennt das Gesetz die flächendeckende Versorgung mit bedarfsgerechten Telekommunikationsdiensten, einschließlich der Bereitstellung von Notrufdiensten, öffentlichen Fernsprechapparaten, von Fern-

19 Zu dieser *general class licence* und ihrer Fortschreibung s. noch unten, 3.

20 Telecommunications Act 1984, abgedr. in Halsbury's Statutes of England, 3rd ed., Vol. 54 (2), 1984 (im folgenden zitiert als Telecommunications Act 1984). Zu den ökonomischen Voraussetzungen und Folgen der britischen Privatisierungspolitik im Telekommunikationsbereich s. *Jürgen Müller*, Competition in the British Telecommunications Market: The Impact of Recent Privatization/Deregulation Decisions, in: E.-J. Mestmäcker (Hrsg.), Transborder Telecommunications, S. 249 ff.

21 Eine zusammenfassende Aufstellung der Aufgaben und Befugnisse von OFTEL findet sich in: Report of the Director General of Telecommunications for the period of 5 August to 31 December 1984 to the Secretary of State for Trade and Industry, London 1985, im folgenden abgek.: OFTEL, First Report, S. 15 f. S. auch unten, 2.) b.

22 Sect. 2 Telecommunications Act 1984.

23 S. dazu im einzelnen *R.R. Bruce/J.P. Cunard/M.D. Director*, Telecommunications, Vol 5, S. 17 ff sowie *A. Heuermann/K.-H. Neumann*, Liberalisierung, S. 167 ff.

sprechteilnehmer-Auskunftsdiensten, Seerufdiensten und Diensten in ländlichen Gegenden im Rahmen des »vernünftigerweise Möglichen«[24].

Ergänzt wird diese – immerhin schon die Grundsatzentscheidung für flächendeckende Versorgung und für einzelne (soziale) Dienste bzw. Dienstmerkmale umfassende – gesetzliche Zielvorgabe durch einen umfangreichen Katalog nachgeordneter Ziele, die der Wirtschaftsminister und der Director General of Telecommunications bei ihren Regulierungsentscheidungen zu beachten haben.

Dazu zählen im einzelnen:

- die Wahrung der Interessen der Konsumenten, Erwerber und anderen Benutzer (insbesondere der Behinderten und Alten) hinsichtlich der Preise, der Qualität und der Vielfalt von Telekommunikationsdiensten und -einrichtungen,
- die Aufrechterhaltung und Förderung wirksamen Wettbewerbs zwischen den am Telekommunikationsmarkt beteiligten Anbietern, die Förderung ihrer Effizienz und Wirtschaftlichkeit,
- Forschungs- und Innovationsförderung sowie
- Förderung der internationalen Wettbewerbsfähigkeit von Diensttägern und Geräteherstellern[25].

Für die Errichtung und den Betrieb von Telekommunikationssystemen statuiert das Gesetz einen Genehmigungsvorbehalt; das Betreiben eines nicht genehmigten Systems ist strafbar[26]. Zuständig für die Genehmigungserteilung ist entweder der Wirtschaftsminister, der im Benehmen mit (after consultation with) dem Director General of Telecommunications entscheidet, oder aufgrund einer vom Wirtschaftsminister zu erteilenden Ermächtigung der Director General alleine[27]. Bislang hat sich der Wirtschaftsminister die Entscheidungsbefugnis über die Genehmigungserteilung noch vorbehalten[28]; der Director General entscheidet jedoch über nachträgliche Änderungen erteilter Genehmigungen.

24 Vgl. Telecommunications Act 1984, Sect. 3 (1) mit der Zielvorgabe »(a) to secure that there are provided throughout the United Kingdom, save in so far as the provision thereof is impracticable or not reasonably practicable such telecommunication services as satisfy all reasonable demands for the including, in particular, emergency services, public call box services, directory information services, maritime services and services in rural areas; and (b) without prejudice to the generality of paragraph (a) above, to secure that any person to whom any such services fall to be provided is able to finance the provision of those services«.

25 Telecommunications Act 1984, Sect. 3 (2) a-h.

26 Telecommunications Act 1984, Sect. 5.

27 Telecommunications Act 1984, Sect. 7.

28 Stand: September 1986; s. auch OFTEL, Annual Report 1985, S. 40.

Die Genehmigungen (licences) können sich an die Allgemeinheit, an einen nach bestimmten Merkmalen abgegrenzten Personenkreis (persons of a class) oder an Einzelne richten[29]

Das Gesetz ermächtigt die Verwaltungsbehörden, Genehmigungen befristet, unter Widerrufsvorbehalt und in Verbindung mit Auflagen zu erteilen, deren Inhalt im wesentlich nur durch den Rückbezug auf die gesetzlichen Zielvorgaben konkretisiert ist[30].

Der damit eröffnete, außerordentlich breite Entscheidungsspielraum der Genehmigungsbehörden wird freilich für Lizenzen, deren Erteilung die Interessen Dritter berührt, durch Verfahrensregeln begrenzt: Die Erteilung solcher Lizenzen erfolgt auf der Grundlage eines formalisierten Verwaltungsverfahrens, das nach Ablauf und Struktur dem Planfestellungsverfahren gemäß §§ 72 ff des Verwaltungsverfahrensgesetzes ähnelt. Die Genehmigungsbehörde ist verpflichtet, die beabsichtigte Lizenzerteilung und die Auswirkungen der Lizenz öffentlich anzukündigen, die Gründe für die geplante Lizenzerteilung darzulegen und eine Äußerungsfrist zu setzen; innerhalb dieser Frist abgegebene Stellungnahmen (representations or objections which are duly made) sind bei der Entscheidungsfindung zu berücksichtigen[31].

Diese Verfahrensregel, auf deren praktische Auswirkungen noch hinzuweisen sein wird[32], gilt unter anderem für die Erteilung von Lizenzen, die den Betreiber zur Erbringung von Telekommunikationsdiensten verpflichten, für Lizenzen, die Netzzugangsverpflichtungen enhalten, die Diskriminierungsverbote (bzw. Versorgungspflichten) enthalten und für Lizenzen, die Dienstbenutzungsentscheidungen (einschließlich Tarifentscheidungen) enthalten[33].

2.) *Von der organisations- zur verfahrensrechtlichen Steuerung*

Daß sich die Organisationsstrukturen des Telekommunikationsbereichs in Großbritannien grundlegend geändert haben, ist offensichtlich: Durch den Telecommunications Act von 1981 und den Telecommunications Act von 1984 wurde das überkommene Postmodell schrittweise durch ein Regulierungsmodell ersetzt.

29 Telecommunications Act 1984, Sect. 7 (3).
30 Vgl. Telecommunications Act 1984, Sect. 7 (5) (a).
31 Telecommunications Act 1984, Sect. 8 (5).
32 S. unten, 4.) c. und d.
33 S. im einzelnen Telecommunications Act 1984, Sect. 8 (1) (a)-(e).

Die organisatorische Trennung von Regulierungs- und Dienstleistungsfunktionen führte bei British Telecom zu einer aufgabenbezogenen Dezentralisierung der Organisationsstruktur (a.). Die Organisationsentwicklung der regulierenden Behörden ist durch eine zunehmende administrative Pluralisierung gekennzeichnet, die den im neuen Regelungsmodell ohnedies vorhandenen Bedarf nach verfahrensrechtlicher Steuerung[34] weiter verstärkt (b.). Diese Tendenz zum Ausbau prozeduraler Mechanismen kennzeichnet auch die bisherige Regulierungstätigkeit des OFTEL, das auf der Grundlage des Telecommunications Act 1984 sogenannte *Advisory Committees* eingerichtet hat[35], die regionale und schwach organisationsfähige Interessen in die telekommunikationspolitischen Entscheidungsprozesse von OFTEL bzw. des Wirtschaftsministeriums einbringen sollen (c.).

a.) Etwa 1981 begann BT mit einer tiefgreifenden Umstrukturierung seiner Aufbauorganisation. Die »traditionell zentralistische« Struktur wurde durch dezentralisierte, weitgehend selbständige Unternehmensteile mit eigener Gewinn- und Kostenkontrolle (profit centers) ersetzt[36].
Die Umstrukturierung begann mit der Aufgliederung des Unternehmens in vier Abteilungen (divisions): Die für den Telefondienst in Großbritannien zuständige Inlandsabteilung, die für die internationale Telekommunikation zuständige International Division, die für Forschung und Entwicklung sowie für Einkauf zuständige »Major Systems Division« und die Abteilung »BT Enterprises«, die als Trägerin von VAN-Diensten auftrat und Endeinrichtungen bereitstellte. Nach der Privatisierung wurde diese Umstrukturierung fortgeführt und durch eine entlang der Grenzlinie Netz/Dienste verlaufende Unterteilung ergänzt. Derzeit gliedert sich BT in die Unternehmensbereiche
- National Networks
- Local Communications Services
- BT International
- BT Enterprises
- Development and Procurement[37].

b.) Die Organisationsentwicklung der Regulierungsbehörden ist gekennzeichnet durch eine deutliche Pluralisierung, d.h. die Vermehrung der an der

34 S. bereits oben, A. II. 3.) c.
35 Ermächtigungsgrundlage ist Sect. 54 Telecommunications Act 1984.
36 Vgl. *A. Heuermann/K.-H.Neumann*, Liberalisierung, S. 315.
37 Zu den Aufgaben dieser Unternehmensteile, ihrer Binnenstruktur und ihren Märkten s. *R.R. Bruce/J.P. Cunard/M.D. Director*, Telecommunications, Vol. 5, S. 21-31; s. auch *A. Heuermann/ K.-H. Neumann*, Liberalisierung, S. 318-347.

Telekommunikationsverwaltung beteiligten Behörden in Abhängigkeit von der Ausdifferenzierung der unterschiedlichen Interessen, die bei der Vorbereitung der komplexen Regulierungsentscheidungen zu beachten sind. Aus dieser Pluralisierung erwachsen neue Anforderungen an das Telekommunikationsrecht: es muß verfahrensrechtliche Mechanismen bereitstellen, die die Koordinierung der unterschiedlichen Behörden ermöglichen und es muß Entscheidungen darüber treffen, welche Behörden nach erfolgter Koordinierung entscheidungsbefugt sind[38].

Schon der mit dem Telecommunications Act von 1981 weiter vorangetriebenen organisatorischen Verselbständigung von BT als (öffentliches) Unternehmen entsprach eine tiefgreifende Umstrukturierung (und administrative Pluralisierung) innerhalb der Ministerialbürokratie: Im Cabinet Office, dem die Koordinierung der Ressortpolitiken obliegt, wurde eine Unterabteilung für Informationstechnologie gebildet. Außerdem wurde ein Minister für Informationstechnologie ernannt, der zugleich Stellvertreter des Wirtschaftsministers ist und im Wirtschaftsministerium ressortiert. Die Funkfrequenzverwaltung, die bislang vom Innenministerium (Home Office) gesteuert worden war, wurde jetzt ebenfalls dem Wirtschaftsministerium übertragen, das jetzt über drei telekommunikationspolitische Abteilungen (Abteilung für Informationstechnik, Abteilung für Telekommunikation und Abteilung für Funkfrequenzverwaltung) verfügte[39].

Der Telecommunications Act von 1984 richtete das vom Director General of Telecommunications geleitete Office of Telecommunications (OFTEL) als zentrale Regulierungsbehörde für den Telekommunikationssektor ein. Organisationsrechtlich ist das OFTEL eine ministerialfreie Behörde (non-ministerial government department), der jedoch vom Wirtschaftsministerium bestimmte Aufgaben übertragen werden können.

Zu den im Telecommunications Act 1984 aufgezählten Aufgaben des OFTEL gehören:

- die Lizenzierung von Telekommunikationssystemen[40],
- die Änderung von Lizenzbestimmungen[41],
- die Durchsetzung der Lizenzbestimmungen[42],

38 Zu einigen Koordinierungserfordernissen für die Telekommunikationspolitik unter dem Grundgesetz s. *J. Scherer*, Telekommunikationsrecht, S. 663 ff.

39 S. dazu die Übersicht bei *A. Heuermann/K.-H. Neumann*, Liberalisierung, S. 55 f.

40 Telecommunications Act 1984,Sect.5-11.

41 Telecommunications Act 1984, Sect. 12-15.

42 Telecommunications Act 1984, Sect. 16-19. Dies geschieht grundsätzlich durch Erlaß einer »enforcement order«, die in einem formalisierten Verfahren vorbereitet wird (Sect. 17) und gerichtlicher Überprüfung zugänglich ist (Sect. 18). Der Verstoß gegen eine enforcement order berechtigt OFTEL grundsätzlich zum Lizenzentzug.

- die Zulassung von Personen und Geräten im Zusammenhang mit Telekommunikationssystemen[43],
- die Überwachung aller telekommunikationsbezogenen Tätigkeiten[44],
- die Information und Beratung von Anwendern und anderen Interessierten[45],
- die Bearbeitung von Beschwerden über die Bereitstellung von Telekommunikationsdiensten und Endeinrichtungen[46],
- gemeinsam mit dem Director of Fair Trading die Überwachung des Wettbewerbsverhaltens im Telekommunikationssektor[47].

Die Lizensierungsaufgabe kann das OFTEL, wie bereits erwähnt, nur mit Zustimmung oder aufgrund einer Ermächtigung des Wirtschaftsministers erfüllen, die bislang nicht erteilt worden ist: Das Ministerium trifft diese Entscheidungen – wenngleich nach Konsultation des OFTEL – nach wie vor selbst[48]. Das gleiche gilt für die Zulassung von Endeinrichtungen im Zusammenhang mit Lizenzerteilungen[49].

In die Standardisierung und Zulassung von Endeinrichtungen eingeschaltet sind die British Standards Institution (BSI) und das British Approvals Board for Telecommunications (BABT) – eine Abteilung des Verbandes der britischen Elektrotechniker. Sofern Telekommunikationsgeräte den von der BSI erlassenen technischen Standards entsprechen und die Geräteprüfung durch das BABT stattgefunden hat, trifft das Wirtschaftsministerium die Zulassungsentscheidung.

OFTEL ist auch zur Koordinierung seiner Entscheidungen mit dem Director of Fair Trading verpflichtet: Die Monopolaufsicht und die Wettbewerbsaufsicht in Fällen wettbewerbswidrigen Verhaltens der Betreiber bei der Bereitstellung von Endeinrichtungen oder Diensten üben der nach dem Fair Trading Act[50] für die Wettbewerbsaufsicht zuständige Director of Fair Trading und das OFTEL gemeinsam aus[51].

Koordinierungserfordernisse bestehen auch im Verhältnis von OFTEL und der für die Erteilung von Lizenzen für Kabelfernsehnetze nach dem Cable and

43 Telecommunications Act 1984, Sect. 20-27.
44 Telecommunications Act 1984, Sect.47.
45 Telecommunications Act 1984, Sect. 48.
46 Telecommunications Act 1984, Sect. 49.
47 Telecommunications Act 1984,Sect. 50.
48 S. bereits oben, 1.) c. und nochmals OFTEL, Report 1985, S. 30.
49 Vgl. Telecommunications Act 1984, Sect. 20-27.
50 Fair Trading Act 1973, Halsbury's Statutes of England Vol. 43.
51 Telecommunications Act 1984,Sect. 50

Broadcasting Act[52] zuständigen, als unabhängige Kommission organisierten *Cable Authority*.
Dabei ist die vom OFTEL zu treffende, stärker technische Genehmigungsentscheidung der inhaltsbezogenen Genehmigungsentscheidung der Cable Authority nachgeordnet. Steuernde und koordinierende Behörde ist die Cable Authority, bei der Kabelnetzbetreiber ihren Antrag auf Netz- und Diensteinrichtung einbringen müssen[53]; die Cable Authority koordiniert ihre in planfeststellungsähnlichen Verfahren vorbereiteten Lizensierungsentscheidungen (unter anderem) mit OFTEL. Umgekehrt ist OFTEL verpflichtet, vor der Erteilung bzw. dem Widerruf von Lizenzen für Telekommunikationssysteme, die »cable programme services« anbieten, die Cable Authority zu konsultieren[54].

c.) Die zunehmende Bedeutung des Verfahrensrechts für die Vorbereitung von Entscheidungen über die Lizenzierung von Telekommunikationssystemen läßt bereits der Telecommunications Act 1984 erkennen[55].
Weniger offenkundig sind die prozeduralen Konsequenzen, die sich aus der dem Wirtschaftsminister und dem Director General of Telecommunications erteilten gesetzlichen Ermächtigung ergeben, Beratungsgremien (advisory bodies) einzurichten: Auf der Grundlage von Art. 27 des Telecommunications Act 1984 hat der Wirtschaftsminister schon im folgenden Jahr 164 auf örtlicher Ebene organisierte *Local Advisory Committees* als Interessenvertretungen der Telekommunikations-Anwender anerkannt. Verbunden mit dieser Anerkennung ist die finanzielle Unterstützung der Interessenvertretungen und deren Beteiligung an den Verfahren zur Vorbereitung telekommunikationspolitischer Entscheidungen allgemein oder soweit sie das Telekommunikationssystem betreffen, dessen Benutzer das jeweilige Committee repräsentiert[56]. Für OFTEL bieten diese lokalen Benutzerkomitees darüber hinaus die Möglichkeit, Informationen über die Qualität der Telekommunikationsdienst-

52 Cable and Broadcasting Act 1984, Ch. 46.
53 Zu Einzelheiten der Verfahrensabläufe und zur Koordinierungsfunktion der Cable Authority s. *R.R. Bruce/J.P. Cunard/M.D. Director*, Telecommunications, Vol. 5, S. 81 ff; s. auch zur Entstehung der Cable Authority, *A. Heuermann/K.-H. Neumann*, Liberalisierung, S.260 ff.
54 Telecommunications Act 1984,Sect. 7 (10 A); s. auch (10 B).
55 S. oben, 1.) b. und noch unten, 3.) und 4.).
56 Vgl. Sect. 27 (2) und (3) Telecommunications Act 1984 sowie OFTEL, Annual Report 1985, S. 51 f: »The Committees are seen both as a valuable source of local opinion and a means whereby telecommunications issues can be given wide publicity. They are being asked to take part in various quality of service surveys, and to send their views on particular issues to OFTEL«.

leistungen zu erlangen und die »›grass root‹ opinion« zu telekommunikationspolitischen Entscheidungen kennenzulernen[57].

Sect. 54 des Telecommunications Act 1984 ermächtigt den Wirtschaftsminister, Beratungsgremien einzurichten »für Angelegenheiten, die England, Schottland, Wales und Irland betreffen«.

Aufgabe dieser bald nach Inkrafttreten des Gesetzes eingerichteten regionalen Beratungsgremien (Country Advisory Bodies) ist es, die Regulierungsbehörden in allen von ihnen für wichtig erachteten oder ihnen zur Stellungnahme überwiesenen Angelegenheiten zu beraten. Die vom Wirtschaftsminister berufenen Mitglieder der – insgesamt pluralistisch besetzten – Beratungsgremien sind weitgehend identisch mit denen der Post Office Users' Councils[58].

Die Country Advisory Committees stehen in ständigem Kontakt mit OFTEL, sie sammeln Informationen über Mängel in der Bereitstellung von Telekommunikationsdiensten und deren Qualität, sind an der Telekommunikationsplanung für ihre jeweiligen Gebiete und an der Vorbereitung von Lizenzentscheidungen sowie an der Überwachung des Betreiberverhaltens beteiligt[59]; sie fungieren insgesamt als eine organisierte Interessenvertretung der »kleinen« Telefonbenutzer: Sie nehmen einzelfallbezogene Beschwerden von Benutzern entgegen und vertreten deren Anliegen sowohl gegenüber den Betreibern[60] als auch gegenüber OFTEL[61]. Die Tätigkeitsberichte der Advisory Committees werden im Jahresbericht des OFTEL veröffentlicht.

Neben diesen als regionale Interessenvertretungen organisierten Country Advisory Committees ist auf der Grundlage des Telecommunications Act 1984 im Februar 1985 ein Advisory Committee on Telecommunications for Disabled and Elderly People eingerichtet worden, das die Interessen behinderter

57 OFTEL, Annual Report 1985, S. 52.

58 S. dazu oben, 1.) b. Zur Zusammensetzung der Country Advisory Bodies und ihrer Tätigkeit im einzelnen s. OFTEL, Annual Report 1984, S.35 ff.

59 Siehe z.B. Report of the Scottish Advisory Committee on Telecommunications for year ending 31 December 1985, in: OFTEL, Annual Report 1985, S. 60 f sowie ebd., Report of the Wales Advisory Commmittee, S. 66; ebd., Report of the Northern Ireland Advisory Committee, S. 71.

60 Beispiele finden sich im Report of the Scottish Advisory Committee on Telecommunications, in: OFTEL, Annual Report 1984, S. 37 und im Report of the Northern Ireland Advisory Committee on Telecommunications, in: OFTEL, Annual Report 1985, S. 73 f.

61 Siehe z.B. Report of the Northern Ireland Advisory Committee, in: OFTEL, Annual Report 1985, S. 71: Das Komitee war u.a. auf der Grundlage der in der an British Telecom erteilten Lizenz enthaltenen Auflage 23 an der Vorbereitung von Lizenzänderungsentscheidungen des OFTEL beteiligt; s. zur Absicherung der Beteiligungsrechte in der Lizenz: Licence granted by the Secretary of State for Trade and Industry to British Telecom under Section 7 of the Telecoms Act 1984, Condition 23.2.

und alter Menschen in die telekommunikationspolitischen Entscheidungsprozesse einbringen soll[62]. Ebenfalls der Vertretung schwach organisationsfähiger Interessen soll ein im Oktober 1985 gegründetes »Advisory Committee on Telecommunications for Small Businesses« dienen[63].
OFTEL sieht in den gesetzlich vorgesehenen Advisory Committees und den anerkannten örtlichen Benutzerorganisationen »a major element in influencing the development of telecommunications in the UK«[64]; eine ihrer derzeit zentralen Aufgaben ist die – in den Lizenzen der einzelnen Betreiber rechtlich abgesicherte – Beteiligung an der Vorbereitung von OFTEL-Entscheidungen, mit denen die Lizenzen geändert oder ergänzt werden[65].

3.) *Telekommunikationspolitik durch Lizenzierungsentscheidungen*

Netzerrichtung und -betrieb sowie die Diensteinrichtung und das Diensteangebot werden in Großbritannien auf der Grundlage des Telecommunications Act 1984 vom Wirtschaftsministerium bzw. von OFTEL reguliert. Wichtigstes Steuerungsinstrument sind dabei die Lizenzentscheidungen (a.), die – mangels gesetzlicher Grenzlinien zwischen »Telekommunikation« und »Datenverarbeitung« – mit der Genehmigung eines »Telekommunikationssystems« zugleich die Tätigkeitsbereiche der einzelnen Betreiber (b. bis d.) bzw. unterschiedlicher Klassen von Betreiber (e.) festlegen und so »Telekommunikation« und »Datenverarbeitung« einzelfall- (netz- und dienst-)bezogen einander zuordnen.

a.) Im Unterschied zum amerikanischen Regulierungsmodell, das im Ansatz auf der technisch-funktionalen Unterscheidung zwischen abstrakt-generell definierten Kategorien von Diensten beruhte (und diese Unterscheidung später in Einzelfällen vielfältig durchbrechen mußte), ist Grundlage des

62 Als vordringliche Probleme, mit denen es sich befassen will, nennt das Gremium u.a.: die Auswirkungen der Tarifgestaltung auf Alte und Behinderte; die als zu rigide empfundene Praxis der Stillegung von Telefonanschlüssen, die Auswirkungen der Einführung einer Gebührenpflicht für Fernsprechauskünfte auf sehbehinderte Menschen, vgl. Report of the Advisory Committee on Telecommunications for Disabled and Elderly People, in: OFTEL, Annual Report 1985, S. 76; s. auch S. 77 zur Zusammensetzung dieses Gremiums.
63 Vgl. OFTEL, Annual Report 1985, S. 78.
64 OFTEL, Annual Report 1984, S.18.
65 Siehe z.B. Licence granted by the Secretary of State for Trade and Industry to British Telecom under Section 7 of the Telecoms Act 1984, Condition 23.2.; s. auch Licence granted by the Secretary of State for Trade and Industry to Mercury Communications Ltd. under Section 7 of the Telecommunications Act 1984, Condition 22.2 .

britischen Regulierungsmodells der Rechtsbegriff des Telekommunikationssystems (telecommunications system) und zentrales telekommunikationspolitisches Steuerungsinstrument die Entscheidung über die Lizenzierung von Telekommunikationssystemen im Einzelfall. Der Telecommunications Act 1984 versteht unter einem Telekommunikationssystem (TK-System) jedes auf elektrischer, magnetischer, elektromagnetischer, elektrochemischer oder elektromechanischer Energie aufbauende Übertragungssystem, das der Übertragung (*conveyance*) von Sprache, Musik und anderen Geräuschen, Bildern oder Signalen dient[66].

Welche Dienste mit Hilfe eines TK-Systems angeboten werden dürfen, wer Diensträger sein darf und zu welchen Bedingungen einzelne Dienste erbracht werden dürfen, regelt das Gesetz nicht; die rechtsverbindliche Entscheidung über die Gestaltung des TK-Systems einschließlich der Diensteinrichtung und dem Dienstbetrieb trifft vielmehr die Regulierungsbehörde durch ihre Lizenzentscheidungen.

Dabei kann es sich um Einzelfallentscheidungen (individual licences) oder um Allgemeinverfügungen, also die Lizenzierung einer nach abstrakt-generellen Merkmalen beschriebenen Gruppe von Betreibern handeln (General Class Licence).

Diese Lizenzentscheidungen sind das Ergebnis komplexer Verwaltungsverfahren, an denen – wenn und soweit es sich um die Lizenzierung öffentlicher Betreiber handelt – neben den erwähnten organisierten Benutzergruppen auch das Parlament beteiligt ist[67].

Derzeit lassen sich drei Gruppen von lizenzierten Betreibern (und damit drei nach Adressaten und Regelungsgehalt verschiedene Arten von Lizenzen) unterscheiden:

- die Betreiber der öffentlichen Netze und Dienste (Public Telecommunications Operators -PTO's-),
- die Betreiber von Mehrwertdiensten (value added network services, im folgenden: VAN-Diensträger) und
- die Betreiber von privaten Nebenstellenanlagen-Netzen (Private Branch Systems -PBS-).

Während die Tätigkeit der beiden wichtigsten PTO's British Telecom und Mercury Communications Ltd. auf komplexen, einzelfallbezogenen Genehmigungen (individual licences) beruht, operieren die beiden letztgenannten Gruppen von Diensträgern auf der Grundlage von general class licences.

66 Vgl. Sect. 4 (1) Telecommunications Act 1984.
67 Vgl. Sect. 9 (2) Telecommunications Act 1984.

b.) Die PTO's sind die eigentlichen Träger (Errichter und Betreiber) der öffentlichen Telekommunikationssysteme, deren (Netz- und Dienstleistungs-) Merkmale gesetzlich vorgegeben sind. Dazu zählt die Bereitstellung von Telekommunikationsdiensten (die in der Lizenz näher zu spezifizieren sind), die Verpflichtung zur Gewährung von Netzzugang, ein Diskriminierungsverbot und eine Tarifierungspflicht nach Maßgabe der Lizenzbestimmungen[68].
Als landesweite PTO's lizenziert sind bislang BT und MCL; den Bestand dieses rechtlich abgesicherten Duopols hat die Regierung bis mindestens 1990 garantiert. Von örtlich begrenzter Bedeutung ist das als öffentliches TK-System lizenzierte Telefonnetz der Stadt Hull. Auf den mobilen Funktelefondienst begrenzt sind die beiden nationalen Cellular Radio Networks Cellnet und Racal Vodfone[69].
Die mit der Lizenzierung als PTO verbundenen gesetzlichen Rechte (vor allem die Gewährung von Wegerechten) und Pflichten (vor allem die Verpflichtung, Netze und Dienste landesweit zu nicht-diskriminierenden Bedingungen und auf der Grundlage veröffentlichter Tarife bereitzustellen), sind in den umfangreichen Lizenzen, die BT und MCL erteilt worden sind, im einzelnen spezifiziert.

c.) Die mit Wirkung vom 5. August 1984 auf der Grundlage von Sect. 7 des Telecommunications Act an BT erteilte Lizenz umfaßt die in drei Paragraphen enthaltene Genehmigung zum Betrieb des – in einem ausführlichen Anhang näher beschriebenen – Telekommunikationssystems, 53 – zum Teil sehr detaillierte – Bedingungen (Conditions), Regelungen des Widerrufs der Lizenz (Schedule 2), die Genehmigung zur Verbindung des BT-Netzes mit anderen Telekommunikationsnetzen und zur Erbringung von Telekommunikationsdiensten (Schedule 3) sowie eine Präzisierung der wegerechtlichen Befugnisse von BT (Schedule 4).
Die Lizenz hat eine Laufzeit von 25 Jahren und kann danach unter Einhaltung einer zehnjährigen Frist widerrufen werden.
Änderungen der Lizenzierungsbedingungen können vom OFTEL grundsätzlich nur mit Zustimmung des Unternehmens oder im Einvernehmen mit der Monopolies and Merger Commission in einem formalisierten Verfahren unter Öffentlichkeitsbeteiligung vorgenommen werden[70].
Die Lizenz enthält die Bedingungen der Netz- und Diensträgerschaft von BT: Als PTO ist BT verpflichtet, landesweit jedermann Fernsprechdienste und

68 Vgl. Sect. 8 (1) (a)-(e) iVm Sect. 9 (3) Telecommunications Act 1984.
69 S. bereits oben, 1.) b.
70 Vgl. Sect. 12 und 13 Telecommunications Act 1984.

»andere Telekommunikationsdienste« zu erbringen, die in der Übermittlung von Nachrichten (»the conveyance of messages«) bestehen.
Dem Rechtsbegriff der Nachrichtenübertragung (»conveyance of messages«), der in der Lizenz im Sinne von Sect. 4 (7) des Telecommunications Act gebraucht wird[71], hat jedoch – wie noch zu zeigen sein wird[72] – für das britische Regulierungsmodell nicht die gleiche grundlegende Bedeutung wie im amerikanischen Telekommunikationsrecht.
Nach Auflage 1 der Lizenz ist BT verpflichtet, im Rahmen des Zumutbaren jedermann und im gesamten Staatsgebiet Fernsprech- und andere Nachrichtenübermittlungsdienste zu erbringen. Diese Rechtspflicht erstreckt sich auch auf ländliche Gebiete (rural areas), kann aber vom Director of Telecommunications eingeschränkt werden, wenn der bestehende Bedarf nicht angemessen (reasonable) ist oder auf andere Art und Weise angemessen befriedigt werden kann[73].
Zu den weiteren, in der Lizenz im einzelnen spezifizierten gemeinwirtschaftlichen Aufgaben (public service obligations) von BT gehören:
- die Bereitstellung eines Fernsprechteilnehmer-Auskunftsdienstes (directory information)[74]
- die Verpflichtung zur Entstörung von Netzeinrichtungen und Endgeräten im Rahmen der von BT angebotenen Dienste[75],
- die Verpflichtung zur Bereitstellung von Notrufdiensten (public emergency call service) einschließlich eines Seenotrufdienstes (maritime emergency services), deren Dienstprofile in der Lizenz im einzelnen beschrieben sind[76],
- die Bereitstellung von öffentlichen Fernsprechapparaten (public call box services), für deren Plazierung, Ausstattung, Errichtung und Abbau die Lizenz detaillierte Regelungen enthält[77],

Die von BT wahrzunehmenden sozialwirtschaftlichen Aufgaben werden auf der Grundlage von Telecommunications Act von 1984 aus Netzzugangsgebühren (access charges) finanziert, die von den an das BT-Netz angeschlossenen

71 »...«(C)onvey includes transmit, switch and receive and cognate expressions shall be construed accordingly«.
72 S. unten, 4.) c.
73 Vgl. Licence granted by the Secretary of State for Trade and Industry to British Telecom under Section 7 of the Telecommunications Act 1984, Conditions 1 and 2, im folgenden zit. als *BT-Lizenz*.
74 *BT-Lizenz*, Condition 3.
75 *BT-Lizenz*, Condition 4.
76 *BT-Lizenz*, Condition 6-9.
77 *BT-Lizenz*, Condition 11.

Netz- und Diensträgern (und von BT selbst) zu entrichten sind. Diese *access charges* müssen für alle Zahlungspflichtigen gleich sein und bedürfen der Genehmigung durch den Director General[78].

Nach Auflage 13 der Lizenz ist BT verpflichtet, die Netze anderer (durch Einzelfallentscheidungen lizenzierter) öffentlicher Netzträger an ihr Netz anzuschließen. Die Bedingungen dieses Netzzugangs (interconnection) müssen grundsätzlich zwischen BT und dem zugangsuchenden Netzträger ausgehandelt werden; kommt keine Einigung zustande, so werden die Bedingungen des Netzzugangs vom Director General of Telecommunications festgelegt[79]. Von dieser Möglichkeit hat OFTEL im Oktober 1985 »after consideration of extensive submissions by the parties and after numerous meetings with them« Gebrauch gemacht, nachdem sich BT nicht mit MCL über die Bedingungen für deren Netzzugang einigen konnte[80].

Auch sonstigen (Netz- und) Diensträgern – etwa den Anbietern von Mehrwertdiensten oder von zugelassenen Endeinrichtungen – muß BT an einer festzulegenden Schnittstelle (network termination point) den Netzzugang nach Maßgabe der in der Lizenz festgelegten Bedingungen ermöglichen. Keine Anschlußpflicht besteht, wenn durch den Netzzugang Menschen gefährdet oder die technische Funktionsfähigkeit der öffentlichen Netze oder Dienste beeinträchtigt würden[81].

Die interne Subventionierung einzelner von BT angebotener Dienste ist weitgehend eingeschränkt und unterliegt der Kontrolle durch OFTEL. Die Behörde ist verpflichtet, geeignete Maßnahmen zu ergreifen, wenn die Bereitstellung und die Produktion von Endgeräten, die mobilen Landfunkdienste und Mehrwertdienste wettbewerbswidrig (unfairly) quersubventioniert werden[82].

Bis zum 1. April 1987 mußte BT eine getrennte Kostenrechnung für diese Dienstzweige aufgebaut haben, die OFTEL die Überwachung des Wettbewerbsverhaltens ermöglichen soll[83].

Diese wettbewerbsrechtlichen Instrumente werden durch organisatorische Grenzlinien und Verfahrensvorschriften ergänzt:

Die Produktion nachrichtentechnischer Geräte muß von der Netz- und Diensträgerschaft getrennt sein; die Einkaufsentscheidungen von BT als

78 *BT-Lizenz*, Condition 19.

79 Zu Einzelheiten s. *A. Heuermann/K.-H. Neumann*, Liberalisierung, S. 215 f.

80 S. dazu und zu den Grundsätzen dieser interconnection-Lizenz OFTEL, Annual Report 1985, S. 15 f.

81 *BT-Lizenz*, Condition 14.

82 *BT-Lizenz*, Condition 18.

83 *BT-Lizenz*, Condition 18, 20.

Netzträger müssen auf der Grundlage eines formalisierten Ausschreibungsverfahrens (open tender procedure) getroffen werden und unterliegen der Kontrolle von OFTEL, um BT an der wettbewerbswidrigen Bevorzugung geräteherstellender Tochterunternehmen zu hindern[84].
Auch die Grenzlinie zwischen Netz und Endgeräten wird rechtlich geschützt: Soweit BT mit Hilfe seines Netzes sowohl Dienste als auch die dazugehörenden Endeinrichtungen anbietet, müssen konkurrierenden Anbietern von Endeinrichtungen und deren Kunden die gleichen Dienstbenutzungsbedingungen gewährt werden wie denen von BT. Der Benutzer soll, unabhängig davon, wer seine Endeinrichtung bereitgestellt hat, die gleiche (Netz-)Dienstleistung erhalten[85].
Eine Bündelung von Dienstleistungen (linked sales), durch die der Benutzer verpflichtet wird, Telekommunikationsdienste nur mit Hilfe von BT bereitgestellter Endeinrichtungen in Anspruch zu nehmen, ist grundsätzlich untersagt. Soweit solche Dienstleistungsbündel angeboten werden, müssen die Tarife einzelnen aufgeschlüsselt werden[86].
Bei seinen Netz- und Dienstbenutzungsentscheidungen unterliegt BT einer weitgehenden Preisregulierung: Sie betrifft vor allem die Tarife für Mietleitungen, die Anschlußgebühren und die Tarife für Orts- und Ferngespräche[87]. In der Preisgestaltung für die außerhalb dieses Dienstespektrums liegenden Dienste ist BT frei von Preisregulierung, unterliegt aber einer Mißbrauchsaufsicht durch OFTEL[88].
Erforderlich wurde diese Preisregulierung vor allem deshalb, weil abzusehen ist, daß BT wenigstens mittelfristig der marktbeherrschende Anbieter herkömmlicher Fernsprechdienste und Mietleitungen bleiben würde. Die Preisregulierung dient damit einerseits dem Schutz der Telefonkunden vor einem Mißbrauch dieser Marktmacht und andererseits dem Schutz konkurrierender Anbieter von Diensten in nicht-preisregulierten Bereichen vor einem differenzierenden Preissetzungsverhalten in Monopolisierungsabsicht (*predatory pricing*)[89].

Nach Condition 24 der Lizenz darf BT bis 1989 seine Tarife für den Netzanschluß von privaten und geschäftlichen Benutzern (Grundgebühren),

84 *BT-Lizenz*, Condition 21; zur Ausübung dieser Kontrolle s. OFTEL, Annual Report 1985, S. 19 f.

85 *BT-Lizenz*, Condition 22.

86 *BT-Lizenz*, Condition 35.

87 Vgl. *BT-Lizenz*, Condition 24. Die preisregulierten Dienste machten für das Geschäftsjahr 1983/84 insgesamt 55% des Umsatzes von BT aus, vgl. *A. Heuermann/K.-H. Neumann*, S. 211.

88 Zur Ausübung dieser Aufsicht s. OFTEL, Annual Report 1984, S. 24.

89 S. zu diesen Erwägungen OFTEL, Annual Report, 1985, S. 8 f.

für Orts- und für Ferngespräche pro Jahr um nicht mehr als die allgemeine Preissteigerungsrate (Retail Price Index) minus drei Prozent erhöhen. Diese sog. RPI-3 rule[90] gilt nicht für jeden der regulierten Dienste einzeln, sondern wird auf den gewichteten durchschnittlichen Preisanstieg der Dienste insgesamt – »basket of services« – angewandt, wobei jeder Dienst mit seinem Anteil am Umsatz von BT gewichtet wird[91].
Die Entscheidung für diese Art der partiellen Preisregulierung – und gegen die zunächst ins Auge gefaßte Gewinnratenregulierung (*rate of return regulation*)[92] – wurde damit begründet, daß die Festlegung einer zulässigen Gewinnrate zu ineffizientem Verhalten des Monopolisten führe, weil sie ihm die Weitergabe der Kosten an die Verbraucher zu leicht mache und innovationshemmend wirke[93]. Demgegenüber werde durch die Verknüpfung der (zulässigen) Tarife mit der Inflationsrate ein Anreiz zu effizientem Wirtschaften und innovativem Verhalten gegeben[94].
Die Problematik dieser als »attractively simple« bezeichneten Regel liegt freilich zum einen darin, daß sie auf Prognosen von Innovations- und Rationalisierungsspielräumen beruht: »...The choice of a formula that will put just the right amount of pressure on a business to perform efficiently is a matter of considerable difficulty«[95].
Zum anderen hindert die RPI-3-Regel BT nicht an Umverteilungsentscheidungen, die zum Teil schon vor der Privatisierung in den Jahren 1980 bis 1982 durch eine stärker kostenorientierte Tarifierung vorbereitet wurden: Innerhalb des »Preiskorbes« kann BT die Tarife für die darin enthaltenen Dienste beliebig verändern; dabei zeichnet sich eine deutliche Erhöhung der Tarife für Ortsgespräche zugunsten einer Reduzierung der Tarife für Ferngespräche ab[96].

90 Zu Einzelheiten s. OFTEL, Annual Report 1984, S. 23 f. Zu alternativen, in Großbritannien erörterten Möglichkeiten der Preisregulierung *A. Heuermann/K.-H. Neumann*, S. 200-212.
91 Dazu ausf. OFTEL, Annual Report 1985, S. 8 ff.
92 Allg. zur *rate of return regulation* s. *J. Müller/I. Vogelsang*, Staatliche Regulierung, S. 47 ff; die von einer interministeriellen Arbeitsgruppe zunächst vorgeschlagene Form der Gewinnratenregulierung von BT schildern *A. Heuermann/K.-H. Neumann*, Liberalisierung, S. 203-206.
93 OFTEL, Annual Report 1985, S. 8; ausf. dazu *S.C. Littlechild*, Regulation of British Telecommunication's Profitability, London 1983, S. 17 ff.
94 S. dazu *S.C. Littlechild*, Regulation of British Telecommunication's Profitability, London 1983 sowie die Darstellung bei *A. Heuermann/K.-H. Neumann*, Liberalisierung, S. 207-210.
95 OFTEL, Annual Report 1985, S. 9.
96 Zu den Einzelheiten s. OFTEL, Annual Report 1985, S. 10; s. auch – zu den schon vor der Privatisierung von BT und mit Blick auf den künftigen Wettbewerb durchgeführten Preisstruktur- und Preisniveauveränderungen mit dem Ziel kostenorientierter Tarife – *A. Heuermann/K.-H. Neumann*, Liberalisierung, S. 299 ff und neuerdings OFTEL, Review of British Telecom's Tariff Changes, November 1986, Report issued by the Director General of Telecommunications.

Eine Kontrolle dieser Tarifstrukturänderungen unter verteilungspolitischen Gesichtspunkten lehnt OFTEL ab; in seinem Jahresbericht für 1985 stellte der Director General fest:

> »I do not think it would be appropriate for me to seek to impose a balance of prices in a way that was motivated primarily by a desire to achieve some particular redistribution of income among members of the community nor do I think that my powers would permit me to do this. I must limit my studies to economic factors and to such matters as the provision of adequate services in rural areas and for elderly and disabled people – matters explicitely referred to my duties under the 1984 Act«[97].

Insgesamt zeigt sich, daß die Tarifregulierung und die Kontrolle (auch) der außerhalb des tarifregulierten Bereichs verlangten Preise (beispielsweise für Mietleitungen und für Netzzugangsleitungen)[98] zu einem Schwerpunkt der Tätigkeit von OFTEL wird, das damit an die Grenzen seiner Arbeitskapazitäten stößt[99].

Zu den Grundentscheidungen der britischen Telekommunikationspolitik zählt das grundsätzliche Verbot des bloßen Wiederverkaufs von Mietleitungen: Damit soll verhindert werden, daß mit BT konkurrierende Betreiber Mietleitungen auf besonders verkehrsintensiven Strecken zur Tarifarbitrage benutzen[100]. Für das *resale*-Verbot dürfte eine Vielzahl von Gründen ausschlaggebend gewesen sein: Zum einen die Möglichkeit gesamtwirtschaftlicher »Effizienzverluste« – deren Eintritt freilich in der ökonomischen Diskussion umstritten ist[101] –, zum zweiten – sehr viel konkreter – das politische Interesse der Regierung, das gerade privatisierte Unternehmen BT vor Einnahmeverlusten zu bewahren sowie drittens die Absicherung des Duopols von BT und MCL.

97 OFTEL, Annual Report 1985, S. 10.

98 S. dazu OFTEL, Annual Report 1985, S. 11 f.

99 Vgl. OFTEL, Annual Report, S. 8; OFTEL verfügte Ende 1985 über 89 Vollzeitbedienstete und vier Teilzeitbedienstete; bis Ende 1986 soll sich die Zahl der Bediensteten auf 120 erhöhen.

100 Zum Problem der Tarifarbitrage s. bereits oben, A. II. 2. und III. 3.; zu den Möglichkeiten der Tarifarbitrage angesichts der Tarifstruktur von BT, die – inzwischen zum Teil abgebaute – starke interne Subventionierungen zwischen Fern- und Ortsbereichen aufwies, s. *A. Heuermann/K.-H. Neumann*, Liberalisierung, S. 119 ff.

101 S. dazu einerseits *G. Knieps*, Entstaatlichung, S. 186 f, der sich vom Wiederverkauf »das Entstehen von Telekommunikationsagenturen oder -vermittlern« verspricht, »die durch das Aufspüren und Ausnutzen von spezifischen Marktchancen zugleich zu einer besseren Abstimmung von Telekommunikationspotential und -bedarf beitragen«; ganz ähnlich schon *G. Knieps/J. Müller/C. Chr. v. Weizsäcker*, Die Rolle des Wettbewerbs im Fernmeldebereich, Baden-Baden 1981, S. 144; anders wohl *A. Heuermann/K.-H. Neumann*, Liberalisierung, S. 119 f.

Das *resale*-Verbot findet sich indirekt in der BT-Lizenz, durch deren Condition 46 BT als wichtigster Anbieter von Mietleitungen ermächtigt wird, den Anschluß solcher Betreiber zu verhindern, die »simple resale services« anbieten wollen. Durch diese Übertragung von Dienstzulassungsentscheidungen auf den marktbeherrschenden Netzträger vermeidet das britische Regelungsmodell einerseits die administrativen Kosten, die mit einer etwa von OFTEL zu treffenden Zulassungsentscheidung verbunden wären, und gewährleistet doch – wegen des Eigeninteresses von BT, die Konkurrenz von rosinenpickenden »Wiederverkäufern« zu verhindern – eine lückenlose Einhaltung des *resale*-Verbots.
Das Verbot des Wiederverkaufs ist zunächst bis zum 1. Juli 1989 befristet; bis dahin will die Regierung darüber entscheiden, ob das Verbot dann aufgehoben oder verlängert werden soll.

d.) Der zweite nationale Betreiber eines öffentliche Telekommunikationssystems (Public Telecommunications Operator) in Großbritannien ist Mercury Communications Ltd. (MCL).
Die der MCL im November 1984 erteilte Lizenz ist darauf angelegt, durch eine gegenüber BT »asymmetrische« Regulierung die Wettbewerbsvorteile des marktbeherrschenden Unternehmens zu kompensieren[102].
Im Unterschied zu BT ist MCL weder verpflichtet, seine Dienste als *universal service*, also landesweit für jedermann zu erbringen, noch unterliegt sie der Verpflichtung zu sozialwirtschaftlichen Diensten (Notrufdienst, öffentliche Fernsprechapparate, Seefunkdienste)[103].
Angesichts ihrer Marktposition unterliegt MCL auch keiner Preiskontrolle, die Lizenz beschränkt jedoch die interne Subventionierung einzelner Dienstleistungen in ähnlicher Weise wie bei BT.
Die Lizenz enthält außerdem Zielvorgaben für den Netzaufbau – fünf Jahre nach der Lizenzierung muß das Netz neunzehn Städte erschließen – und Regeln für die Netz- und Dienstbenutzung (Netzzugangsverpflichtung, Diskriminierungsverbot, Verpflichtung zur Veröffentlichung der Benutzungsbedingungen).

e.) Eine weitere Lizenz genehmigte die Errichtung und den Betrieb von Telekommunikationssystemen für eine Vielzahl von Betreibern: Es handelte

102 Zu Einzelheiten s. Licence Granted by the Secretary of State for Trade and Industry to Mercury Communications Ltd. Under Section 7 of the Telecommunications Act, 1984, im folgenden zitiert als: *MCL-Lizenz*.
103 *MCL-Lizenz*, Condition 1-7.

sich um eine *Class Licence*, die den Betrieb von sogenannten Mehrwertdiensten (Value Added Network Services – VAN-Dienste) genehmigte[104].
Die rechtlichen Rahmenbedingungen für die Zulassung von VAN-Diensträgern haben sich parallel zur Verselbständigung des Netzträgers BT verändert: Der Telecommunications Act von 1981 hatte den Wirtschaftsminister ermächtigt, im Benehmen mit der damals noch nicht privatisierten BT andere Diensträger zu lizenzieren oder diese Diensteinrichtungsentscheidung auf BT zu delegieren[105].
Praktisch hatte damit BT einen beträchtlichen Einfluß auf die Diensteinführungsentscheidungen und die Zulassung konkurrierender Diensträger.
Auf der Grundlage des Telecommunications Act von 1981 erließ der Wirtschaftsminister Ende 1982 eine Allgemeinverfügung (General Licence) mit der die Einrichtung und der Betrieb von Value Added Services allgemein genehmigt wurde[106].
Die Diensträger unterlagen damit keiner Genehmigungspflicht im Einzelfall mehr, sondern wurden lediglich registriert.
Inhaltlich bestimmte die General Licence, daß Mehrwertdienst-Netze (1) nicht miteinander, sondern nur mit einem der beiden öffentlichen Telekommunikationsnetze verbunden werden und (2) nicht der bloßen Nachrichtenübertragung dienen durften, sondern tatsächlich Mehrwertdienste erbringen mußten. Eine rechtlich verbindliche, definitorische Abgrenzung der Mehrwertdienste von den Übertragungsdiensten sah die General Licence nicht vor; in einer Informationsschrift für potentielle Diensträger findet sich lediglich eine wenig aufschlußreiche Leitlinie, aus der sich nur ergibt, daß ein Mehrwertdienst »andere« Funktionen erfüllen muß als die bloße Nachrichtenübertragung (conveyance of messages)[107].
Anstelle einer Definition enthielt die General Licence eine Auflistung von siebzehn zulässigen Mehrwertdiensten, darunter automatische Platzbuchungsdienste, Konferenzgesprächsdienste, Mailboxdienste, Rundsenden an mehre-

104 General Licence Under Section 15 (1) for Telecommunications Systems Used in Providing Value Added Network Services, 1982 (abgek.: VANS-Lizenz 1982); zu neueren Entwicklungen s. unten, 4.).

105 Sect. 15 (1) (b) Telecommunications Act 1981.

106 General Licence under Section 15 (1) for Telecommunications Systems Used in Providing Value Added Network Services 1982; eine kurze Inhaltsangabe findet sich in *A. Heuermann/K.-H. Neumann*, Liberalisierung, S. 107 ff.

107 Vgl. Department of Trade and Industry, Value Added Network Services, Suppliers Guide, London 1984: »A value added network service is a telecommunication system consisting of apparatus which is connected to a public telecommunications system...for the purpose of providing services to third parties, other than the conveyance of telecommunications alone. A straight telecommunications message may be conveyed if it is to at least two people other than the VANS operator (or licensee) and the person originating the message«.

re Empfänger, Geschwindigkeits- und Codeumwandlungsdienste für die Nachrichtenübertragung zwischen inkompatiblen Endeinrichtungen, Kunden-Datenbankdienste, Bildschirmtextdienste[108].
Im Oktober 1985 waren 164 VAN-Dienstträger registriert, die 688 Dienste (darunter 89 Anrufbeantwortungs- und Sprachspeicherungsdienste, 71 Mailbox- und ebenso viele Protokollumwandlungsdienste) anboten[109].
Zu den wichtigsten VAN-Dienstträgern zählen IBM und BT, wobei letztere unter anderem den Bildschirmtextdienst Prestel, Datenverarbeitungsdienste und electronic mail-Dienste anbietet[110].
BT wurde verpflichtet, VAN-Dienstträgern den Zugang zu seinem Netz zu ermöglichen, es sei denn, der VAN-Dienst stellte in Wirklichkeit einen bloßen Wiederverkauf der von BT gemieteten Leitungen (mit der Gefahr des *cream skimming*) dar[111].

f.) Wie die VAN-Dienste so wurden auch die aus privaten Nebenstellenanlagen zusammengeschalteten Netze – sog. Private Branch Telecommunications Systems – durch eine Allgemeinverfügung (class licence) genehmigt[112].
Nach dieser sog. Branch Systems General Licence vom 3. August 1984 durften Nebenstellenanlagen zwar nicht mit dem öffentlichen Telekommunikationsnetz verbunden werden, wohl aber mit Hilfe von Mietleitungen untereinander. Um Tarifarbitrage auszuschließen, war es jedoch verboten, Nebenstellenanlagen zur Vermittlung von Telekommunikation zwischen dem öffentlichen Netz und einer weiteren Nebenstellenanlage einzusetzen.

4.) *Lizenzierungsentscheidungen und Marktmachtkontrolle*

Sowohl die Lizenz für VAN-Dienstträger als auch die Branch Systems General Licence wurden Anfang 1987 an neue technische Entwicklungen und geänderte Marktstrukturen angepaßt.

108 Eine vollständige Aufstellung mit Angabe der Zahl der für die einzelnen Dienste bis zum Frühjahr 1985 vergebenen Lizenzen findet sich bei *A. Heuermann/K.-H. Neumann*, Liberalisierung, S. 110.

109 Aufstellung in OFTEL News, No. 1 (1985), S. 7.

110 Zu den auf Vertragsgrundlage beruhenden Rechtsbeziehungen zwischen BT und den Informationsanbietern im Rahmen des Prestel-Systems siehe *Claire Monville*, Le Statut de la Télématique Grand-Public en Grande-Bretagne, Typoskript, FAST-Projekt des Centre de Recherche Informatique et Droit, Namur 1985, S. 12 ff.

111 Sect. 12 (7) Telecommunications Act 1984; zur Umsetzung dieser Verpflichtung in der BT-Lizenz s. bereits oben, c.

112 Class Licence for the Running of Branch Telecommunications Systems, 1984. Zur neueren Entwicklung s. sogleich, unter 4.)

Die nach einem komplexen Anhörungsverfahren zustandegekommene neue Branch Systems General Licence weitet – auf der Grundlage neuerer Regulierungserfahrungen – die Möglichkeiten der Querverbindungen zwischen privaten Nebenstellenanlagen aus[113].

a.) Die neue Lizenz für die Träger von Mehrwert- und Datendiensten – die »Class Licence for the Running of Telecommunications Systems Providing Value Added and Data Services« (VADS-Licence) – ist in einem im Juni 1985 eingeleiteten, mehrstufigen und komplexen Verwaltungsverfahren vorbereitet worden und wurde am 30. April 1987 vom Minister of State for Industry and Information Technology erteilt; sie wird ergänzt durch eine VADS-Lizenz für die mit einem Public Telecommunications Operator verbundenen Diensttrager[114].

Die wesentlichen Neuerungen der VADS-Lizenz sind:

- eine Ausweitung des Regelungsgegenstandes von value added services auf data services (Datenverarbeitungs- *und* -übertragungsdienste) und damit eine Verschiebung der Grenzlinien zwischen dem rechtlich abgesicherten Monopolbereich der PTO's und den für die (Mehrwert- und Datendienste anbietenden) VAD-Diensttrager eröffneten Tätigkeitsbereichen,
- eine Unterscheidung zwischen nicht-marktmächtigen und marktmächtigen VAN-Diensttragern, die verschärften wettbewerbsrechtlichen Regeln unterworfen werden,
- die Verpflichtung marktmächtiger VAD-Diensttrager, den Zugang zu ihren Netzen nach Maßgabe von OSI-Standards zu ermöglichen.

Die Entstehungsgeschichte der VADS-Lizenz spiegelt – in ähnlicher Weise wie die telekommunikationspolitischen Entwicklungen von der *Computer-I-* zur *Computer-III*-Entscheidung in den USA – die Probleme telekommunikationsrechtlicher Ein- und Abgrenzungen angesichts der Verknüpfung von Nachrichtenübertragung und Datenverarbeitung und der damit verbundenen Umschichtungen ökonomischer Interessen.

113 Class Licence for the Running of Branch Telecommunications Systems Granted by the Secretary of State for Trade and Industry Under Section 7 of the Telecommunications Act 1984, 25 Februar 1987; zu Vorstadien s. OFTEL, Draft: Explanatory Guide to the Licence for the Running of Branch Telecommunications Systems, Dokument PD2AAD, London o.J. (1986).

114 Department of Trade and Industry, Class Licence for the Running of Telecommunications Networks Providing Value Added and Data Services Granted by the Secretary of State for Trade and Industry Under Section 7 of the Telecommunications Act 1984, 30 April 1987, im folgenden zit. als VADS-Lizenz; Telecommunications Act 1984, Section 7 Class Licence for the Running of Telecommunication Systems by PTO Group Associates to Provide Value Added and Data Services.

b.) Einer der ausschlaggebenden Gründe für die Neuregelung der Mehrwertdienste war das Vorhaben von BT und IBM, ein gemeinsames Daten(verarbeitungs)netz (»managed data network«) zu errichten, das dazu dienen sollte, eine Vielzahl von Mehrwertdiensten (z.B. Datenbank-, Buchhaltungsdienste, electronic mail) anzubieten. Zugleich sollte dieses Netz auch anderen Trägern von Mehrwertdiensten als Übertragungsnetz zur Verfügung stehen und außerdem der Datenübertragung dienen. Die technischen Netzstandards sollten sich nach den Regeln der von IBM entwickelten »Systems Network Architecture« (SNA) richten. Die britische Regierung hatte das Vorhaben im Herbst 1984 aus wettbewerbspolitischen Gründen abgelehnt: Das gemeinsame Vorhaben hätte die marktbeherrschende Stellung von IBM auf dem Computermarkt ausgeweitet und den beiden Unternehmen mit der Möglichkeit zur Einführung einer Vielzahl von Mehrwertdiensten (und der Kontrolle des Netzzugangs mit Hilfe technischer Standards) zugleich die Möglichkeit zur Monopolisierung des Marktes für Mehrwertdienste eröffnet[115].
Die von BT und IBM unterbreiteten Netz- und Diensteinrichtungspläne hatten jedoch gezeigt, »that there were telecommunication services whose provision the Government would wish to authorize«[116].
Dies setzte allerdings eine Änderung der von der bestehenden VAN-Lizenz (1984) gezogenen Grenzlinien und die Schaffung telekommunikations- (und wettbewerbs-)rechtlicher Regeln zur Kontrolle marktbeherrschender Betreiber voraus[117].
Anders gesagt: Die Regulierungsbehörde mußte neue Dienstprofilentscheidungen treffen und die rechtlichen Bedingungen der Dienstträgerschaft festlegen. Das geschieht in der Form abstrakt-genereller, zu einer neuen *class licence* zusammengefaßter Regeln.

c.) Nach dem ursprünglich vom Department of Industry unterbreiteten Regelungsvorschlag[118] sollte die Kategorie der Mehrwertdienste ausgeweitet und eine weitere Kategorie zu regulierender Dienste geschaffen werden: die Datenverarbeitungsdienste (Managed Data Network Services -MDNS-), die

115 OFTEL, Annual Report 1984, S. 11. Zu Einzelheiten s. *R.R. Bruce/J.P. Cunard/M.D. Director*, Telecommunications, Vol. 5, S. 72-75.
116 Department of Trade and Industry, Government Proposals for the Future Licensing of Value Added and Data Services: A Consultative Document, London, 6. Juni 1985.
117 Vgl. OFTEL, First Report, S. 11 und den Hinweis in Department of Trade and Industry, Government Proposals for the Future Licensing of Value Added and Data Services: A Consultative Document, 6. Juni 1985, S. 7.
118 Er findet sich in Department of Trade and Industry, Government Proposals for the Future Licensing of Value Added and Data Services: A Consultative Document, 6. Juni 1985.

auf der Grundlage von Einzelfallentscheidungen lizenziert werden sollten[119]. Als Mangel der bisherigen VANS-Lizenz (1984) sah es das Department of Trade and Industry an, daß sie nicht definiert, was ein »value added network service« ist, sondern sich auf eine allgemein gehaltene Klassifizierung der Mehrwertdienste gestützt habe. Dadurch habe sich eine Grauzone zwischen den beiden Regulierungskategorien »basic conveyance« und »value added« gebildet, die dazu geführt habe, daß den Anwendern »bestimmte Dienste vorenthalten wurden und Innovation behindert wurde«[120].

Andererseits erkannte das Department auch die Problematik einer trennscharfen definitorischen Abgrenzung der Kategorien »basic conveyance« und »value added« und der als dritte Kategorie ins Auge gefaßten »managed data network services«, die »essentially a basic conveyance service and not a value added service« seien[121].

Der Vorschlag des Department lautete deshalb, nur die Grenzlinie zwischen »basic conveyance« und »value added« präziser zu ziehen und »managed data networks« im Einzelfall zu lizenzieren, wenn sie Datenübertragungs- oder -verarbeitungsdienste mit Ausnahme von Fernsprechdiensten (»live speech«) anbieten, ohne daß die Gefahr einer Verkürzung der Tarifeinnahmen bei den PTO's besteht[122].

Als Grenzlinie zwischen »basic conveyance« und Mehrwertdiensten – und damit als dienstebezogene Grenzlinie zwischen einzelnen Betreibern – schlug das Department of Trade folgende Definition vor:

> »Übertragung einer Nachricht mittels eines Telekommunikationssystems an einen bestimmten Empfänger, der sich aus einer in der Nachricht enthaltenen oder mit ihr verbundenen Adresse ergibt, wobei die Nachricht vom System in derselben Form wiedergegeben wird in der sie eingegeben wurde ohne daß im Verlauf der Übertragung zusätzliche Dienste bezüglich der Nachricht erbracht wurden außer solchen, die ihre genaue, zuverlässige und kostensparende Übertragung an ihren Empfänger ermöglichen oder erleichtern«[123].

119 Department of Trade and Industry, Proposals, S. 9.

120 Department of Trade and Industry, Proposals, S. 14.

121 Department of Trade and Industry, Proposals, S. 15.

122 Department of Trade and Industry, Proposals, S. 22 f.

123 Department of Trade and Industry, Proposals, S. 16 (Übersetzung des Verf., der Originaltext lautet: »The conveyance of a message by means of a telecommunications system to a single destination which may be derived from an address contained in or associated with the message so that it is delivered by the system in the same form that it was received without any additional services having been provided in respect of the message in the course of conveyance except such services as permit or facilitate its conveyance to its destination in an accurate, reliable and economical manner«.

Dieser Vorschlag hätte zu einer Annäherung des britischen Regulierungsmodells an das in der *Computer II*-Entscheidung der amerikanischen FCC entwickelte Modell geführt: Auf der Grundlage einer an technisch-funktionalen Kriterien ausgerichteten telekommunikationsrechtlichen Unterscheidung wäre über die Zulässigkeit einzelner Dienste bzw. Dienstmerkmale zu entscheiden gewesen. Daß – auch nach dem Vorschlag des Department of Industry – kein förmliches Zulassungsverfahren für VAN-Diensträger mehr stattfinden sollte, hätte an der Notwendigkeit solcher Abgrenzungsentscheidungen nichts geändert: Dienste, die aus dem definitorischen Rahmen herausgefallen wären, hätten nach der bestehenden Regelungsstruktur vom OFTEL untersagt werden müssen.

Der Vorschlag des Department of Industry stieß im Verlauf des Anhörungsverfahrens[124] auf breiten Widerstand. Selbst das OFTEL – dem die Aufgabe zugefallen wäre, die Beachtung der Grenzlinien zu überwachen, – sprach sich nachdrücklich gegen die Einführung abstrakt-generell definierter Dienste-Kategorien als Grundlage für Diensteinführungsentscheidungen aus: Die Regulierungskategorien müßten einfach sein, um von Diensträgern und Benutzern verstanden zu werden und um administrativ durchsetzbar zu sein[125].

d.) In einem zweiten Verfahrensschritt schlug das Department of Trade and Industry nach der Auswertung dieser und über sechzig weiterer Stellungnahmen und einer Anhörung[126] eine der britischen Regulierungsstruktur stärker angepaßte Grenzziehung vor: Die neue VADS-Lizenz sollte die Errichtung und den Betrieb von Telekommunikationsnetzen für die Bereitstellung (1) aller Übertragungsdienste (basic conveyance services) mit Ausnahme des Fernsprechdienstes und des Telexdienstes (voice and telex) und (2) alle Mehrwertdienste gestatten[127].

Mit diesem Regelungsvorschlag trug das Department dem Umstand Rechnung, daß die inhaltlichen Entscheidungen über die Abgrenzung der Tätigkeitsbereiche einzelner Betreiber von Vorentscheidungen telekommunikationspolitischer Zielkonflikte und von Grundsatzentscheidungen über die

124 Zur verfahrensrechtlichen Strukturierung solcher Verfahren s. bereits oben, 1.) c.

125 OFTEL, Annual Report 1985, S. 42.

126 An dieser Anhörung beteiligten sich 120 Vertreter u.a. von VAN-Dienstanbietern und Benutzern, Geräteherstellerfirmen und Verbänden, vgl. OFTEL News 2 (March 1986), S. 1.

127 OFTEL, Annual Report 1985, S. 42.

Netz- und Dienstträgerschaft abhängen. Diese »constraints« stellte der Regelungsvorschlag in seiner revidierten Fassung deutlich heraus[128]:
Maßgeblich für alle inhaltlichen, telekommunikationsrechtlichen Abgrenzungen der Tätigkeitsbereiche privater Betreiber ist der – seinerseits rechtlich abgegrenzte und aufgrund des Telecommunications Act sowie der Lizenzbedingungen gegen beliebige Änderungen geschützte – Tätigkeitsbereich der PTO's. Zu diesem Tätigkeitsbereich, dessen Inhalt und Umfang geprägt wird durch die telekommunikationspolitische Entscheidung für den »universal service«, gehört die flächendeckende Bereitstellung von Übertragungsdiensten (basic conveyance services). Bei ihrer Bereitstellung sollen BT und MCL mindestens bis November 1990 vor weiterem Marktzutritt geschützt sein.
Diese Vorentscheidung für ein rechtlich (zumindest auf Zeit) abzusicherndes Duopol prägt auch die neu zu ziehende Grenzlinie: Die Präzisierung derjenigen Dienste, die als »basic conveyance« anzusehen sind, muß »so genau wie möglich die bestehende Aufteilung zwischen Übertragungs- und Mehrwertdiensten widerspiegeln, auf deren Grundlage Mercury und BT gegenwärtig ihre Telekommunikationsdienste bereitstellen«[129].
Spätestens hier zeigt sich, daß der Abgrenzung zwischen »basic conveyance« (Nachrichtenübertragung) und sonstigen Formen des Umgangs mit Nachrichten (Nicht-Übertragung) im britischen Regulierungsmodell eine andere Funktion zukommt als in den USA: Geht es dort um die Abgrenzung »regulierter« und »unregulierter« Bereiche so geht es hier um Sicherung des universal service[130].
Diese Aufteilung beschreibt das Wirtschaftsministerium jetzt ganz pragmatisch als die Bereitstellung von Fernsprech- und Telexdienst einerseits und die Bereitstellung sonstiger Dienste andererseits[131].
Da nach der 1984 mit dem Telecommunications Act getroffenen telekommunikationspolitischen Grundentscheidung die Bereitstellung von Fernsprech- und Telexdienst (zumindest vorläufig) nicht im Wettbewerb, sondern ausschließlich durch die beiden PTO's erfolgen soll, ist das Regelungsziel jetzt nicht länger, »basic conveyance services« trennscharf gegen »value added services« abzugrenzen, sondern nur noch, die Träger der zur Gruppe der basic

128 Department of Trade and Industry, Revised Government Proposals for the Future Licensing of Value Added and Data Services, November 1985, im folgenden zit. als: Revised Proposals, S. 2.
129 Department of Trade and Industry, Revised Proposals, S. 13.
130 S. auch *Nicholas Garnham*, The Deregulation of UK Telecommunications, Paper prepared for the CRNS Conference on Deregulation, Paris 1986 (im Erscheinen).
131 Department of Trade and Industry, Revised Proposals, S. 13.

conveyance services zählenden Fernsprech- und Telexdienste vor dem Marktzutritt konkurrierender Unternehmen zu schützen.
Die telekommunikationsrechtliche Präzisierung dessen, was unter »basic conveyance« zu verstehen ist, erhält damit eine neue Funktion, die sich von der im früheren Regelungsvorschlag des Department of Industry grundlegend unterscheidet: Diente sie nach dem ursprünglichen Regelungsvorschlag dazu, eine Grenzlinie zwischen unterschiedlichen Dienstekategorien zu ziehen um den Marktzutritt für die Kategorie »basic conveyance services« zu verhindern, so dient sie jetzt als Anknüpfungspunkt für die wettbewerbsrechtliche Steuerung des Verhaltens von »basic conveyance«-Diensträgern: Zweck der Definition von »basic conveyance« ist es jetzt nur noch, zu verhindern, daß die Träger von »basic conveyance«-Diensten marktbeherrschende Stellungen erlangen, indem sie ihre Kontrolle über technische Standards dazu mißbrauchen, um ihre Benutzer an ihr »basic conveyance«-Netz zu fesseln oder konkurrierende Anbietern von Mehrwertdiensten vom Netzzugang auszuschließen[132].
Dementsprechend wird »basic conveyance« jetzt – diensteunabhängig – so definiert, daß sie jede Nachrichtenübertragung von einem Netzabschlußpunkt zu einem anderen Netzabschlußpunkt umfaßt, bei der die Nachricht inhaltlich unverändert übermittelt wird. Im Wortlaut:

> »Basic conveyance (is) (t)he conveyance of a message from a Network Termination Point (NTP) by means of a telecommunication system to a single NTP so that it is delivered by the system without any additional service having been provided in respect of the message, or any deliberate removal of or addition to the information content of the message, in the course of conveyance except such as to permit or facilitate its conveyance to, or presentation at, the destination in an accurate, reliable and economical manner«[133].

e.) Die VADS-Lizenz gestattet dementsprechend die Errichtung und den Betrieb von Telekommunikationssystemen zur Erbringung von Mehrwert- *und* Datenverarbeitungsdiensten (value added and data services), also sämtliche Nachrichtenübertragungs- (basic conveyance) und Mehrwertdienste (value added services) mit Ausnahme des Fernsprech- und Telexdienstes. Das aufgrund der VADS-Lizenz genehmigte Telekommunikationssystem darf sich grundsätzlich nur auf dem Grundstück des Diensträgers befinden; ausnahms-

132 Vgl. Department of Trade and Industry, Revised Proposals, S.14.
133 Department of Trade and Industry, Revised Proposals, S. 15.

weise dürfen sich Einzelbestandteile des betreffenden Telekommunikationssystems auf verschiedenen Grundstücken desselben Grundstückseigentümers oder innerhalb einer Entfernung von 200 Metern voneinander befinden. Sollen zwei solcher VADS-Systeme miteinander verbunden werden, so muß dies über Mietleitungen geschehen, die von den PTOs bereitgestellt werden. In diesem Fall muß jedes der über Mietleitungen miteinander verknüpften Systeme den Anforderungen der VADS-Lizenz entsprechen.
Die Übertragung von Ferngesprächen und Fernschreiben ist den VAD-Diensträgern nur ausnahmsweise erlaubt, soweit sie zur Erbringung der Mehrwert- und Datenverarbeitungsdienste erforderlich ist. Damit sollen beispielsweise Fernsprechauskunftsdienste und Videokonferenzdienste (bei denen es sich zwar um Mehrwertdienste handelt, die aber auf das Dienstmerkmal »Fernsprechen« angewiesen sind) ermöglicht werden.

f.) Die neue VADS Class Licence besteht aus fünf Teilen:
(1) der eigentlichen Allgemeinverfügung, mit der in sieben Regelungen die Errichtung und der Betrieb von Telekommunikationssystemen zur Erbringung von Mehrwert- und Datenverarbeitungsdiensten genehmigt wird;
(2) einer Beschreibung der technischen Struktur dieser Telekommunikationssysteme[134];
(3) den Lizenzbedingungen[135],
(4) den Bedingungen für den Widerruf der grundsätzlich auf zwölf Jahre erteilten Lizenz[136] und
(5) der Genehmigung, die Mehrwertnetze mit anderen Netzen und mit Endeinrichtungen zu verbinden und mit Hilfe der Netze Dienste zu erbringen[137].
Adressaten der neuen VADS-Lizenz sind alle potentiellen Diensträger mit Ausnahme der beiden öffentlichen Netz- und Diensträger BT und MCL und der mit ihnen verbundenen Unternehmen. Die Bedingungen, unter denen sie VAD-Dienste einrichten und betreiben können, sind in der erwähnten »Class Licence for the Running of Telecommunication Systems by PTO Group Associates to Provide Value Added and Data Services« enthalten, die u.a. Quersubventionierungsverbote, die Verpflichtung zu getrennter Kostenrech-

134 Vgl. VADS-Lizenz, Annex A: The applicable systems.
135 Vgl. VADS-Lizen, Schedule 1: Conditions included under Section 7 of the Act.
136 Vgl. VADS-Lizenz, Schedule 2: Revocation.
137 Vgl. VADS-Lizenz, Schedule 3: Authorisation to connect other systems and apparatus to the applicable systems and to provide telecommunication services by means of the applicable systems.

nung und zur Beachtung von OSI-Standards bei der Bereitstellung von VAD-Diensten enthält[138].

Eines der vorrangigen Ziele der neuen Class Licence ist es, Vermachtungserscheinungen auf dem Markt für VAD-Dienste dadurch entgegenzuwirken, daß marktmächtige Diensträger (und unter ihnen vor allem IBM) schärferen wettbewerbsrechtlichen Regeln unterworfen werden[139].

Die Lizenz definiert zwei Gruppen von VAD-Diensträgern, für die unterschiedlich strenge Regelungen gelten: Als marktmächtige VAD-Diensträger (major service providers) gelten Unternehmen mit einem Jahresumsatz von mehr als 50 Millionen Pfund oder mit einem Jahresumsatz im Telekommunikationssektor von mehr als einer Million Pfund und »trilaterale Diensträger«, d.h. Unternehmen, deren TK-Netze Nachrichten zwischen zwei unterschiedlichen, nicht mit ihnen verbundenen Unternehmen übertragen[140].

Diese Major Service Providers dürfen keine wettbewerbswidrigen Quersubventionierungen vornehmen und unterliegen u.a. einem Diskriminierungsverbot, einer Kontrolle ihrer Kostenrechnungen, einer Veröffentlichungspflicht hinsichtlich ihrer Tarife und Benutzungsbedingungen und dem Verbot von Alleinvertriebsvereinbarungen für Endeinrichtungen[141].

Während für die kleineren Anbieter von VAN- und Datendiensten keine Anzeigepflicht mehr besteht – die Zulassungsentscheidung ist insoweit in Form der *class licence* getroffen –, sind die Major Service Providers auch nach den Bedingungen der neuen Lizenz verpflichtet, die Einrichtung neuer TK-Dienste beim OFTEL anzuzeigen[142].

Alle Diensträger sind verpflichtet, die von ihnen übertragenen Nachrichten und die bei der Nachrichtenübertragung gewonnenen Informationen geheimzuhalten[143].

Ergänzt wird diese stärker auf technische Vorkehrungen zielende Geheimhaltungsverpflichtung für die Major Service Providers durch die verhaltensbezogene Auflage, wonach die Diensträger für ihre Mitarbeiter einen – von

138 Vgl. Schedule 1, Part 2, Condition 9 sowie Part 3 der Lizenz und zur Vorgeschichte OFTEL, Proposals to Amend the Public Telecommunications Operator's Licences as a Consequence of the Value Added and Data Services Class Licence, London 1986.

139 S. dazu Department of Trade and Industry (Hrsg.), Further Liberalisation of Telecommunications Services: Announcement of the Government's plans for a new value added and data network services Class License, März 1986, mit dem Abdruck der Antwort des Ministers für Industrie und Informationstechnologie, *G. Pattie*, auf eine parlamentarische Anfrage, insbes. S. 2 f.

140 VADS-Lizenz, Schedule 1, Part 1, 1 (m) und (aa).

141 VADS-Lizenz, Schedule 1, Part 3, Conditions 10-13.

142 VADS-Lizenz, Schedule 1, Condition 19.

143 VADS-Lizenz, Schedule 1, Condition 7.

OFTEL zu erstellenden oder zu genehmigenden – »Code of Practice« zur Geheimhaltung von Benutzerinformationen verbindlich machen müssen. Die datenschutzrechtlichen Verpflichtungen, die sich darüber hinaus aus dem britischen Datenschutzgesetz für jeden »Datenverwender« (data user) und jeden Datenverarbeiter (computer bureau) ergeben, bleiben unberührt[144].
Die VADS-Lizenz kann nach dem ihr zugrundeliegenden Regulierungsziel[145] auf eine präzise definitorische Abgrenzung der von ihr zugelassenen Mehrwert- und Datendienste von den Übertragungsdiensten verzichten: Sie untersagt den einfachen (ohne zusätzliche Dienstmerkmale erfolgenden) Wiederverkauf und gestattet die Bereitstellung von Fernsprechdiensten (conveyance of live speech) nur in Verbindung mit zusätzlichen Dienstmerkmalen und unter der Voraussetzung, daß das dafür erhobene Entgelt nicht unter den einschlägigen Fernsprechtarifen der öffentlichen Netzträger liegt[146].
Neben den stärker wettbewerbsrechtlichen Regeln zur Begrenzung und Kontrolle der Marktmacht von VAD-Dienstträgern und zur Verhinderung von Preissetzungsstrategien in Monopolisierungsabsicht (*predatory pricing*) umfaßt die VADS-Lizenz auch – dem gleichen Ziel dienende – eher telekommunikationsrechtliche Vorschriften: Die Major Service Providers sind verpflichtet, den Zugang zu den von ihnen angebotenen Diensten grundsätzlich nach Maßgabe von OSI-Standards zu ermöglichen[147]. Die rechtsverbindliche Entscheidung über die anzuwendenden netz- und dienst(zugangs)bezogenen Standards trifft das OFTEL[148], das im übrigen sechs Monate vor jeder grundlegenden Änderung technischer Netz- oder Dienstestandards zu informieren ist.
Die von OFTEL mit dieser Grundsatzentscheidung zur Netz- und Dienststandardisierung im Interesse der Anwender verfolgten Regulierungsziele sind:
- Die Gewährleistung leichten Zugangs zu so vielen VAD-Diensten wie möglich,

144 VADS-Lizenz, Schedule 1, Condition 16 (3); s. auch Data Protection Act 1984 (Chapter 35).
145 S. oben, d., und nochmals Department of Trade and Industry, Revised Proposals, S. 13 f.
146 VADS-Lizenz, Condition 2.2. Den einfachen Wiederverkauf definiert die Lizenz so: »'Simple Resale Service'« means a telecommunication service consisting in the conveyance and no more by means of a Relevant System of Messages which (a) have been conveyed by means of a connection between that Relevant System and a Switched Fixed public telecommunications system; and (b) are conveyed by means of: (i) a connection between that Relevant System and a Private Circuit; and (ii) a connection between that Private Circuit and another Relevant System; and (iii) a connection between the second mentioned Relevant System and a Switched Fixed public telecommunications system or which have been conveyed as mentioned in (b) and are to be conveyed as mentioned in (a).«
147 VADS-Lizenz, Schedule 1, Part 2, Condition 17.
148 VADS-Lizenz, Schedule 1, Part 2, Condition 18.

- die Eröffnung eines breiten Auswahlspielraums für Endeinrichtungen und
- die Stärkung des Wettbewerbs zwischen VAD-Diensträgern und zwischen Herstellern von Endeinrichtungen[149].

Zusammenfassende Würdigung

Das britische Regulierungsmodell knüpft nach seiner grundlegenden Umstrukturierung von einem Postmodell zum Kommissionsmodell an die Regelungskategorie des Telekommunikationsystems an. Die Regulierungsbehörde entscheidet in rechtlich geregelten Verfahren über die Zulassung einzelner Telekommunikationssysteme und regelt das Verhalten ihrer Träger.

149 OFTEL, Explanation of OFTEL's Plans for Carrying Out Its Duties With Regards to the OSI Conditions, 27. Juni 1986, S. 2.

III. *Niederlande: Organisatorische Grenzlinien, prozedurale Steuerung und Sozialrelevanz als Kriterium*

Als erste kontinentaleuropäische Post- und Fernmeldeverwaltung (PTT) reagiert die niederländische Post mit einer weitreichenden Umstrukturierung auf die Telematik. Zwar wird das Postmodell nicht – wie in Großbritannien – durch ein Kommissionsmodell ersetzt; es bleibt vielmehr bei der Post- und Fernmeldeverwaltung durch (organisatorisch jetzt stärker differenzierte) öffentliche Unternehmen. Die bislang vorwiegend organisationsrechtliche Steuerung wird jedoch durch neuartige, verfahrensrechtliche Mechanismen (Lizenzierungsverfahren) ergänzt. Zentrales Entscheidungskriterium dafür, ob ein Telekommunikationsdienst in staatlicher Trägerschaft angeboten wird oder nicht, ist seine soziale Relevanz: Über sie wird in einem formalisierten Verfahren entschieden.

1.) Bisherige Situation

Grundlage für die Reform der niederländischen Post- und Fernmeldeverwaltung ist der im Juli 1985 vorgelegte Bericht einer im Juni 1984 eingesetzten dreiköpfigen Kommission unter Vorsitz von *Th. Steenbergen*[1].
Die Kommission konnte an die Arbeit der 1981 eingesetzten *Swarttouw*-Kommission anknüpfen, deren im Frühjahr 1982 vorgelegter Bericht bereits die zentrale Forderung enthielt, die PTT organisatorisch zu verselbständigen, die »Infrastruktur«-Aufgaben und die technische Standardisierung in den Händen der PTT zu belassen und die Konsultation der Benutzer in Fragen der Netz- und Diensteplanung auszubauen[2].
Die niederländische PTT war bislang ein unter der Aufsicht des Ministers für Verkehrs- und Wasserwirtschaft stehendes öffentliches Unternehmen, das von einem Generaldirektor geleitet wurde. Das Unternehmen war in die beiden Hauptdirektionen Post- und Fernmeldewesen und die drei kleineren Hauptabteilungen Personalwesen, Finanz- und Wirtschaftsangelegenheiten sowie Technik gegliedert, die jeweils von einem Hauptabteilungs-Direktor geleitet

1 *Steenbergen-Kommission*, Signale für die nächste Zeit. Ein neuer Kurs für die Post, Bonn 1985 (Übersetzung des Bundesministeriums für das Post- und Fernmeldewesen; im folgenden zit. als Steenbergen-Bericht).

2 S. die Zusammenfassung der Empfehlungen der *Swarttouw*-Kommission in: Steenbergen-Bericht, Anhang, Schaubild 2.

wurden. Zusammen bilden diese Abteilungleiter unter Vorsitz des Generaldirektors den Vorstand (Centrale Directie)[3].
Als Beratungsgremium des Ministers für Verkehrs- und Wasserwirtschaft und als Schaltstelle zwischen PTT und Benutzern fungierte ein PTT-Beirat, der freilich nach den Feststellungen der *Steenbergen*-Kommission »von den politisch Verantwortlichen zu den Beratungen über den zu steuernden Kurs kaum noch hinzugezogen« wurde[4].
Zu den Aufgaben der PTT zählte – neben den Post-, Postgiro- und Postsparkassendiensten – die Errichtung und der Betrieb von TK-Netzen, die Einrichtung und der Betrieb von TK-Diensten (Fernsprechen, Telex, Datenkommunikation, »Mehrwertdienste«, Rundfunkdienst), die (nur in sehr eingeschränktem Umfang erfolgende) Bereitstellung von Mietleitungen, die Zulassung, Bereitstellung, Installation und Wartung von Endeinrichtungen und die technische Standardisierung von nachrichtentechnischen Einrichtungen.
Die haushaltsrechtliche Selbständigkeit der niederländischen PTT war – im Vergleich etwa mit der Deutschen Bundespost – gering: Das PTT-Jahresbudget war Teil des Staatshaushalts und unterlag damit unmittelbarer parlamentarischer Kontrolle. Einfluß auf Formulierung und Kontrolle der Unternehmenspolitik nahmen u.a. der Finanzminister bei der Vorbereitung des Haushaltsentwurfs, der Wirtschaftsminister bei der Überprüfung von Gebührenregelungen, der Minister für öffentliche Wohlfahrt, Gesundheit und Kultur hinsichtlich der medienpolitischen Seite des Betriebs von Kabelfernsehnetzen und der Innenminister als Dienstherr der beamteten PTT-Bediensteten. Die *Steenbergen*-Kommission bezeichnete die Aufsicht der verschiedenen Ministerien und des Parlaments über die PTT zusammenfassend als »intensiv, verwickelt, recht unzusammenhängend und stark detailbezogen«[5].

2.) *Grenzlinien*

a.) Das wesentliche Ergebnis der – im Zeitpunkt des Abschlusses dieser Studie noch in Gang befindlichen – Reform des niederländischen Post- und Fernmeldewesens lautet:

- Post und Fernmeldewesen werden organisatorisch und haushaltsrechtlich getrennt.

3 Steenbergen-Bericht, S. 54 f. (3.4.4.).
4 Steenbergen-Bericht, S. 30 (2.4.2.).
5 Steenbergen-Bericht, S. 31 (2.4.3.).

- Die PTT-Telekommunikation bleibt alleinige Netzträgerin, wobei das Netz (bzw. die »Telekommunikations-Infrastruktur«) definiert ist als Gesamtheit der Übertragungsmittel (Kabel, Richtfunkverbindungen und Satelliten) sowie der öffentlichen Vermittlungsstellen)[6],
- Die in ein privatrechtlich organisiertes öffentliches Unternehmen umgewandelte PTT-Telekommunikation ist nach Maßgabe einer Konzession alleinige Trägerin von Übermittlungsdiensten (bearer services) und bestimmter sozial relevanter Dienste.
- Teleinformationsdienste (teleservices) können von der PTT-Telekommunikation und von privaten Dienstträgern angeboten werden; die Dienste unterliegen einem Genehmigungsvorbehalt.

b.) Grundlage für die neue, von der *Steenbergen*-Kommission vorgeschlagenen *inhaltlichen* Grenzlinien zwischen unterschiedlichen TK-Diensten sind mehrere neue *organisatorische* Grenzlinien.
Eine erste Grenzlinie wurde zwischen Post- und Fernmeldewesen gezogen: Beide waren bislang entsprechend dem in Westeuropa überwiegenden Organisationsmodell organisatorisch miteinander verknüpft. Die Entwicklung des niederländischen Postwesens ist nach den Feststellungen der Kommission gekennzeichnet durch einen stabilen, sich leicht ausweitenden und wettbewerbsintensiven Markt für Postdienste, eine sinkende Tendenz im »Schalterverkehr« (mit entsprechendem Abbau von Arbeitsplätzen) und hohe, durch »politische Faktoren« beeinflußte Personalkosten[7].
Um der Post »mehr Spielraum auf dem Gebiet der betriebswirtschaftlichen Unternehmensführung« und bei der Gestaltung eines »vielseitigen Produktpakets« einzuräumen, schlug die Kommission vor, Post- und Fernmeldewesen organisatorisch und finanziell voneinander zu trennen. Das Ziel einer betriebswirtschaftlich effizient arbeitenden Post könne nur dann erreicht werden, wenn Quersubventionierungen der Postdienste durch Gewinne aus TK-Diensten ausgeschlossen seien[8].
Die Kommission plädierte deshalb dafür, die PTT in eine privatrechtlich organisierte, aber in alleiniger staatlicher Trägerschaft verbleibende Holdinggesellschaft umzuwandeln. Die Rechtsform der Aktiengesellschaft bietet nach Ansicht der Kommission drei entscheidende Vorteile: sie ermögliche flexible Finanzierung und Budgetverwaltung, die flexible Gestaltung der Arbeitsbe-

6 Steenbergen-Bericht, S. 12 (2.1.1.).
7 Steenbergen-Bericht, S. 17 f (2.3.1.).
8 Steenbergen-Bericht, S. 19 (2.3.1.).

dingungen und eine »selbständige Unternehmensführung in größerem Abstand zur Politik«[9].
Zu der Holding gehören zwei Gesellschaften mit beschränkter Haftung (B.V.), die Post- bzw. Fernmeldedienste erbringen. Die beiden Gesellschaften haben einen gemeinsamen Aufsichtsrat und Vorstand und teilen sich in bestimmte zentrale Dienste[10].
Zwischen den beiden Gesellschaften soll jede Quersubventionierung ausgeschlossen sein. Veränderungen in der Satzung der Aktiengesellschaft bedürfen der Bestätigung des Parlaments, dessen Kontroll- und Steuerungsfunktion gegenüber der PTT insgesamt gestärkt wird[11].
Die weiteren, von der Steenbergen-Kommission für den Telekommunikationsbereich vorgeschlagenen Grenzlinien beruhen auf der analytischen Unterscheidung zwischen vier Tätigkeitsbereichen der PTT, nämlich:
- gemeinnützige Aufgaben
- unternehmerische Aufgaben
- Regelungsaufgaben
- politikflankierende Aufgaben[12].

Zu den gemeinnützigen Aufgaben gehört die Bereitstellung von Produkten und Dienstleistungen, zu deren Erbringung die PTT verpflichtet ist und für die sie ein gesetzlich verankertes Alleinrecht hat.
Unternehmerische Aufgaben bestehen in der Bereitstellung von Produkten und Dienstleistungen im Wettbewerb mit Privaten. Die Regelungsaufgaben betreffen zum einen die Festlegung der Zugangs- und Benutzungsbedingungen für das öffentliche TK-Netz einschließlich der Festlegung technischer Standards für Endeinrichtungen[13], zum anderen die Regelung der Grenzen des von der PTT beanspruchten Alleinrechts. Politikflankierende Aufgaben der PTT sind die Vorbereitung der staatlichen TK-Politik und die Vertretung der Niederlande in den mit Telekommunikationsfragen befaßten internationalen Organisationen[14].

9 Steenbergen-Bericht, Anhang, Schaubild 23.
10 Steenbergen-Bericht, S. 55 (3.4.4.).
11 Vgl. Steenbergen-Bericht, S. 51 (3.4.1.): Insbesondere soll das Parlament »durch gesetzgeberische Tätigkeit, auf gesetzlicher Grundlage ergehende Einzelanordnungen und den...Konzessionsmechanismus klare allgemeine Regeln für den Telekommunikationssektor fest(legen), anhand derer die PTT AG ihre gemeinnützigen Aufgaben wahrzunehmen hat«. Zum Konzessionsmechanismus s. sogleich im Text.
12 Steenbergen-Bericht, S. 33 (3.1.).
13 S. zur Definition des TK-Netzes (der »Telekommunikationsinfrastruktur«) im Steenbergen-Bericht bereits oben, a.
14 Steenbergen-Bericht, S. 34 (3.2.).

Grundgedanke des Steenbergen-Berichts ist es, die Wahrnehmung dieser Aufgaben organisatorisch zu trennen.
Zu diesem Zweck sollten nach einem – wegen des Widerstandes der PTT vorläufig jedoch nicht realisierten – Vorschlag der Kommission die gemeinnützigen und die unternehmerischen Aufgaben im Telekommunikationsbereich auf zwei gesonderte Gesellschaften verteilt werden, »um das Wachstum der Märkte für Peripheriegeräte und Teleinformationsdienste zu fördern«[15].

c.) Ergänzt wird die organisationsrechtliche Abtrennung der gemeinnützigen Aufgabenbereiche durch neuartige verfahrensrechtliche Steuerungsinstrumente: Die gemeinnützigen Aufgaben sollen nach Maßgabe einer der PTT-Telekommunikation zu erteilenden Konzession erfüllt werden. Mit dieser auf der Grundlage des (novellierten) Telegrafen- und Telefongesetzes erteilten Konzession wird der PTT-Telekommunikation das Alleinrecht für die Erbringung der als gemeinnützig eingestuften TK-Dienste eingeräumt.
Die Konzession, deren Gültigkeitsdauer auf dreißig Jahre begrenzt ist und sich automatisch verlängert, wenn sie nicht mit einer Frist von fünf Jahren widerrufen wird, enthält nach dem Vorschlag der Steenbergen-Kommission unter anderem:
- Beschreibungen und Festlegungen der Dienste, die zu den gemeinnützigen Aufgaben gerechnet werden,
- »Richtlinien auf der Grundlage des öffentlichen Interesses für die Entscheidung der Frage, welche Art von Diensten auf Antrag im gesamten Land – zu gleichen oder unterschiedlichen Bedingungen – im Infrastrukturbereich bereitgestellt werden müssen«,
- »Richtlinien für die Tarifstruktur (Schutz privater Benutzer und Förderung der Infrastrukturnutzung)« einschließlich der Zulässigkeit von Quersubventionierungen,
- »Leistungsnormen« für den gemeinnützigen Bereich,
- die Verpflichtung zur Instandhaltung und zur laufenden bedarfsorientierten Modernisierung,
- Richtlinien für die Beschaffungspolitik,
- Sicherungen zum Schutz der Privatsphäre und zur Geheimhaltung von Informationen,
- Anweisungen »zur Bereitstellung besonderer Einrichtungen für Kranke oder Behinderte zu angemessenen Preisen, wobei eine Bezuschussung aus öffentlichen Mitteln erfolgen muß«,

15 Steenbergen-Bericht, S. 55 (3.4.4.).

– besondere Richtlinien oder Anweisungen für die internationale Standardisierung von Telekommunikationsnetzen[16].

Bei der Abgrenzung der gemeinnützigen – und deshalb ausschließlich von der konzessionierten Fernmeldegesellschaft anzubietenden – von den unternehmerischen TK-Diensten orientierte sich die Kommission an den Empfehlungen der CCITT zur Unterscheidung von Übermittlungsdiensten (bearer services) und Tele(informations-)diensten (teleservices): Im Rahmen ihrer gemeinnützigen Aufgabe, für die »öffentliche Infrastruktur« zu sorgen, hat die PTT-Telekommunikation das Alleinrecht, die Überbringerdienste Telefon-, Telegrafendienst, Telexdienst und Datenkommunikation anzubieten und ist verpflichtet, bestimmte Endeinrichtungen (z.B. ein »Standard-Fernsprechgerät hoher Qualität« und ein »Spezialgerät für Behinderte«) bereitzustellen[17]. Außerdem ist die PTT verpflichtet, Mietleitungen bereitzustellen, wobei die Tarife »in einem angemessenen Verhältnis zu denen der herkömmlichen (Vermittlungs-)Dienste stehen« müssen. Einzelheiten der Tarifgestaltung können in den Konzessionsbedingungen geregelt werden[18].

Endeinrichtungen und Tele(informations-)dienste können von der PTT-Telekommunikation im Wettbewerb mit privaten Diensträgen angeboten werden. Das von der Steenbergen-Kommission vorgeschlagene Instrumentarium zur Steuerung des für die Niederlande neuartigen Wettbewerbs im Bereich der Teledienste entspricht dem britischen Vorbild[19]:

Die von privaten Diensträgern über Mietleitungen des Netzträgers anzubietenden Teledienste bedürfen einer staatlichen Genehmigung, in der die Merkmale des betreffenden Dienstes festgelegt und durch Auflagen sichergestellt wird, daß der private Dienstträger der PTT-Telekommunikation im Bereich der Übertragungsdienste keinen unlauteren Wettbewerb macht[20].

Die Steenbergen-Kommission betonte ausdrücklich, daß sich die von ihr vorgeschlagenen Grenzlinien für die Alleinrechte der PTT-Telekommunikation (und damit der Umfang dessen, was als Infrastrukturleistung anzusehen ist) im Laufe der Zeit ändern können: »Es ist denkbar, daß unter dem Druck der fortschreitenden technologischen und gesellschaftlichen Entwicklung die soziale oder wirtschaftliche Grundlage der Beibehaltung der gesetzlichen Monopolstellung oder der universellen Lieferverpflichtung bei bestimmten Teilen

16 Vgl. Steenbergen-Bericht, S.36 f (3.2.1.).
17 Steenbergen-Bericht, S. 40 (3.2.1.).
18 Steenbergen-Bericht, S. 41 (3.2.3.).
19 S. dazu oben, II. 3.
20 Steenbergen-Bericht, S. 42, 3.2.3.

der Infrastruktur völlig aufgehoben wird. So könnte die stark abnehmende Nutzung des Telegrammverkehrs auf Dauer dazu führen, daß der Verbraucher sich mit einer weiteren Einschränkung der Verfügbarkeit dieses Dienstes einverstanden erklärt. Natürlich ist auch eine umgekehrte Entwicklung denkbar«[21].

d.) Die neuen verfahrensrechtlichen Strukturen haben organisationsrechtliche Konsequenzen: Die vielfältigen neuen Regelungsaufgaben sollen einer beim Ministerium anzusiedelnden Stelle für Vorschriften und Genehmigungen im Telekommunikationsbereich (Regelgeving en Vergunningen Telecommunicatie -TVT-) übertragen werden, »die, um möglichst unabhängig arbeiten zu können, unmittelbar dem Minister zu unterstellen ist«[22].
Zu ihren Aufgaben gehören die jeweils in formalisierten Verfahren erfolgende Erteilung der Konzession für die PTT-Telekommunikation, die Entscheidung über Genehmigungen von TK-Diensten privater Diensträger, die Zulassung von Endeinrichtungen sowie die Genehmigung von privaten, geschlossenen und ihrem Umfang nach beschränkten Netzen einschließlich örtlicher Kabelfernsehnetze sowie die Überwachung der Einhaltung der jeweiligen Genehmigungsbedingungen[23].
Die organisatorische Aufgliederung der früher bei der PTT konzentrierten Planungs-, Errichtungs- und Betriebsaufgaben erfordert jetzt auch die Einrichtung eigener Planungsgremien: Zur Beratung der Regierung in Fragen der Telekommunikationspolitik soll ein aus sechs Personen bestehender Beirat (Raad van Advies voor het Telecommunicatiebeleid -RATB-) eingesetzt werden; ihm sollen Einzelpersonen angehören, die »aus Kreisen ausgewählt werden, in denen Einblick in die öffentliche Verwaltung, die Volkswirtschaft, die Betriebswirtschaft, die Informationstechnologie und Verbraucherfragen erwartet werden kann«. Er soll Stellungnahmen abgeben u.a. zu technologischen Entwicklungen und deren möglichen Folgen, zu den Bedingungen, unter denen die PTT ihre Aufgabe als gemeinnütziges Unternehmen erfüllen kann und zur Tätigkeit sowohl der PTT als der Betreiber von Kabelfernsehnetzen[24].

21 Steenbergen-Bericht, S.35 (3.2.1.).
22 Steenbergen-Bericht, S. 52 (3.4.2.).
23 Steenbergen-Bericht, S.42 f (3.2.4.) und S. 52 (3.4.2.).
24 Steenbergen-Bericht, S.51 f. (3.4.1.).

Zusammenfassende Würdigung

Das niederländische Regelungsmodell kombiniert neue inhaltliche, organisations- und verfahrensrechtliche Strukturen: Die Bereitstellung der Netzinfrastruktur und sozial relevanter Telekommunikationsdienste bleibt alleinige Aufgabe des öffentlichen Fernmeldeunternehmens. Seiner organisationsrechtlichen Verselbständigung entspricht eine stärker verfahrensrechtliche Steuerung.

IV. *Bundesrepublik Deutschland: Grenzlinien zwischen Bundes- und Länderkompetenzen*

In der Bundesrepublik Deutschland hat die technische Verknüpfung von Nachrichtenübertragung und Datenverarbeitung vorläufig noch nicht zu grundlegenden Neuentscheidungen des Bundesgesetzgebers geführt: Das Fernmeldeanlagengesetz (FAG), das die Errichtung und den Betrieb von Fernmeldeanlagen regelt, und das Postverwaltungsgesetz (PostVerwG), das organisations- und verfahrensrechtliche Regelungen für die Deutsche Bundespost enthält, sind bislang unverändert geblieben.
Maßstab und Rahmen für die anstehenden – und angesichts der von der Bundespost vorangetriebenen Planungen zum Teil verfassungsrechtlich gebotenen – gesetzgeberischen Entscheidungen ist das Verfassungsrecht, das in spezifischer Weise bundesstaatlich geprägt ist (dazu 1.).
Telekommunikationsrechtlich vorerst nur teilweise und unsystematisch erfaßt sind Änderungen in den Organisations- und Verfahrensstrukturen, die sich als Folge der Telematik vollzogen haben (dazu 2.).
Unterhalb der Ebene des einfachen Gesetzesrechts hat die Deutsche Bundespost inzwischen mit verordnungsrechtlichen Grenzziehungen begonnen: Die neue Telekommunikationsordnung (TKO)[1] unterscheidet zwischen dem von der Deutschen Bundespost bereitzustellenden öffentlichen Telekommunikationsnetz (TK-Netz) und den »im Rahmen« dieses Netzes von ihr zu erbringenden öffentlichen Telekommunikationsdiensten (TK-Dienste). Dienste in privater Trägerschaft auf Mietleitungsbasis sollen nach den Planungen der Post zugelassen werden, wobei der Wiederverkauf durch tarifpolitische Maßnahmen verhindert werden soll. Neuere fernmeldepolitische Vorüberlegungen der Post zielen überdies darauf, bestimmte »Massendienste« zusätzlich zu schützen (dazu 3.).

1.) *Telekommunikationspolitische Grundentscheidungen und ihr verfassungsrechtlicher Rahmen*

a.) Zu den in der Bundesrepublik derzeit anstehenden telekommunikationspolitischen Grundentscheidungen, die infolge der technischen Verschrän-

1 Verordnung über die Bedingungen und Gebühren für die Benutzung der Einrichtungen des Fernmeldewesens (Telekommunikationsordnung –TKO -) vom 21. November 1986, BGBl. I, S. 1749 und dazu *Joachim Scherer*, Die Telekommunikationsordnung: Rechtsgrundlage für die Informationsgesellschaft ? in: CR 1987, S. 115 ff.

kung von Nachrichtenübertragung und Datenverarbeitung unausweichlich geworden sind, zählen

- eine Grundsatzentscheidung zur Netzeinrichtung und zur Netzträgerschaft

und

- eine Grundsatzentscheidung zur Diensteinrichtung und zur Dienstträgerschaft.

Die Entscheidung darüber, ob und in welcher Weise das diensteintegrierte digitale Vermittlungsnetz (ISDN) eingeführt (und zu einem Integrierten Breitbandigen Glasfaservermittlungsnetz (IBFN) ausgebaut) werden soll, muß – wie andernorts begründet worden ist[2] – wegen der Vielzahl der von ihr berührten grundrechtsrelevanten Positionen und ihrer (potentiellen) Auswirkungen auf den Freiheits- und Gleichheitsbereich der Bürger auf der Grundlage eines neuen gesetzlichen Rahmens getroffen werden[3]; für eine verordnungsrechtliche Entscheidung dieser Grundsatzfrage, wie sie die Telekommunikationsordnung mit der Einführung der sog. Universalanschlüsse (§§ 6 Abs.2 Nr.3, 86 Abs. 1 TKO) versucht, reicht die Ermächtigungsgrundlage der §§ 12 Abs. 1, 14 PostVerwG nicht mehr aus[4].

Die Proliferation möglicher Telekommunikationsdienste und die breiten technischen Gestaltungsspielräume für die Dienstprofile und die »Ansiedlung« von Datenverarbeitungskapazitäten im Netz, bei (vom Netzträger organisatorisch getrennten) Dienstträgern oder jenseits von netzabschließenden Schnittstellen (im Endgerätebereich) erfordern eine Grundsatzentscheidung über die Diensteinrichtung, die eng mit Neuentscheidungen zur Dienstträgerschaft verbunden ist[5] und möglicherweise Auswirkungen auf den organisatorischen und finanziellen Verbund von Post- und Fernmeldewesen hat[6].

Diese Fragen der Diensteinrichtung und der Dienstträgerschaft hat die Verfassung bereits teilweise vorentschieden[7].

2 Vgl. *J. Scherer*, Telekommunikationsrecht, insbes. S. 699 ff mwN.

3 Zu den Auswirkungen staatlicher Entscheidungen auf den Freiheits- und Gleichheitsbereich als einem Kriterium für die Konkretisierung des Parlamentsvorbehalts s. BVerfGE 49, 89 (127) und für die Telekommunikationspolitik *J. Scherer*, Telekommunikationsrecht, S. 697 ff.

4 S. im einzelnen *J. Scherer*, Telekommunikationsrecht, S. 170 ff, 701 f; »verfassungsrechtliche Zweifel« an der Tragfähigkeit einer verordnungsrechtlichen Einführungsentscheidung äußerte die Konferenz der Datenschutzbeauftragten des Bundes und der Länder in einem Beschluß vom 21. Februar 1986, Ziff. 11.

5 S. dazu bereits oben, Teil A. und *J. Scherer*, Telekommunikationsrecht, S. 709 ff sowie – zu den insoweit bestehenden politischen Gestaltungsspielräumen – S. 734 ff.

6 S. dazu bereits *J. Scherer*, Telekommunikationsrecht, S. 642 ff.

7 Dazu und zum folgenden *J. Scherer*, Telekommunikationsrecht, S. 609 ff.

b.) Das Verfassungskompetenzrecht des Grundgesetzes begrenzt die Tätigkeit der Deutschen Bundespost auf das (Post- und) Fernmeldewesen.
Mit dieser verfassungskompetenzrechtlichen Eingrenzung, die in der Rechtsprechung des Bundesverfassungsgerichts konkretisiert worden ist[8], sind dem Bundesgesetzgeber und der Deutschen Bundespost wichtige Betätigungsschranken gezogen: Der Bundesgesetzgeber darf auf der Grundlage des Kompetenztitels »Fernmeldewesen« in Art.73 Nr.7 GG nur solche Regelungen erlassen, die die fernmeldetechnische Übermittlung von Signalen betreffen[9]; das Handeln der Deutschen Bundespost, soweit sie selbst Diensträgerin ist oder Dienste regelt, darf nur die Übermittlung von Signalen zum Gegenstand haben.
Das schließt weder aus, daß der Bund auf der Grundlage anderer Kompetenztitel des Grundgesetzes (z.B. Art. 73 Nr. 9, 74 Nr. 1, 11, 12, 16 GG) über die bloße Nachrichtenübermittlung hinaus einzelne Dienste oder Dienstmerkmale regelt[10], noch verbietet das Grundgesetz dem Bund die Einrichtung von der Post organisatorisch und finanziell getrennter öffentlicher Unternehmen, die jenseits von Diensten der Nachrichtenübermittlung sonstige TK-Dienste anbieten. Voraussetzung für die Schaffung solcher Einrichtungen ist jedoch neben der Beachtung von Strukturanforderungen, die sich aus den Grundrechten und aus den organisationsrechtlichen Regeln des Art. 87 Abs. 1 GG ergeben können, die Beachtung der Regelungskompetenz der Länder für das Telekommunikations-Medienwesen, die sich aus deren Kulturhoheit ergibt[11].

c.) Das BVerfG hat bislang in zwei Entscheidungen – dem *1. Rundfunkurteil* und dem *Direktrufbeschluß* – nach zwei Richtungen hin präzisiert, was unter der »Übermittlung« zu verstehen ist, auf die das Verfassungskompetenzrecht die Betätigung der Post im Fernmeldewesen begrenzt:
Erstens: Die Übermittlung setzt erst ein, wenn das Signal »sendefertig« bereitgestellt ist. Damit hat das *1. Rundfunkurteil* die Fernmeldeverwaltung des Bundes von der Informationsproduktion ausgeschlossen[12].

8 Vgl. BVerfGE 12, 205 (225 f); 46, 120 (144).

9 S. statt vieler, *Th. Maunz*, in: Maunz/Dürig/Herzog/Scholz, GG, Art. 73 Rn. 102, 104; *P. Badura*, in: BK, Art. 73 Nr. 7, Rn. 16 sowie – zur näheren Eingrenzung dieses Kompetenzbereichs – *J. Scherer*, Telekommunikationsrecht, 609 ff.

10 S. bereits *J. Scherer*, Telekommunikationsrecht, S. 646, 652 u.ö. Beispielsweise ergibt sich eine Regelungskompetenz für das »Telebanking« aus Art. 74 Nr. 11 GG.

11 Zu Einzelheiten dieser Telekommunikations-Regelungskompetenz der Länder s. *J. Scherer*, Telekommunikationsrecht, S. 645 ff.

12 BVerfGE 12,205 (227) u.ö.

Zweitens: Übermittlung liegt nur dann vor, wenn die ausgesandten Signale »am Empfangsort wieder erzeugt«, »wiedergegeben« werden[13]. Damit hat der *Direktrufbeschluß* die Fernmeldeverwaltung des Bundes von der *inhaltlichen Veränderung* der ihr zur Übermittlung »übergebenen« Signale ausgeschlossen[14].

Implizit hat das Gericht mit seiner *Direktruf*-Entscheidung zugleich klargestellt, daß die Beschränkung der Handlungsbefugnisse des Bundes auf die »Übermittlung« nicht nur für den Rundfunk – also die fernmeldetechnische Übermittlung von Signalen an die Allgemeinheit[15] – gilt, sondern auch für die fernmeldetechnisch übertragene Individualkommunikation: denn der *Direktruf*-Fall betraf die Verordnung der Deutschen Bundespost über das öffentliche Direktrufnetz für die Übertragung digitaler Nachrichten (»Direktrufverordnung«)[16] und damit die Regelung einer Form der nachrichtentechnischen Übermittlung von Informationen von einem Sender an einen Empfänger.

Das *1. Fernsehurteil* begründet seine entscheidungstragende Aussage, daß das Fernmeldewesen »nur die der Übermittlung von Signalen dienenden funktechnischen Vorgänge« umfasse[17], mit dem allgemeinen Sprachgebrauch[18], aus dem systematischen Zusammenhang von Art.73 Nr. 7 GG mit anderen Vorschriften des Grundgesetzes[19], mit dem Zweck des Art. 73 Nr. 7 GG, (nur) »die unerläßliche, einheitliche Regelung« funk- und sendetechnischer Fragen zu ermöglichen[20] und mit einer – die Verwaltungspraxis der Reichs-

13 BVerfGE 46,120 (143) mwN; s. auch S.144.

14 Ob man dies auf die Formel bringt, das BVerfG habe die Post von der Daten(fern)verarbeitung ausgeschlossen, ist eine Frage des terminologischen Geschmacks. Der Begriff Daten(fern)verarbeitung ist kein Verfassungsbegriff; das amerikanische Beispiel der nur schwer durchzuführenden Trennung von »data processing« und »telecommunications« (s. dazu oben, I. 1.) läßt solche Unterscheidungen wenig ratsam erscheinen. Die – von der FCC erst nach mühsamen trial and error-Verfahren gefundene – präzisere Abgrenzung zwischen Übertragung und »höheren« TK-Diensten ist in dem vom BVerfG in E 12, 205 (227), 46, 120 (143) entwickelten Kriterium bereits enthalten; dennoch ist zur Vermeidung von Mißverständnissen darauf hinzuweisen, daß die Verfassung natürlich nicht die Feinheiten nachrichtentechnischer Differenzierungen vorentscheiden hat, wie sie im Gefolge der *Computer II*-Entscheidung an die FCC herangetragen wurden (s. dazu oben, I.2.): Insoweit verweist das *Verfassungs*recht – in seiner Auslegung durch das BVerfG – auf das *Verfahrens*recht, mit dessen Hilfe die technische Dynamik rechtlich kontrolliert werden kann. S. dazu bereits *J. Scherer*, Telekommunikationsrecht, S. 638, 696 ff mwN aus der Rspr.

15 S. dazu oben, Teil A. II. 1.) c. mwN.

16 vom 24. Juni 1974, BGBl. I S. 1325.

17 BVerfGE 12,205 (227).

18 BVerfGE 12,205 (226).

19 BVerfGE 12,205 (228-230).

20 BVerfGE 12,205 (230).

post, des Reichsministers des Innern und der Landesregierungen in der Zeit bis 1933 sowie die Entstehungsgeschichte des Art.73 Nr.7 GG einbeziehenden – historischen Interpretation[21].

In der *Direktruf*-Entscheidung wird diese Aussage zum Gegenstandsbereich des Fernmeldewesens in einer – ebenfalls entscheidungstragenden – Passage bestätigt und für die fernmeldetechnisch ermöglichte Individualkommunikation übernommen: »Wesentlich für den Begriff der Fernmeldeanlage erscheint die körperlose Übermittlung von Nachrichten in der Weise, daß die ausgesandten Zeichen am Empfangsort wieder erzeugt werden«[22].

Zur Begründung verweist das Gericht hier auf die Geschichte des FAG. Da Fernmeldeanlagen »jedenfalls« zum Gegenstandsbereich Fernmeldewesen zählen[23], ist diese in Herleitung und Terminologie stärker an das Gesetzesrecht anknüpfende Begriffsbestimmung gleichwohl eine *verfassungsrechtliche* Eingrenzung des Fernmeldewesens.

Die verfassungsrechtliche Beschränkung des »Fernmeldewesens« auf das Übermitteln von Signalen gilt somit für die fernmeldetechnische Massen- und die Individualkommunikation.

Zusätzlich bestätigt wird dies durch ein Diktum im Zusammenhang mit der verfassungsrechtlichen Überprüfung des Verbots der Datenvermittlung durch Private in § 6 Abs.6 DirRufV[24]: Hier kommentierte das BVerfG die Erklärung des Bundesministers für das Post- und Fernmeldewesen, keine Datenfernverarbeitung für Dritte – also: keine Veränderung von nachrichtentechnischen Signalen – vornehmen zu wollen, mit den Worten: »Ob die Bundespost rechtlich imstande wäre, diese Aufgabe im Rahmen ihrer Zuständigkeit zu erfüllen, erscheint nach den Erwägungen des Bundesverfassungsgerichts im Fernsehurteil (BVerfGE 12, 205,226 f.) zweifelhaft«[25]. Die Beantwortung dieser Frage konnte zwar im *Direktruf*-Fall auf sich beruhen, dennoch deutet das Gericht an, daß eine Ausweitung des Aufgabenkreises der Fernmeldeverwaltung auf die Datenfernverarbeitung für Dritte verfassungsrechtlich unzulässig wäre: Dieses Ergebnis ist angesichts der zuvor vom *1.Rundfunkurteil* übernommenen[26] und hier nun erneut bekräftigten Aufgabenbegrenzung auf die Signal*übermittlung* nur konsequent.

21 BVerfGE 12,205 (230-237) mwN.
22 BVerfGE 46,120 (143).
23 BVerfGE 46,120 (139).
24 Die Bestimmung lautet: »Endeinrichtungen...dürfen nicht ausschließlich oder überwiegend dem Zweck dienen, digitale Nachrichten für andere Personen oder zwischen anderen Teilnehmern zu vermitteln«.
25 BVerfGE 46,120 (151 f).
26 BVerfGE 46,120 (143, 144 mit Hinw. auf E 12,205,227).

Über den Grundsatz, daß die Post Nachrichten nur übermitteln darf, besteht in der juristischen Literatur[27] wie in der außerjuristischen Diskussion über die Post[28] weitgehende Einigkeit – wenngleich die *verfassungsrechtliche* Verankerung dieser Kompetenzbeschränkung und ihre grundrechtssichernde Funktion oft nicht erkannt werden[29].

d.) Für den Bereich des herkömmlichen Hör- und Fernsehrundfunks sind – im Anschluß an das *1. Rundfunkurteil* – die Konsequenzen der Beschränkung der Post auf eine Übermittlungsfunktion klar: Die Post hat, wie erwähnt, die von den Rundfunkveranstaltern produzierten (»sendefertigen«) Signale an einer vom BVerfG festgelegten Schnittstelle – nämlich »vom Rundfunkstudio«- zu übernehmen und sie unverändert zu übertragen[30].
Einigkeit besteht auch über die beiden skizzierten, die fernmeldetechnisch übertragene Massen- und Individualkommmunikation gleichermaßen betreffenden Konsequenzen: Die Post darf »Signale« nicht selbst produzieren, sondern nur von anderen produzierte Signale übermitteln. Und: sie darf Signale, die sie (»sendefertig«) zur Übermittlung erhalten hat, nicht »inhaltlich« verändern[31].
Ein – vor allem aus der amerikanischen Diskussion geläufiger – Einwand gegen eine solche Begrenzung lautet, daß auch Protokoll- und Formatumwandlungen, die für den Nachrichtentransport unabdingbar seien, »inhaltliche« Veränderungen darstellten[32]. Die praktische Tauglichkeit der verfassungsrechtlichen Beschränkung des Fernmeldewesens auf die Übermittlung

27 S. aus neuerer Zeit *G. Feigenbutz*, Bindungen, S. 63, 94; *U.v. Petersdorff*, Bildschirmtextzentrale, S. 104 ff sowie bereits *W. Lieb*, Kabelfernsehen, S. 31 mwN und jetzt auch – als Äußerung eines nicht »postfremden« Autors – *Alfred Eidenmüller*, Fernmelderecht und Fernmeldepolitik unter dem Aspekt der Telekommunikation, in: ArchPF 1986, S. 301 (315: »vermittelnde Tätigkeit«). *Eidenmüllers* vehemente Kritik an einer »übertrieben stark(en)« Betonung der untergeordneten, dienenden Funktion (ebd., S. 302, 303) und der – nur aus der Interessenlage der Bundespost erklärbare – Versuch, die »wirklich ›dienende Funktion‹« des Post- und Fernmeldewesens darauf zu reduzieren, daß die Post »der Verständigung der Menschen über die Grenzen hinweg (dient)« (S. 315) können freilich den kompetenzrechtlichen Kontext der Formulierungen in BVerfGE 12, 201 (227) nicht verwischen.

28 S. insbes. Enquetekommission Neue Informations- und Kommunikationstechniken, BTDrs. 9/2442, S. 180.

29 Exemplarisch *J. Plagemann*, Zur verfassungsrechtlichen Lage bei der Einführung neuer Telekommunikationsdienste, Diskussionsbeiträge zur Telekommunikationsforschung, hrsg. vom Wissenschaftlichen Institut für Kommunikationsdienste der Deutschen Bundespost, Nr. 18, Bad Honnef 1986, insbes. S. 14 f, 16.

30 BVerfGE 12,205 (227).

31 Davon gehen *D. Müller-Using*, Jb. DBP 1982, S. 259 (271) und wohl auch *A. Eidenmüller*, ArchPF 1986, S. 301 (315) aus.

32 Dazu bereits oben,I. 2.) f.

unveränderter Nachrichten wird dadurch jedoch nicht in Frage gestellt: Protokoll- und Formatumwandlungen »im Netz« sind zulässig, wenn und soweit die gesendete und die empfangene Information identisch sind[33].
Problematischer und zunehmend umstritten ist, ob die kompetenzrechtliche Beschränkung der Post auf die nachrichtentechnische »Übermittlung« auch die Nachrichten*speicherung* ausschließt[34]:
Die älteste Form der Speicherung nachrichtentechnischer Signale durch die Post ist die Bereithaltung von Informationen im Rahmen der Fernsprechauftrags- und -ansagedienste.
Bei den Auftragsdiensten speichert das zuständige Fernmeldeamt Informationen des auftraggebenden Fernsprechteilnehmers oder eines Dritten für diesen Teilnehmer und übermittelt sie ihm auf Anfrage oder zu einem vereinbarten Zeitpunkt[35]; ein zum 1. Mai 1983 bei einigen Fernmeldeämtern zunächst »probeweise« eingeführter Erinnerungsdienst ermöglicht es dem Teilnehmer, sich zu einer von ihm zu bestimmenden Zeit vom Fernsprechauftragsdienst durch Telefonanruf an eine von ihm vorher der Post übermittelte Information »erinnern« zu lassen. Ein ebenfalls »probeweise« eingeführter Benachrichtigungsdienst gestattet die Übermittlung von Nachrichten des Teilnehmers zu einer von ihm bestimmten Zeit an sich selbst oder an (bis zu fünfzehn) andere Adressaten[36].
Im Rahmen der Fernsprechansagedienste speichert die Post von bestimmten Kommunikatoren (der Deutschen Presseagentur, den Kirchen, den Verbraucherverbänden etc.) produzierte Informationen (Signale) zum Abruf durch die Fernsprechteilnehmer.
In der überwiegend mit rundfunkrechtlichen Argumenten geführten Diskussion um die Zuordnung des »Kabelfernsehens« zum »Rundfunk«[37] wurde auch über den »Rundfunk«-Charakter der Fernsprech-Ansagedienste gestritten[38]. Problematisch erschien damals vor allem, ob die Ansagedienste sich – wie der überkommene Hör- und Fernsehrundfunk – an »die Allgemeinheit« wenden, also »Rundfunk« im verfassungsrechtlichen Sinn darstellen und deshalb in die kulturellrechtliche Regelungskompetenz der Bundesländer

33 S. im übrigen bereits oben, Anm. 14.
34 S. dazu vor allem *U.v. Petersdorff*, Bildschirmtextzentrale, passim; s. auch EKM, Bd.I, S.152 f, 188 f.
35 S. auch die Beschreibung bei *U.v. Petersdorff*, Bildschirmtextzentrale, S.122 ff.
36 Dazu *G. Röthig/H. Pahnke*, ZPF 10 (1983), S.22.
37 Dazu umfassend *W. Lieb*, Kabelfernsehen; s. auch noch *G. Koch*, Zuordnung, S. 245 ff jeweils mwN.

fallen[39]. Diese – ohnedies fast nur in Fußnoten wissenschaftlicher Abhandlungen geführte – Debatte über die verfassungsrechtliche Zulässigkeit verlor jegliche politische Brisanz, nachdem die Rundfunkreferenten der Länder im November 1980 beschlossen hatten, gegen die als medienpolitisch wenig bedeutungsvoll eingeschätzten Ansagedienste nichts mehr zu unternehmen[40]. Zu einer in verfahrensrechtlich strukturierter Weise vorbereiteten Entscheidung – vergleichbar der *Computer II-* und *Computer III-*Entscheidung der amerikanischen FCC zur Zuordnung von Sprachspeicherungsdiensten kam es nicht.
Im Zusammenhang mit der Einführung neuer TK-Dienste gewinnt jetzt ein anderer, stärker fernmelderechtlicher Aspekt der Auftrags- und Ansagedienste an Bedeutung: Auftrags- und Ansagedienste sind frühe Formen der Informationsspeicherung durch die Post. Sie erweisen sich damit als Vorläufer der neuen, ökonomisch reizvolleren Formen der Informationsspeicherung, wie sie die Post im Rahmen des Bildschirmtextdienstes bereits anbietet[41]. Schon zeichnet sich ab, daß auch für andere TK-Dienste – vom »Telebox«-Dienst bis hin zum »Abruf-Fernsehen« Informationsspeicher aufgebaut werden können[42]. Ob die Post diese Speichereinrichtungen errichten und betreiben und ob sie informationsspeichernde Dienste einrichten und betreiben darf, hängt davon ab, ob »Informationsspeicherung« noch zu ihrem kompetenzrechtlich auf die »Übermittlung« von Signalen beschränkten Aufgabenbereich zählt.
Als kompetenzrechtliches Problem wurde die Informationsspeicherung durch die Post im Zusammenhang mit der Einführung des Bildschirmtextsystems neu entdeckt[43]; die bisherige Diskussion orientierte sich jedoch nicht immer an den im Grundgesetz angelegten und vom BVerfG konkretisierten kompetenzrechtlichen Kategorien, sondern operierte oft mit wenig aussagekräftigen, an die nachrichtentechnische Terminologie angelehnten Begriffen, aus

38 S. dazu *W. Lieb*, Kabelfernsehen, S.132, Anm.135.
39 Bejahend *G. Herrmann*, RuF 1971,267 (276), auf der Grundlage einer wenig überzeugenden Gleichsetzung der Telefonansagedienste mit den Funksonderdiensten ablehnend *W. Lieb*, Kabelfernsehen, S.132 in Fn.135; s. dazu *J. Scherer*, Telekommunikationsrecht, S. 500 f mwN.
40 Auskunft des Hessischen Staatskanzlei vom 22.3.1984; s. auch *K. Gscheidle*, ArchPF 28 (1976), S. 107 (111).
41 S. dazu die Systembeschreibung bei *F. Arnold*, Endeinrichtungen, S.86 ff.
42 Zum Abruffernsehen und weitergehenden, integrierten audiovisuellen Diensten s. nochmals *W. Kaiser/H. Armbrüster* et. al., Breitbandkommunikation, S. 126 ff; krit. Bayerischer Rundfunk (Hrsg.), Glasfasertechnik, insbes. S. 34 ff; neuerdings *H. Armbrüster*, net 40 (1986), S. 187 (192, 195) mit Hinweisen zur Gestaltung von Informations- und Programmzentralen.
43 S. insbes. *U.v. Petersdorff*, Bildschirmtextzentrale; s. auch *J. Scherer*, DVR Beiheft 16 (1984), S. 17 ff.

denen sich nahezu beliebige kompetenzrechtliche Folgen »deduzieren« lassen[44].

Die kompetenzrechtliche Zulässigkeit der im Rahmen des Bildschirmtext-Dienstes ermöglichten Informationsspeicherung wird von der Deutschen Bundespost unter Hinweis auf den Direktrufbeschluß mit folgender Argumentationskette verteidigt: (1) der Textspeicher der Bildschirmtextzentralen sei eine Fernmeldeanlage, (2) die technische Gestaltung einer Fernmeldeanlage und damit die Reichweite des verfassungsrechtlichen Kompetenzbereichs »Fernmeldewesen« ergebe sich »aus den Einrichtungen, die zur fernmeldemäßigen Übertragung erforderlich sind«; weil (3) zum Fernmeldewesen »nicht nur die Übertragungsleitungen einschließlich des Leitungsabschlusses, sondern auch Zwischenspeicher im Netz und mit dem Leitungsabschluß elektrisch verbundene End- und Zusatzeinrichtungen« zählten, fielen (4) auch »die Textspeicher unter die Zuständigkeit der Fernmeldeverwaltung«[45].

Die Prämissen (1) und (3) sind identisch, aber korrekt, die aus ihnen gezogene Schlußfolgerung ist zutreffend, begründet aber nicht, was zu begründen ist: Da sich »die Reichweite des Begriffs Fernmeldewesen nicht auf die Übertragungsleitungen einschließlich des Leitungsabschlusses, also auf den unmittelbaren Netzbereich (beschränkt), sondern (sich) auf diejenigen Einrichtungen erstreckt, die die Übertragung erst ermöglichen«[46], ist der Textspeicher im Bildschirmtextsystem eine »Fernmeldeanlage«, denn er ermöglicht die Übertragung von Informationen (wenngleich erst nach »Zwischenspeicherung«). Daraus folgt, daß »die Textspeicher unter die Zuständigkeit der Fernmeldeverwaltung fallen«[47].

Damit ist jedoch nicht begründet, daß die Fernmeldeverwaltung die Textspeicher errichten und betreiben und daß sie mittels dieser Textspeicher Telekommunikationsdienste (einrichten, betreiben und) anbieten darf; es ist vielmehr nur dargetan, daß die fernmeldetechnische *Regelung* der Errichtung und des Betriebs der Textspeicher in den Zuständigkeitsbereich der Fernmeldeverwaltung fällt.

44 Das gilt z.B. für die Dichotomisierung von »Datenübertragung« (= nachrichtentechnische Übermittlung) und »Daten(fern)verarbeitung« und die daraus »hergeleitete« Konsequenz, die Post dürfe keine Daten(fern)verarbeitung betreiben (so im Ansatz *E.-J. Mestmäcker*, in ders., Hrsg., Monopole, S. 161, 164). Begreift man nur die inhaltliche Veränderung von Nachrichten als Daten(fern)verarbeitung, dann läßt sich mit gleichem Recht behaupten, die Bildschirmtextzentralen stellten dem Anbieter »keine Datenverarbeitungsfunktionen zur Verfügung«, vgl. *F. Arnold*, Endeinrichtungen, S.88.

45 *D. Müller-Using*, Jb.DBP 1982,259 (271) = DVR 11 (1982), S. 197 ff.

46 BVerfGE 46, 120 (144) mwN.

47 Nochmals *D. Müller-Using*, Jb.DBP 1982, 259 (271).

Auch die zweite, zumindest mißverständlich formulierte Prämisse trägt die Schlußfolgerung nicht: Nach der Rechtsprechung des BVerfG gehören »zum Fernmeldewesen im Sinne von Art.73 Nr.7 GG...die technischen Voraussetzungen, deren Regelung für einen geordneten Ablauf des Betriebs (von Fernmeldeanlagen) und des Empfangs ihrer Sendungen unerläßlich ist«[48].
Daraus folgt jedoch für die Bildschirmtextspeicher nur, daß die Post deren Errichtung und Betrieb und den »geordneten Ablauf« der Signalübermittlung von und zu diesen Speichern *regeln* darf, soweit dies fernmeldetechnisch »unerläßlich« ist. Ob die Post Trägerin der Speicher und Anbieterin von Speicherungsdiensten sein darf, läßt sich aufgrund dieser Feststellung nicht beantworten.
In der telekommunikationsrechtlichen Literatur werden zwei kompetenzrechtliche Maßstäbe angeboten, die eine solche Antwort ermöglichen sollen:
In Anlehnung an das *1. Rundfunkurteil* hat die baden-württembergische Expertenkommission Neue Medien (EKM) vorgeschlagen, die Textspeicher bei der Textkommunikation demjenigen Kompetenzbereich zuzuordnen, der »beim Rundfunk den ›Studiobereich‹ ausmacht«[49].
Damit könnte die Post – nach den im *1. Rundfunkurteil* konkretisierten kompetenzrechtlichen Regeln der Art.73 Nr.7, 87 Abs.1, 30, 83 ff GG – weder Trägerin der Textspeicher noch Anbieterin von Speicherungsdiensten sein.
Diese Anknüpfung an das *1. Rundfunkurteil* ist jedoch verfehlt: Der Hinweis auf »die sogenannte Studiotechnik«[50] diente dem BVerfG dazu, die »Veranstaltung« von Rundfunksendungen – bis zur Bereitstellung »der sendefertigen Ton- und Bildsignale«-[51] von deren »Übermittlung« (der »Sendetechnik«) abzuschichten[52].
Die Ausgrenzung der »Studiotechnik« aus dem Zuständigkeitsbereich »Fernmeldewesen« ist nur eine formelhafte Verkürzung der kompetenzrechtlichen Regel, wonach die Post Nachrichten nicht produzieren, sondern nur übermitteln darf[53].
Die Textspeicher dienen jedoch gerade nicht der Produktion von Nachrichten, sondern ihrer Speicherung, lassen sich also der kompetenzrechtlichen Kate-

48 BVerfGE 12,205 (227); 46,120 (144). Von der Austauschbarkeit des im Original verwandten Begriffs »Rundfunksender« und des allgemeineren Terminus »Fernmeldeanlage« geht auch *D. Müller-Using*, Jb.DBP 1982, S.259 (271) aus.
49 EKM, Bd.I, S.189; dazu krit. *U.v. Petersdorff*, Bildschirmtextzentrale, S.159.
50 BVerfGE 12,205 (227); s. auch S.237.
51 Zur Studiotechnik als Voraussetzung der »Veranstaltung« s. BVerfGE 12,205 (237); zu den »sendefertigen Signalen« als Produkt der Studiotechnik s.S.227.
52 S. nochmals BVerfGE 12,205 (227) und (zur Gegenüberstellung von »Sendetechnik« und »Veranstaltung« als »Sachbereiche, die sich trennen und gesondert regeln lassen«) S. 237.
53 Dazu bereits oben, bei Anm. 6 ff.

gorie »Studiotechnik« nicht zuschlagen, so daß der Abgrenzungsversuch der EKM ins Leere geht.

Auf der Grundlage einer historisch orientierten Analyse des Kompetenzbereichs Postwesen[54] wird bisweilen die »Empfängerbezogenheit« von Signalen zum Maßstab für die Zulässigkeit der Signalspeicherung durch die Post gemacht. Diese kompetenzrechtliche Maßstabsbildung beruht auf der methodisch wenig überzeugenden, den Zirkelschluß kaum verdeckenden Prämisse, bei der Konkretisierung des Kompetenzbereichs Fernmeldewesen sei »auf das Wesen des Postbetriebs im teleologischen Sinn abzustellen«[55].

Die Post nehme nur dann »Übermittlungsfunktionen im posttypischen Sinne« wahr, wenn sie eine »empfängerbezogene Nachricht« übermittele; die Empfängerbezogenheit sei die »notwendigste... Bedingung eines verfassungsrechtlich zulässigen Postbenutzungsverhältnisses«[56].

Eine solche »Empfängerbezogenheit«, die sich in einer »empfängerbezogenen Transportanweisung« des Kommunikators manifestiert, liegt weder bei den Nachrichten vor, die ein Bildschirmtextanbieter zum Abruf durch die Allgemeinheit oder durch eine »geschlossene Benutzergruppe« in der Bildschirmtextzentrale der Post gespeichert hat[57], noch bei den Mitteilungen eines Bildschirmtextteilnehmers an sich selbst oder an andere (einzelne) Teilnehmer, denn in beiden Fällen wird die gespeicherte Nachricht »erst jeweils vor dem Abruf« durch den Abrufenden »mit einem empfängerorientierten Vermittlungsauftrag versehen«[58].

Die »Empfängerbezogenheit« einer Nachricht ist jedoch keineswegs eine notwendige Bedingung fernmeldetechnischer Übermittlung, wie schon ein Blick auf den überkommenen Hör- und Fernsehrundfunk zeigt, bei dem eine »empfängerbezogene Transportanweisung« technisch ausgeschlossen ist; demgemäß hat auch die Rechtsprechung des BVerfG die »Empfängerbezogenheit« der Nachricht nicht zum kompetenzrechtlichen Maßstab für das Handeln der Fernmeldeverwaltung gemacht[59].

Die Empfängerbezogenheit taugt für die Abgrenzung von zulässiger Nachrichtenübermittlung und unzulässiger Nachrichtenspeicherung nicht.

54 Vgl. *U.v. Petersdorff*, Bildschirmtextzentrale, S.87 ff; s. auch S. 134.

55 *U.v.Petersdorff*, Bildschirmtextzentrale, S.117.

56 *U.v. Petersdorff*, Bildschirmtextzentrale, S.165 f; s. auch S.134, wo die »Bezogenheit der Beförderung auf einen Empfänger« sogar zur »logische(n) Voraussetzung des verfassungsrechtlichen Postbenutzungsverhältnisses« wird.

57 So zutr. *U.v. Petersdorff*, Bildschirmtextzentrale, S.167; s. auch S.166 und noch S.214.

58 *U.v. Petersdorff*, Bildschirmtextzentrale, S.214.

59 Das erkennt auch *U.v. Petersdorff*, Bildschirmtextzentrale, S. 109 f, 111, 114.

Ausgangspunkt für eine solche Abgrenzung müssen vielmehr die Wechselbeziehungen zwischen Nachrichtenübermittlung und Nachrichtenspeicherung sein: Die Nachrichtenspeicherung betrifft die zeitliche Dimension der Nachrichtenübermittlung. Über die zeitliche Dimension sind beide miteinander verknüpft.

Für die Dauer der Nachrichtenübermittlung, auf die das BVerfG den Handlungsbereich der Fernmeldeverwaltung begrenzt hat – genauer: für die Zeit zwischen der Einlieferung eines »sendefertigen« Signals durch den Kommunikator und der »Wiedergabe« dieses Signals »am Empfangsort«[60] –, befinden sich die Signale auf dem Übertragungsweg; sie sind »gespeichert«[61].

Berücksichtigt man diese zeitliche Dimension der Nachrichtenübermittlung, dann ist die Frage, ob die Post aus kompetenzrechtlicher Sicht Signale speichern oder »nur« übermitteln darf, falsch gestellt. Sie muß lauten: *Wie lange* darf die Post bei der nachrichtentechnischen Übermittlung die zu übermittelnden Signale speichern ?

Die Antwort hierauf findet sich in der Rechtsprechung des BVerfG: Die Speicherung darf nur so lange dauern, wie es »unerläßlich« ist, um »die Übertragung (zu) ermöglichen«[62]. Damit sind Informationsspeicherungen, wie sie im Rahmen des Bildschirmtextdienstes und des Telebox-Dienstes in den Rechnern der DBP erfolgen, vom Verfassungskompetenzrecht nicht mehr gedeckt[63]. Jenseits solcher offenkundigen Fälle von Informationsspeicherungen sind Grenzbereiche denkbar, in denen die Linie zwischen einer für die Übertragung unerläßlichen und einer nicht mehr unerläßlichen (Zwischen-) Speicherung verschwimmt – ein Beispiel hierfür ist schon jetzt die Datenpaketvermittlung. Hier wird die Abgrenzung dessen, was »noch« nachrichtentechnische Übermittlung ist, von dem, was »schon« Nachrichtenspeicherung ist, zu einer Aufgabe technisch informierter, juristischer Entscheidungsfindung[64].

60 Zur Terminologie s. nochmals BVerfGE 12, 205 (227) und E 46, 120 (144).

61 So zutr. *U.v. Petersdorff*, Bildschirmtextzentrale, S.127.

62 S. zu diesem Kriterium BVerfGE 12, 205 (227) und die Anknüpfung hieran in E 46, 120 (144) mit ausdrücklichem Verweis; s. auch den Bezug auf das »Unerläßlichkeits«-Kriterium bei *D. Müller-Using*, Jb.DBP 1982, 259 (271) und bei *U.v. Petersdorff*, Bildschirmtextzentrale, S.125.

63 Allenfalls könnte man versuchen, den Telebox-Dienst als eine nachrichtentechnische Version der postlagernden Sendung zu rechtfertigen; eine solche verfassungsrechtliche Argumentation hätte freilich ihre Brüche: Im Verhältnis zur Briefzustellung ist das Postlagerungs-Dienstangebot der Post die Ausnahme. Ein elektronischer Briefdienst, den die Post in eigener Trägerschaft anbieten könnte, müßte also – wenn man die Analogie zum Briefdienst sauber konstruieren will – grundsätzlich so ausgelegt sein, daß die elektronisch übermittelte Nachricht in einem elektronischen Briefkasten beim Benutzer (und nicht »auf Abruf« in einem postalischen Speicher) abgelegt wird.

64 Dazu schon *J. Scherer*, DVR Sonderheft 16 (1984), S. 17 (21).

Wegen ihrer weitreichenden kompetenzrechtlichen und ihren – andernorts präzisierten[65] – grundrechtlichen Folgen erfordern solche Entscheidungen materielle Kriterien, wegen der Dynamik des Gegenstandsbereichs »Fernmeldewesen«[66] aber auch und vor allem formalisierte Organisationen und Verfahren, mit deren Hilfe die Entscheidungsvorbereitung erfolgen kann[67].
Die Grenzlinie zwischen der zur Übermittlung unerläßlichen und der nicht erforderlichen und damit kompetenzrechtlich nicht von der Post vorzunehmenden »Speicherung« ist nicht technisch vorgegeben, sondern in jedem Einzelfall der Errichtung eines neuen Netzes oder Dienstes mit Speicherungsfunktionen neu zu ziehen und – im Hinblick auf die Dynamik des Gegenstandsbereichs Fernmeldewesen – ständig zu überprüfen[68].

2.) *Das verfahrensrechtliche Defizit*

Die Änderungen in den Organisations- und Verfahrensstrukturen der Bundespost, die sich als Folge der Telematik vollzogen haben, sind vom Telekommunikationsrecht bislang nur unzureichend aufgenommen worden.

a.) Die Verknüpfung von Nachrichtenübertragung und Datenverarbeitung in den Netzen der Bundespost und im Endgerätebereich jenseits der Netzschnittstellen hat Diensteinrichtungsentscheidungen und Entscheidungen über die postalische Bereitstellung von Endgeräten zu komplexen, unter Beteiligung einer Vielzahl von Interessengruppen vorbereiteten Entscheidungen gemacht. Der Interessenpluralisierung auf seiten der Betroffenen entspricht auch bei der Post eine administrative Pluralisierung. Das Telekommunikations-*Verfahrens*recht hat jedoch mit dieser Entwicklung nicht Schritt gehalten.
Für die Einrichtung neuer Dienste hat sich außerhalb der vom Postverwaltungsgesetz geregelten Organisations- und Verfahrensstrukturen ein organisatorisches und prozedurales Beziehungsgeflecht entwickelt, das aus (überwiegend vom Postministerium eingerichteten und gesteuerten) Arbeitsgruppen, Ausschüssen und anderen organisationsrechtlich nicht strukturierten Gremien besteht, an denen Vertreter der Herstellerindustrie, der Benutzer, der Informationsanbieter und bisweilen auch Repräsentanten der für die »kultu-

65 Vgl. *J. Scherer*, Telekommunikationsrecht, S. 681 ff.
66 Vgl. nochmals BVerfGE 46,120 (144).
67 Vgl. BVerfGE 53, 30 (71 ff).
68 Zur verwaltungsrechtlichen Umsetzung dieser oft erhobenen Forderung s. *J. Scherer*, Telekommunikationsrecht, S. 699.

rellrechtliche« Seite neuer Dienste zuständigen Bundesländer beteiligt sind[69].

Binnenorganisatorisch entspricht dieser Vorgehensweise ein sogenanntes Bauherrenmodell, wonach ein »Referat« des Postministeriums damit betraut wird, die Einrichtung eines bestimmten (neuen) Dienstes insgesamt und von Anfang an zu steuern[70]. Die Verfahren, deren sich die »Bauherren« bei der Diensteinrichtung zu bedienen haben, sind ihnen rechtlich nicht vorgegeben. Eine vergleichende Analyse mehrerer Diensteinrichtungsverfahren läßt jedoch charakteristische Gemeinsamkeiten erkennen[71].

Exemplarisch für die neuartigen, komplexen Diensteinrichtungsverfahren der Deutschen Bundespost (DBP) ist das Procedere bei der Einrichtung des Bildschirmtextdienstes: Die Phase der Errichtung des Bildschirmtextsystems begann im Anschluß an eine vom Postministerium vorbereitete und von der Bundesregierung in ihren »Vorstellungen zum weiteren Ausbau des technischen Kommunikationssystems« 1976 getroffene Grundsatzentscheidung, Bildschirmtext »als Fernmeldedienst der Deutschen Bundespost« einzuführen[72].

Nachdem die DBP dem British Post Office, dessen »Viewdata«-System damals das technisch am weitesten entwickelte Bildschirmtextsystem war, Rechte und Kenntnisse abgekauft hatte, wurde das Bildschirmtextsystem in Zusammenarbeit mit der Herstellerindustrie fortentwickelt und auf der Berliner Funkaustellung 1977 erstmals der Öffentlichkeit präsentiert. Während im Fernmeldetechnischen Zentralamt der DBP »nichtöffentliche technische Versuche« mit dem neuen System stattfanden, die Mitte 1980 in öffentliche sog. Feldversuche mündeten, begann 1978 eine vom Postministerium gesteuerte, fünfjährige Phase der Entscheidungsvorbereitung in mehreren Arbeitskreisen, an denen Herstellerfirmen und Verbände (potentieller) Bildschirmtextanwender aus Wirtschaft und Verwaltung beteiligt waren.

Eingerichtet wurden

- ein Arbeitskreis »Bildschirmtext Anwendungen«
- ein Arbeitskreis »Bildschirmtext Technik und Standardisierung«.

69 Dazu und zur Präjudizierung der Bundesländer durch die Post s. *J. Scherer*, Telekommunikationsrecht, S. 368 ff, 553 ff.

70 Ein Referat ist die organisatorische Arbeitseinheit eines Ministeriums; allg. zur Organisation der deutschen Ministerialbürokratie s. *R. Mayntz*, Soziologie der öffentlichen Verwaltung, Heidelberg 1978, S. 187 ff.

71 S. dazu *J. Scherer*, Telekommunikationsrecht, S. 380 ff.

72 Bundesministerium für das Post- und Fernmeldewesen (Hrsg.), Vorstellungen der Bundesregierung zum weiteren Ausbau des technischen Kommunikationssystems, Bonn 1976, S. 29; dazu und zur Vorgeschichte dieser Planungsentscheidung s. *J. Scherer*, Telekommunikationsrecht, S. 554 ff.

Dem beim Postministerium angesiedelten Anwenderarbeitskreis gehörten Repräsentanten von etwa 70 Verbänden der Wirtschaft, Arbeitnehmerorganisationen, Einzelunternehmen, Interessengruppen und von anderen Ministerien an.

Der beim Fernmeldetechnischen Zentralamt (FTZ) eingerichtete Arbeitskreis »Bildschirmtext Technik und Standardisierung« setzte sich aus Vertretern der Elektro- und Büromaschinenindustrie, der Fernsehgerätehersteller, der Normungsgremien, des Instituts für Rundfunktechnik und Vertreter der Hochschulen zusammen. Dieser Arbeitskreis gliederte sich in einen Unterarbeitskreis »Standardisierung«, einen Unterarbeitskreis »Modem« und einen Unterarbeitskreis »Rechnerverbund«, die Fragen der nationalen, regionalen – auf der CEPT-Ebene erforderlichen – und der internationalen Standardisierung von Alphabet, Codierung und Kommunikationsprozeduren, die Standardisierung des Bildschirmtext-Modems (und damit die Schnittstelle zum Netz) sowie die Konzeption des Rechnerverbundes zwischen dem Bildschirmtextsystem und externen Datenverarbeitungsanlagen behandelten.

Das Procedere innerhalb der Arbeitskreise, ihre gegenseitige Zuordnung und die Koordination ihrer Arbeit waren nicht formalisiert. Ähnlich wie bei anderen, mit der Einführung neuer Telematikdienste befaßten Arbeitskreisen der Post[73] bildeten sich jedoch gewisse Verfahrensstrukturen heraus: Der beim Ministerium angesiedelte Anwender-Arbeitskreis entwickelte sich zu einem Steuerungs- und Koordinierungsgremium, dem alle anderen Organisationseinheiten regelmäßig berichteten und das ein abschließendes Votum zu den Arbeitsergebnissen der ihm nachgeordneten (Unter-)Arbeitskreise abgab. In den – eher »nachrichtentechnisch« ausgerichteten – Unterarbeitskreisen erarbeiteten die Teilnehmer auf der Grundlage von Vorlagen des FTZ bzw. des Ministeriums Entscheidungsvorschläge, die in die eher »telekommunikationspolitisch« orientierten Arbeitskreise eingebracht wurden.

Die administrative Pluralisierung der Diensteinrichtungsverfahren zeigt sich beispielsweise an der bedeutsamen Rolle, die – gegen anfängliche Widerstände der Bundespost – die Datenschutzbeauftragten des Bundes und der Länder bei der Vorbereitung des Dienstprofils von Bildschirmtext spielten[74], vor

73 Z.B. die Arbeitskreise, die mit der Vorbereitung des Dienstprofils für den Telefax- und den Teletexdienst der Post befaßt waren: s. dazu *J. Scherer*, Telekommunikationsrecht, S. 381 ff, 386 ff.

74 S. dazu, zur Streitfrage der Kontrollkompetenz und zu Regelungsdefiziten Bundesbeauftragter für den Datenschutz, 3. Tätigkeitsbericht (TB), Rz. 3.8.3; 4. TB, Rz. 2.4.4; 6. TB, Rz. 6.4.2; 7. TB, Rz. 8.5; 8. TB, Rz. 6.2; s. auch *J. Scherer*, Rechtsprobleme des Staatsvertrags über Bildschirmtext, in: NJW 1983, 1832 (1836 ff). Zur Einbeziehung von Datenschutzbeauftragten, Anbietern, Herstellern und Verbrauchern in die Betriebsversuche mit dem Fernwirkdienst Temex s. *J. Schmidt*, Datenschutz und neue Fernmeldedienste der Deutschen Bundespost, in: Jb. DBP 1985, S. 609 (628), dort auch (S. 617 ff) zum Datenschutz beim Bildschirmtextdienst.

allem aber im Verhältnis zu den Bundesländern: Voraussetzung für die Erprobung des Bildschirmtextsystems im Rahmen von zwei sogenannten Feldversuchen, die ab 1980 in Nordrhein-Westfalen und in Berlin stattfanden[75], waren medienrechtliche Erprobungsgesetze der beiden Länder[76]. Voraussetzung für die endgültige, bundesweite Einführung des Bildschirmtextdienstes waren gesetzliche Einführungsentscheidungen aller Bundesländer, die durch einen Staatsvertrag koordiniert worden waren[77]. Die unzulänglichen verfahrens- und organisationsrechtlichen Mechanismen zur Koordinierung der (Länder-) Medienpolitik mit der (Bundes-)Fernmeldepolitik haben freilich dazu geführt, daß die Grundsatzfrage, ob und inwieweit die Bundespost kompetenzrechtlich befugt ist, den Bildschirmtextdienst einschließlich seiner datenspeichernden und -verarbeitenden Funktionen in eigener Trägerschaft anzubieten, unentschieden geblieben ist: Die Bundespost hat den Bildschirmtextdienst verordnungsrechtlich als Fernmeldedienst – jetzt, im Rahmen der TKO, als »Telekommunikationsdienst« – geregelt[78].

b.) Auch die Auswirkungen der Telematik auf den Endgerätebereich haben zu einer Pluralisierung der bei postalischen Entscheidungen zu berücksichtigenden Interessen und zur Herausbildung von Entscheidungsabläufen geführt, die dringend der rechtlichen Ordnung bedürfen: Die Entscheidungen über das Ob und Wie einer Beteiligung der Bundespost am Markt für die Endgeräte neuer Telematikdienste sind zum Gegenstand komplexer, nahezu völlig intransparenter und in ihrem Verlauf unberechenbarer Aushandlungsprozesse geworden. Beteiligt sind – mit konträren Positionen – das Post- und das Wirtschaftsministerium sowie Verbände der Herstellerindustrie und der organisierten (gewerblichen) Anwender. Die fehlende und auch von der Telekommunikationsordnung nicht erbrachte, verfahrensrechtliche Strukturierung dieser Prozesse hat – wie die Beispiele des Streits um die Telefax- und die

75 Zu den Feldversuchen und der Begleitforschung s. *Bernd-Peter Lange*, Bildschirmtextfeldversuch – Begleitforschung – Staatsvertrag der Bundesländer, in: MP 1983, S. 65 ff mwN.

76 Vgl. das nordrhein-westfälische Gesetz über die Durchführung eines Feldversuchs mit Bildschirmtext vom 18. März 1980, GVBl. NW S. 153 und das Gesetz über die Erprobung von Bildschirmtext in Berlin vom 29.Mai 1980, GVBl Bln., 1002, ber. S. 2166. Dazu *J. Scherer*, Telekommunikationsrecht, S. 109 und – zur Präjudizierung dieser Gesetze durch die Post – S. 561 f.

77 Staatsvertrag über Bildschirmtext, abgedr. in: *W.-D. Ring*, Rundfunkrecht (Losebl.), F-V.1.2.; zur Vorgeschichte *J. Scherer*, Telekommunikationsrecht, S. 554 ff, 562 ff, zu Rechtsproblemen des Staatsvertrags *ders.*, NJW 1983, S. 1832 ff.

78 Vgl. jetzt §§ 212 ff TKO. Zur Kritik an der Vorgehensweise von Bund und Ländern s. *J. - Scherer*, Telekommunikationsrecht, S. 565 ff.

Teletex-Endgeräte zeigen –, beträchtliche Verzögerungen der Entscheidungsfindung zur Folge[79].

c.) Der Postverwaltungsrat hat – nicht ohne eigenes Zutun – bei der Planung und Einrichtung der neuen Netze und Dienste bislang nur eine Nebenrolle gespielt. Zwar hat er nach § 12 Abs. 1 Nr. 5 PostVerwG über »die Übernahme neuer, die Änderung oder die Aufgabe bestehender Dienstzweige« und nach § 12 Abs. 1 Nr. 6 über »die Durchführung grundlegender Neuerungen oder Änderung technischer Anlagen« zu beschließen und ist damit (schon) für die Planungsphase zur Mitwirkung berufen. Diese Verfahrensregeln greifen jedoch in der Praxis kaum: Der Postverwaltungsrat hat sich ganz weitgehend darauf beschränkt, gem. § 12 Abs. 1 Nr. 4 PostVerwG die »Bedingungen für die Benutzung der Einrichtungen...des Fernmeldewesens einschließlich der Gebührenbemessung« zu beschließen.
In diesem Zeitpunkt sind die Entscheidungsspielräume des Postverwaltungsrates weitgehend eingeschränkt: Wenn der Postminister die Vorlage mit den Benutzungsbedingungen und Gebühren für ein neues TK-Netz oder einen neuen TK-Dienst in den Verwaltungsrat einbringt, sind die planerischen Vorentscheidungen längst getroffen und die Errichtung ist abgeschlossen oder steht doch kurz vor der Vollendung. Die Entscheidung des Postverwaltungsrates gem. § 12 Abs. 1 Nr. 4 PostVerwG ist damit durch die oft mit großem personellen und finanziellen Aufwand ins Werk gesetzten Errichtungsmaßnahmen präjudiziert[80].

3.) *Fernmelderechtliche Grenzziehungen*

Ungeachtet der verfassungskompetenzrechtlichen Grenzlinie zwischen dem auf die fernmeldetechnischen Angelegenheiten beschränkten Sachbereich »Fernmeldewesen« und dem die nichttechnische, »kulturellrechtliche« Regelungsdimension der TK-Netze und -Dienste betreffenden Zuständigkeitsbereich der Bundesländer[81] hat die Deutsche Bundespost damit begonnen, neue (verordnungsrechtliche) Grenzlinien zu ziehen: Mit der Telekommunikations-

79 Zu den Einzelheiten dieser Auseinandersetzungen s. *J. Scherer*, Telekommunikationsrecht, S. 405 ff, 414 f.

80 S. dazu im einzelnen *J. Scherer*, Telekommunikationsrecht, u.a. S. 273 ff, 393 ff, 476 ff, 502 ff, 540 ff.

81 Zu den diesbezüglichen Regelungsansätzen in den Mediengesetzen einzelner Bundesländer siehe insbes. §§ 1 I, III; 2 Nr. 2, 3-8, 9 ff, 33 ff b.-w. LMG; s. auch Art. 31-33 bay. MEG.

ordnung (TKO) vom 21. November 1986 versucht die Post, die fernmelderechtlichen Regelungskategorien des § 1 FAG neu zu konzipieren (a.). Zugleich führt die Post ihre Politik der »nutzungszeitabhängigen Tarifierung« fort, die es erlauben soll, Wettbewerb zwischen Diensträgern einzuführen, ohne definitorische Grenzlinien zwischen einzelnen Dienstekategorien ziehen zu müssen (b.).
Neuerdings zeichnet sich jedoch ab, daß auch dieser Regelungsansatz nicht ohne inhaltliche Maßstäbe auskommt; die organisations- und verfahrensrechtlichen Prämissen ihrer Formulierung sind noch nicht geschaffen (c.).

a.) Die Telekommunikationsordnung (TKO), eine gem. § 12 Abs. 1 und 2 PostVerwG vom Postverwaltungsrat beschlossene und nach Maßgabe des § 14 PostVerwG vom Bundespostminister erlassene Rechtsverordnung, regelt die Bedingungen und Gebühren für die Benutzung der »Einrichtungen« des Fernmeldewesens (§ 1 Abs. 1 TKO) in der Bundesrepublik Deutschland. Sie führt zwei grundlegende, neue Regelungskategorien ein und markiert damit den Übergang vom herkömmlichen Fernmelderecht zum modernen, den Regelungsbedürfnissen der Telematik adäquaten Telekommunikationsrecht. Diese Kategorien, auf denen die von der TKO geschaffene Rahmenordnung beruht sind:
– öffentliches Telekommunikationsnetz (TK-Netz)
und
– öffentliche Telekommunikationsdienste (TK-Dienste).
Das öffentliche, von der Post zu planende, zu errichtende und zu betreibende TK-Netz besteht aus dem in unterschiedliche Netzbereiche unterteilten (§ 3 Abs. 3 TKO) leitungstechnischen Grundbestand und aus Teilnehmeranschlüssen, an die die »Endstellen« der einzelnen Teilnehmer angeschlossen sind (§ 6 Abs. 1 TKO). Das Netz endet mit den Anschalteeinrichtungen der Post. Hier liegt die juristische Schnittstelle zwischen dem öffentlichen TK-Netz und dem Bereich der Teilnehmer-Endeinrichtung (§ 6 Abs. 1 S. 2 TKO).
Öffentliche TK-Dienste sind die von der Post »im Rahmen« des öffentlichen TK-Netzes ermöglichten (§ 3 Abs. 1 S. 2 TKO) Formen vermittelter und verteilter Kommunikation (§ 4 Abs. 1 TKO). Dabei handelt es sich um Telekommunikationsformen (wie Telefonieren, Fernschreiben, Funken etc.), die durch Dienste-Regelungen und durch technische sowie betriebliche Funktionsbedingungen (§ 5 TKO) charakterisiert sind. Innerhalb der einzelnen TK-Dienste (Telefondienst, Telefaxdienst, etc.) erbringt die Post eine Vielzahl von Dienstleistungen (§ 4 Abs. 2 TKO), die vom Überlassen der Endeinrichtungen (des Telefons, des Fernkopiergeräts) etc.) bis zur Bereitstellung der gewünschten Verbindung reichen.

Auf der Grundlage der beiden neuen Regelungskategorien »Netze« und »Dienste« legt die TKO die Dienstprofile – d.h. die technischen, betrieblichen und nutzungsbezogenen Merkmale – der von der Post erbrachten Netz- und Dienstleistungen im einzelnen fest[82].
Die TKO, deren Vereinbarkeit mit der gesetzlichen Ermächtigungsgrundlage des § 14 PostVerwG angesichts der grundlegenden Umstrukturierung fernmelderechtlicher Regelungskategorien zumindest zweifelhaft ist[83], enthält keine Grenzlinien zwischen »Diensten« und hält am Vermittlungsverbot fest: Gem. § 331 Abs. 3 Nr. 2 TKO ist »die Benutzung von Telekommunikationseinrichtungen im Sinne eines Agenturbetriebs« unzulässig. Unter einem »Agenturbetrieb« versteht die TKO die Benutzung von Endeinrichtungen in der Weise, daß Nachrichten direkt oder nach einer Zwischenspeicherung an vorgegebene Bestimmungsadressen, auf die der Inhaber der Endeinrichtungen keinen Einfluß hat, weitervermittelt werden, ohne daß der Inhalt der Nachrichten für einen Verarbeitungsprozeß verwendet wird[84].

b.) Gegen Grenzlinienziehungen zwischen TK-Diensten – insbesondere zwischen Basisdiensten und Mehrwertdiensten – wird vom Postministerium eingewandt, daß sie (1) nicht hinreichend trennscharf und (2) wegen »der Eigengesetzlichkeit von Physik und Technologie zum Scheitern verurteilt« seien[85].
Als Beleg für die fehlende Trennschärfe dient der Hinweis auf die Zuordnungsentscheidungen, die die amerikanische FCC für Protokollumwandlungs- und einige andere Dienste zu treffen hatte; verkannt wird dabei, daß es nicht um »trennscharfe« Grenzlinien geht, sondern – gerade angesichts des »technologisch evolutorische(n) Prozess(es)«, der eine solche Trennschärfe ausschließt[86] – um die prozedural gesteuerte Konkretisierung der Grenzlinie im Einzelfall[87].
Der zweitgenannte Einwand beruht auf der Prämisse, daß »die Weiterentwicklung der Telekommunikation« durch »ordnungspolitische motivier-

82 Zu Einzelheiten s. *J. Scherer*, in: CR 1987 (Heft 1).
83 Hierzu und zu verfassungsrechtlichen Bedenken gegen die TKO *J. Scherer*, in: CR 1987, S. 115 ff.
84 Vgl. die Begriffsbestimmung »Agenturbetrieb« im Anhang 1 zu § 2 der TKO.
85 *H. Schön/K.H. Neumann*, Mehrwertdienste (Value Added Services) in der ordnungspolitischen Diskussion, in: Jb. DBP 1985, S. 478 (480, 481); ebenso *H. Schön*, ISDN und Ökonomie, in: Jb. DBP 1986, S. 3 (37) (Vorabdruck).
86 Vgl. *H. Schön*, in: Jb. DBP 1986, S. 3 (37) (Vorabdruck).
87 Zur Bedeutung verfahrensrechtlicher Regeln für die Konkretisierung technischer Standards s. BVerfGE 49, 89 (133); 53, 30 (75) – abw. Meinung – und aus verfassungsrechtlicher Sicht *J. Scherer*, Telekommunikationsrecht, S. 694 ff mwN.

te Grenzziehungen nur um den Preis von volkswirtschaftlichen Kostensteigerungen und Innovationshemmnissen in seiner Stetigkeit behindert werden kann«[88] und negiert damit den Primat der Politik vor der Technik.
Die Deutsche Bundespost ist seit 1981 dabei, »anstelle einer schwierigen und stetem Wandel unterworfenen definitorischen Grenzziehung...einen anderen, nämlich einen tarifpolitischen Weg der Liberalisierung zu gehen«[89].
Das von der Post angepeilte Regulierungsziel ist die »Zulassung privater Mehrwertdienste« (value added network services – VANS -) auf Mietleitungsbasis »in geeigneten Anwendungsfällen«[90].
Schon bei diesen und anderen Formulierungen des Regulierungsziels fällt auf, daß auch die Bundespost – trotz aller Kritik an den Versuchen »definitorischer« Grenzziehungen – nicht ohne eine Unterscheidung auskommt zwischen denjenigen Diensten, für die konkurrierende Dienstträger zugelassen werden sollen und solchen Diensten, für die es beim Alleinrecht des öffentlichen Netzträgers bleiben soll. Dabei werden unter Mehrwertdiensten in der aktuellen telekommunikationspolitischen Diskussion in der Bundesrepublik solche TK-Dienste verstanden, die – sei es »im Netz« oder »im Endgerät« – eine gegenüber den Basisdiensten »zusätzliche, höherwertige Nutzung in Form zusätzlicher Dienst- oder Leistungsmerkmale« ermöglichen[91].
Als Voraussetzung für die Zulassung von Mehrwertdiensten in privater Trägerschaft, die über Mietleitungen abzuwickeln sind, sieht die Bundespost die Verhinderung von Tarifarbitrage an[92].
Im Fall der Zulassung von Mehrwertdiensten über Mietleitungen kann es zur Tarifarbitrage durch (bloßen) Wiederverkauf kommen. Die Ursachen dafür liegen in der Tarifstruktur: Sie entspricht, wie bereits dargelegt[93], *erstens* nicht durchweg der Kostenstruktur. *Zweitens* galten – während die von der Post bereitgestellten Wählverbindungen nutzungszeitabhängig tarifiert sind – für Mietleitungen bislang pauschale (zeitunabhängige) Tarife. Damit sind die pauschal tarifierten Mietleitungen ab einer bestimmten Nutzungszeit kostengünstiger als die zeitabhängig tarifierten Wählverbindungen. Die Folge: »Ein

88 *H. Schön*, in: Jb. DBP 1986, S. 3 (37).
89 *H. Schön*, in: Jb. DBP 1986, S. 3 (37); s. auch *H. Schön/K.-H. Neumann*, in: Jb. DBP 1985, S. 478 (500).
90 *H. Schön/K.-H. Neumann*, Mehrwertdienste (Value Added Services) in der ordnungspolitischen Diskussion, in: Jb. DBP 1985, S. 478 (503).
91 *H. Schön/K.-H. Neumann*, in: Jb. DBP 1985, S. 478 (486); s. auch ebd. S. 488 mit einer Aufschlüsselung von Mehrwertdienstleistungen als Netz- und als Endgerätedienstleistungen.
92 *H. Schön/K.-H. Neumann*, in: Jb. DBP 1985, S. 478 (498, 515-520, 527) u.ö.
93 S. bereits oben, A. I. 2.) b.

Wiederverkaufs-Carrier könnte auf lukrativen Strecken die Dienste der DBP unterbieten und wäre dabei nicht gezwungen, auch die weniger gewinnträchtigen Gebiete flächendeckend zu versorgen (Rosinenpicken). Insgesamt betrachtet würden dadurch die Kosten der Bereitstellung von Fernmeldediensten steigen«[94].

Zur Verhinderung selektiver Unterbietung der Tarifstruktur des öffentlichen Netzes bediente sich auch die Post zunächst des Instruments der Benutzungsbeschränkung: Mit Hilfe von Vermittlungs-, Durchschalte- und Überlassungsverboten und -beschränkungen wurde Tarifarbitrage unterbunden.

Weil die technische Implementierung solcher benutzungsrechtlichen Regeln jedoch nur »vor Ort« bei der jeweiligen Endeinrichtung kontrolliert werden kann und deshalb mit einem großen – und angesichts zunehmend programmgesteuerter Vermittlungsvorgänge noch wachsenden – Prüfaufwand verbunden ist, entschied sich die Post für den Einsatz eines alternativen Steuerungsinstruments: der Gebührenpolitik.

Beginnend mit der 17. Änderungsverordnung zur Fernmeldeordnung führte die DBP (stufenweise) die nutzungszeitabhängigen Tarifierung für Mietleitungen ein[95].

Dieses Konzept soll die administrativen Benutzungsbeschränkungen (zumindest weitgehend) ablösen und »eine absolut liberale Zulassungspolitik« für Mehrwertdienste auf Mietleitungsbasis ermöglichen, »die auf eine Abgrenzung zum Wiederverkauf verzichten und auch eine agenturmäßige Vermarktung von privaten (Mehrwert-)Diensten außerhalb geschlossener Benutzergruppen erlauben kann«[96].

Grundgedanke der nutzungszeitabhängigen Tarifierung ist es, die Nutzungszeit jetzt auch für Festverbindungen (Mietleitungen) »tarifrelevant« zu machen und damit die Tarife für (private) Fest- und (öffentliche) Wählverbindungen einander so weit anzugleichen, daß Tarifarbitrage unattraktiv wird. »Im Idealfall von voll harmonisierten Wählnetz- und Mietleitungstarifen entfällt schließlich jede Tarifarbitrage und konkurrierende Anbieter können auf der Basis von Mietleitungen nur ›echte‹ VAN-Leistungen vermarkten«[97].

94 *H. Schön*, in: Jb. DBP 1986, S. 3 (38); s. auch *H. Schön/K.-H. Neumann*, in: Jb. DBP 1985, S. 478 (512-515) mit Beispielen.

95 Zur ökonomischen Begründung dieses Konzepts s. *K.-. Neumann/C. Chr. von Weizsäcker*, Tarifpolitik bei Mietleitungen und Nebenstellenanlagen unter volkswirtschaftlichen Gesichtspunkten, in: Jb. DBP 1982, S. 381 ff; zur Umsetzung durch die Bundespost s. *A. Hutter*, Nutzungszeitabhängige Tarifierung für Festverbindungen und Einführung neuer Festverbindungstypen, in: Jb. DBP 1982, S. 283 ff.

96 *H. Schön/K.-H. Neumann*, in: Jb. DBP 1985, S. 478 (519).

97 *H. Schön/K.-H. Neumann*, in: Jb. DBP 1985, S. 478 (519).

Private Diensträger werden dann – so die Idealvorstellung – nur mit der Bundespost konkurrieren, wenn sie »bessere« (etwa: durch zusätzliche Dienstmerkmale charakterisierte) TK-Dienste anzubieten haben.
Die TKO setzt den 1981 eingeschlagenen Weg fort: Sie nähert die Festverbindungstarife den Wählverbindungstarifen weiter an, indem sie
- Tarifzonen (§ 196 Abs. 3 TKO)
- Zeittakte (§ 196 Abs. 4 TKO)
- die Gebühreneinheit von 0,23 DM (§ 197 Abs. 1 TKO)

und
- einen Normal- und einen Billigtarif (§ 196 Abs. 4 TKO)

einführt und die nutzungszeitabhängige Tarifierung auch auf internationale Mietleitungen erstreckt.
Freilich zeigt schon die Entstehungsgeschichte der TKO, daß auch der Versuch, das Problem des bloßen Wiederverkaufs mit tarifpolitischen Mitteln zu bewältigen, ebenso wie die »definitorischen« Grenzlinienziehungen mit administrativen Kosten (in Form von zeit- und arbeitsaufwendigen Aushandlungsprozessen) verbunden ist: Das im ursprünglichen Entwurf der TKO vorgesehene Gebührenmodell wurde von der Post nach langiwerigen Verhandlungen mit Anwendern und Herstellern in zahlreichen Einzelheiten revidiert; Auseinandersetzungen mit den Bundesländern über die künftige Tarifstruktur für die von der Post bereitzustellenden Wählverbindungen zeichnen sich ab[98]. Für diese Aushandlungsprozesse, deren Dauer und Intensität proportional zur Bedeutung privater Dienstträgerschaft zunehmen dürfte, fehlt es bislang sowohl an verfahrensrechtlichen Regeln[99] als auch an der jedenfalls ordnungspolitisch gebotenen organisatorischen Verselbständigung der gebührenregelnden Instanz.
Die (verfassungs-)rechtliche Problematik des tarifpolitischen Steuerungsinstruments ergibt sich vor allem daraus, daß die nutzungszeitabhängigen Tarife weit höher liegen als die Kosten der bereitgestellten Mietleitungen. Damit stellen sich Fragen nach der Wahrung allgemeiner gebührenrechtlicher Prinzipien (insbesondere des Äquivalenzprinzips) und nach den Auswirkungen und Grenzen des für die Bundespost geltenden verfassungsrechtlichen Gebots sozialwirtschaftlicher Gestaltung der Telekommunikations-Infrastruktur.

98 Vgl. *Wirtschaftsministerkonferenz*, Bericht des Arbeitskreises der Länder »Bundespost und Fernmeldewesen« zum Entwurf einer Telekommunikationsordnung, Wirtschaftsministerkonferenz vom 10./11. April 1986, S. 11 ff.
99 Zum verfahrensrechtlichen Defizit s. bereits oben, 2.).

c.) Obwohl die tarifpolitische Wettbewerbssteuerung mit Hilfe der nutzungszeitabhängigen Tarifierung mit dem Anspruch eingeführt wurde, »juristische« Grenzlinien zwischen Diensten als Instrumente der Wettbewerbssteuerung überflüssig zu machen[100], deuten neuere Planungen der Post darauf hin, daß auf die gleichwohl noch immer als problematisch angesehenen »definitorischen« Grenzziehungen nun doch nicht ganz verzichtet werden soll[101]:
Abgegrenzt werden sollen die »Telekommunikations-Massendienste« von den »Spezialdiensten«. Bei den »Massendiensten« soll es sich um diejenigen TK-Dienste handeln, »aus denen der öffentliche Netzträger die finanziellen Ressourcen für die Infrastrukturvorleistungen in neue Dienste ziehen muß und in denen er gemeinwirtschaftliche Auflagen zu erfüllen hat«; als Beispiele werden Fernsprechen und »Textkommunikation« genannt[102].
Diese Dienste sollen – zusätzlich zur nutzungszeitabhängigen Tarifierung von Mietleitungen (und in einem gewissen Widerspruch zum damit verfolgten tarifpolitischen Regulierungskonzept) – etwa durch Carrier- und Kanalteilungs-Restriktionen besonders geschützt werden[103].
Für die »Spezialdienste« soll es bei der Zulassung konkurrierender Dienstträger und der Wettbewerbssteuerung mittels nutzungszeitabhängiger Tarifierung bleiben.
Damit wird die Frage, wer diese beiden Dienstekategorien abstrakt-generell festlegt und wer über die Zuordnung eines Telekommunikationsdienstes zur einen oder anderen Dienstekategorie im Einzelfall entscheidet, verfassungsrechtlich und ordnungspolitisch relevant.
Sofern diese Regelungskategorien zur Grundlage von Entscheidungen über die Zulassung privater Diensttrüger werden sollen, sind Entscheidungen des *Gesetzgebers* über die inhaltlichen Maßstäbe für das Vorliegen eines »Massendienstes« und die organisatorischen und prozeduralen Voraussetzungen für seine Einrichtung und seinen Betrieb verfassungsrechtlich geboten.

Zusammenfassende Würdigung

Das Regelungsmodell in der Bundesrepublik Deutschland ist in spezifischer Weise verfassungskompetenzrechtlich geprägt. Die Zuständigkeit des Bundes für das Fernmeldewesen – d.h. die technische Seite der nachrichtentechni-

100 S. oben, bei und in Anm. 89.
101 Vgl. *H. Schön*, in: Jb. DBP 1986, S. 3 (40) (Vorabdruck).
102 Vgl. *H. Schön*, in: Jb. DBP 1986, S. 3 (40) (Vorabdruck).
103 Vgl. *H. Schön*, in: Jb. DBP 1986, S. 3 (40).

schen Übermittlung von Signalen – wird ergänzt und sollte gesteuert werden von den Bundesländern, die für die nichttechnische, »kulturellrechtliche« Seite der Telekommunikation zuständig sind. Unterhalb der einfachgesetzlichen, noch immer vom Fernmeldeanlagengesetz gestalteten Regelungsebene hat die Bundespost unterdessen neue inhaltliche Regelungskategorien geschaffen: Verordnungsrechtlich unterschieden werden Telekommunikationsnetze und Telekommunikationsdienste. Angestrebt wird ein tarifpolitisch gesteuerter Wettbewerb zwischen den Anbietern solcher Dienste, die nicht – für die Infrastruktur relevante – »Massendienste«, sondern »Spezialdienste« sind. Die inhaltlichen, organisations- und verfahrensrechtlichen Voraussetzungen für die Umsetzung dieser Regulierungsziele fehlen bislang noch.

C. Telekommunikationsrecht: Struktur, Regelungsprobleme und Instrumente

Die Verknüpfung von Nachrichtenübertragung und Datenverarbeitung hat zur Herausbildung neuartiger rechtlicher Regelungsinstrumente geführt. Das überkommene Fernmelderecht hat sich strukturell geändert. Es wächst mit dem Recht der elektronischen Massenmedien, Teilen des Informationsrechts und dem Datenschutzrecht zusammen zum Recht der elektronischen Information und Kommunikation, kurz: zum Telekommunikationsrecht (I.).
Die Regelungsprobleme, denen sich das Telekommunikationsrecht gegenüber sieht, betreffen inhaltliche Entscheidungen im Zusammenhang mit der Netzerrichtung und dem Netzbetrieb, der Diensteinrichtung und dem Dienstbetrieb und der Abgrenzung zwischen Netzen und Diensten sowie die prozeduralen und organisatorischen Voraussetzungen dieser Entscheidungen. Für die Bewältigung der Regelungsprobleme sind sowohl das stärker organisationsrechtlich strukturierte Postmodell als auch das eher verfahrensrechtlich ausgerichtete Kommissionsmodell geeignet – vorausgesetzt, die anstehenden Grundsatzentscheidungen werden von den dafür legitimierten gesetzgebenden Körperschaften getroffen und nicht länger den damit überforderten Verwaltungen überlassen (II.).

I. *Vom Fernmelderecht zum Telekommunikationsrecht*

Das neu entstehende Telekommunikationsrecht unterscheidet sich, wie die rechtsvergleichende Bestandsaufnahme gezeigt hat, wenigstens in dreifacher Hinsicht vom überkommenen Fernmelderecht:

- telekommunikationsrechtliche Entscheidungen sind stärker segmentiert,
- telekommunikationsrechtliche Entscheidungen sind komplexer

und

- telekommunikationsrechtliche Entscheidungen bedürfen größerer Dynamisierung

als die überkommenen fernmelderechtlichen Entscheidungen.

1.) *Zur Segmentierung telekommunikationsrechtlicher Entscheidungen*

Die zunehmende Integration der TK-Netze, ihr Funktionswandel von dienstespezifischen Netzen zu multifunktionalen Übertragungswegen für die Abwicklung einer Vielzahl von TK-Diensten, die Vervielfachung möglicher TK-Dienste und die neuen Gestaltungsspielräume bei der Ansiedlung von Dienstmerkmalen im Netz oder in den Endeinrichtungen haben zur Segmentierung von telekommunikationsrechtlichen Entscheidungen geführt.
Diese Aufgliederung von Planungs-, Einrichtungs- und Betriebsentscheidungen in eine Vielzahl von – teilweise »gestuften« – Entscheidungen hat organisatorische und prozedurale Konsequenzen: Binnenorganisatorisch führt sie zur Ausdifferenzierung der Aufbau- und Ablauforganisation von Verwaltungseinheiten, im Verhältnis der Verwaltungsträger zu den privaten Akteuren im Telekommunikationsbereich macht sie sich organisationsbezogen als Pluralisierung der an telekommunikationspolitischen Entscheidungen beteiligten Verwaltungseinheiten, verfahrensbezogen als zunehmende Prozeduralisierung von Entscheidungsabläufen bemerkbar.
Zu entscheiden ist, ob und wie die technische Infrastruktur auf- und zu einem »integrierten« Netz auszubauen ist, das die Abwicklung der unterschiedlichen Telekommunikationsdienste erst ermöglicht. Diese *Netzerrichtungsentscheidungen* umfassen neben der Grundsatzentscheidung über das Ob die logisch nachrangigen, in der planerischen Praxis aber mit ihr verknüpften Entscheidungen über das Wie: Im einzelnen geht es hier vor allem um die Entscheidung darüber, wer der Träger (d.h. Eigentümer und/oder Betreiber) des Netzes oder einzelner seiner Teile sein soll (*Netzträgerschaftsentscheidung*),

welche technischen Standards für das Netz gelten sollen (*Netzstandardisierungsentscheidungen*) und wie (= nach welcher »Einführungsstrategie«), wo und wann das Netz ausgebaut werden soll (*Netzausbauentscheidungen*).
Ist das Netz errichtet, so muß über die Bedingungen seiner Benutzung entschieden werden. Zu diesen *Netzbetriebsentscheidungen* zählen u.a. die Entscheidungen darüber, wie die vorhandenen Netzkapazitäten auf unterschiedliche TK-Dienste verteilt werden sollen[1] (*Kapazitätsverteilungsentscheidungen*), ob private TK-Dienstträger Zugang zum Netz erhalten sollen (*Netzzugangsentscheidungen*) und welche Bedingungen für die Benutzung des Netzes im (Rechts-)Verhältnis von Netzträger und Dienstträgern bzw. sonstigen Netzbenutzern gelten sollen (*Netzbenutzungsentscheidungen*).
Die infolge der Telematik eintretende Vervielfachung von TK-Diensten hat auch für die Einrichtung und den Betrieb von Diensten zu einer Entscheidungssegmentierung geführt. Nach Regelungsgegenstand und -zeitpunkt kann man zwischen *Diensteinrichtungsentscheidungen* und *Dienstbetriebsentscheidungen* differenzieren:
Zu den *Diensteinrichtungsentscheidungen* gehört zunächst die grundsätzliche Entscheidung darüber, ob ein bestimmter TK-Dienst eingerichtet werden soll, die (grundsätzliche) Entscheidung, wer Anbieter des betreffenden TK-Dienstes sein soll (*Dienstträgerschaftsentscheidung*) und die Entscheidung über die Leistungsmerkmale des betreffenden TK-Dienstes (*Dienstprofilentscheidung*). Infolge des Gestaltungsspielraums bei der »Ansiedlung« von Leistungsmerkmalen entweder »im Netz« oder »in den Endgeräten« kommt dieser Dienstprofilentscheidung gesteigerte Bedeutung zu; zugleich zeigt sich, daß die Grenzlinien zwischen den eher netzbezogenen und den dienstebezogenen Entscheidungen ebenso variabel sind wie die Möglichkeiten der technischen Gestaltung.
Zwischen »Netz« und »Endeinrichtungen« müssen Schnittstellen definiert werden. Die Entscheidung hierüber ist – wie die rechtsvergleichende Bestandsaufnahme erwiesen hat – von besonderer telekommunikationsrechtlicher Relevanz: Die *Schnittstellenentscheidungen* sind Vorbedingung nicht nur für den Netzzugang der Benutzer (die Möglichkeit, ein Endgerät an das Netz anzuschließen), sondern auch für den Netzzugang von (privaten) Dienstträgern.
Zu den Diensteinrichtungsentscheidungen zählen schließlich auch die Entscheidungen darüber, wer den Benutzern zu welchen Bedingungen Endein-

1 Beispielsweise: Ob die Übertragungskapazitäten eines Fernmeldesatelliten für Dienste der Datenkommunikation, für Fernsprechdienste oder für Rundfunkdienste genutzt werden sollen.

richtungen für einen bestimmten Telekommunikationsdienst zur Verfügung stellen (verkaufen, vermieten) darf (*Endeinrichtungs-Bereitstellungsentscheidungen*.

Sind die technischen, betrieblichen und benutzungsrechtlichen Voraussetzungen für die Einrichtung eines Dienstes geschaffen, dann kann er betrieben werden. Zu den *Dienstbetriebsentscheidungen* gehören – im Rahmen der grundsätzlichen Dienstträgerschaftsentscheidung – einzelfallbezogene Entscheidungen darüber, ob ein bestimmter privater Bewerber als Dienstträger zugelassen wird. Diese *Dienstzulassungsentscheidungen* können – wie die Beispiele der Zulassung privater Informationsanbieter durch Art. 2 des Staatsvertrags über Bildschirmtext oder die britische VADS-Lizenz zeigen[2] – auch abstrakt-generell getroffen werden.

Auch die *Dienstbenutzungsentscheidungen* sind weiter segmentiert als früher: Es geht nicht länger nur darum, die Rechtsverhältnisse zwischen dem Träger eines dienstespezifischen Netzes und seinen Benutzern zu regeln, sondern – weil Netz- und Dienstträgerschaft auseinanderfallen können – zunehmend auch um die Entscheidung über den rechtlichen Rahmen für die Rechtsbeziehungen zwischen (privaten) Dienstträgern und ihren Kunden; Problematik und Vielgestaltigkeit dieser Dienstbenutzungsentscheidungen verdeutlicht ein rechtsvergleichender Blick auf die Ausgestaltung der Rechtsverhältnisse zwischen Bildschirmtext-Informationsanbietern und Nutzern in der Bundesrepublik Deutschland, Frankreich und Großbritannien[3].

2.) *Zur Komplexität telekommunikationsrechtlicher Entscheidungen*

Mit der Zahl der Akteure im Telekommunikationsbereich ist auch die bei den unterschiedlichen Entscheidungen zu berücksichtigende Interessenvielfalt angewachsen.

Das hat Konsequenzen für die Gestaltung der Organisations- und Verfahrensstrukturen, in deren Rahmen telekommunikationspolitische Entscheidungen vorbereitet und getroffen werden. Sie müssen der Entscheidungskomplexität angemessen sein, das heißt: sie müssen ihrerseits hinreichend komplex und

2 Staatsvertrag über Bildschirmtext vom 18. März 1983, abgedr. bei *W-D. Ring*, Deutsches Presse- und Rundfunkrecht, Bd. II, Losebl., F-V 1.1; zur VADS-Lizenz s. oben, B. II. 4.).

3 Vgl. *M. Schauss*, Le Statut de la Télématique Grand-Public en Allemagne, 1985, *Claire Monville*, Le Statut de la Télématique Grand-Public en France, 1986; *dies*, Le Statut de la Télématique Grand-Public en Grande-Bretagne, 1985, alle hrsg. von: Centre de Recherches Informatique et Droit, Namur (Studie im Rahmen des Projekts FAST 0053 der Kommission der Europäischen Gemeinschaften).

einander so zugeordnet sein, daß Interessenkonflikte »kleingearbeitet« werden können. Durch Verfahrensstufungen und eine der jeweiligen Entscheidungskomplexität angemessene Ausgestaltung der Verfahrensbeteiligung läßt sich gewährleisten, daß einmal getroffene Vorentscheidungen auf späteren Verfahrensstufen nicht beliebig umgestoßen werden können.
Beispiele für Entscheidungen unterschiedlicher Komplexität – mit dementsprechend ausgestalteten Partizipationsformen – sind die Planungsentscheidungen der Federal Communications Commission in den Verfahren *Computer I* bis *III* oder die Grundsatzentscheidung des britischen Wirtschaftsministeriums über die VADS-Lizenz einerseits und – auf der Grundlage dieser Entscheidungen ergehende – einzelfallbezogene Dienstträgerschaftsentscheidungen andererseits.

3.) *Zur Dynamisierung telekommunikationsrechtlicher Entscheidungen*

Die Dynamisierung des Telekommunikationsbereichs – seine hohe Innovationsrate und die damit verbundene ständige Umschichtung politischer und ökonomischer Interessen – erfordert Entscheidungsstrukturen, die geeignet sind, diese Dynamik rechtlich aufzufangen und in gesellschaftlich wünschenswerte Richtungen zu lenken.
Das erfordert eine weitgehende *Prozeduralisierung* des Telekommunikationsrechts und die Offenhaltung telekommunikationsrechtlich strukturierter Verfahren für neue Entwicklungen und für künftige Optionen.
Prozeduralisierung als Antwort des Rechts auf die rasche Änderung der tatsächlichen Verhältnisse ist nichts Neues. Sie charakterisiert weite Teile des Rechts der Technik[4] und ist in der Verwaltungswissenschaft auf eine einleuchtende Je-Desto-Formel gebracht worden: Je geringer die Entscheidungsprämisse »Rechts- und Sachprogramm« ist, um so bedeutsamer sind die Entscheidungsprämissen »Organisation« und »Verfahren«[5]. Anders gesagt: Wenn die Dynamik technischer Entwicklungen zur Verwendung ausfüllungsbedürftiger Normbegriffe und vager Generalklauseln zwingt, dann ist »um so wichtiger, wer über die Ausfüllung und Anwendung dieser Normen (entscheidet) und wie dieses Entscheidungsverfahren gestaltet« ist[6].

4 S. beispielsweise, für das Kernenergierecht, BVerfGE 49, 89 (133) mwN.
5 Vgl. *Rainer Wahl*, Verwaltungsverfahren zwischen Verwaltungseffizienz und Rechtsschutzauftrag, in: VVDStRL 41 (1983), S. 151 (159) mwN; s. auch *Jost Pietzcker*, ebd., S. 193 (202).
6 BVerfGE 53, 30 (75) -abw. Meinung-.

Schwieriger umzusetzen ist das Postulat der Offenhaltung von Verfahren für geänderte technische oder ökonomische Randbedingungen oder schlicht: für bessere Einsichten. Die Grenzziehungspolitik der FCC nach dem Prinzip von *trial and error* läßt sich zumindest *auch* unter diesem Aspekt sehen.
Der Preis für die Offenhaltung von Verfahren sind freilich Einbußen an »Planungssicherheit« für alle Beteiligten.

II. *Telekommunikationspolitische Ziele und telekommunikationsrechtliche Instrumente*

Voraussetzung für die rechtliche Bewältigung der neuen Regelungsprobleme, die sich dem Telekommunikationsrecht infolge der technischen Konvergenz von Nachrichtenübertragung und Datenverarbeitung stellen, ist die politische Entscheidung von Zielkonflikten, die ihrerseits (verfassungs-)rechtlich vorentschieden sein können (dazu 1.). Diese telekommunikations*politischen* Entscheidungen gerinnen zu telekommunikations*rechtlichen* Entscheidungen unterschiedlicher Komplexität (dazu 2.). Ihre Vorbereitung erfordert die Bereitstellung organisations- und verfahrensrechtlicher Strukturen, die eine »Kleinarbeitung« unentschieden gebliebener Zielkonflikte im Verlauf der komplexen Prozesse der Planung, der Einrichtung und des Betriebs von Netzen und Diensten ermöglichen (dazu 3.).

1.) *Zielkonflikte*

Primäres Ziel der Telekommunikationspolitik und des Telekommunikationsrechts als ihrem Instrument ist es, Telekommunikation und damit die Verwirklichung von Kommunikations- und Informationsfreiheiten der Benutzer von Telekommunikationssystemen zu gewährleisten.

Schon für sich genommen birgt dieses Ziel wegen der divergierenden Interessen unterschiedlicher Benutzergruppen beträchtlichen Konfliktstoff: Die Interessen der Privathaushalte und der »kleinen« und »mittleren« gewerblichen Benutzer an einem flächendeckenden Netz mit Standarddiensten können mit den spezielleren Interessen von Großanwendern kollidieren, die – innerhalb geschlossener Benutzergruppen – miteinander kommunizieren wollen, ohne auf standardisierte Dienste angewiesen zu sein. Die Interessen der (überwiegend) gewerblichen Nutzer des Fernnetzes können mit denen der Nutzer des Ortsnetzes kollidieren. Noch komplexer wird das Konfliktfeld, wenn man die Interessen der Nutzer in abgelegenen Regionen an einer gleichwertigen Versorgung und die spezifischen Telekommunikationsbedürfnisse von Alten, Behinderten und anderen sozial schwachen und schwach organisationsfähigen Bevölkerungsgruppen einbezieht.

Dabei geht es unter anderem, aber keineswegs ausschließlich, um die Grundsatzfrage, ob die Tarife für die Benutzung des Telekommunikationssystems kostenorientiert sein oder ob sie verteilungspolitischen (»sozialen«) Zielen dienen sollen.

Der grundsätzlichere Konflikt betrifft die Gestaltung des Telekommunikationssystems – der Netze, der Dienste, ihrer Leistungsmerkmale und der Bedingungen ihrer Benutzung – insgesamt und läßt sich vereinfachend auf die Frage bringen, welcher Gruppe von Benutzern das Telekommunikationssystem vorrangig dienen soll.
Die Gewährleistung von Kommunikations- und Informationsfreiheiten durch Bereitstellung eines Telekommunikationssystems ist ein wichtiges, aber natürlich keineswegs das einzige Ziel staatlicher Politik. Die Ziele der Telekommunikationspolitik können kollidieren mit ökonomischen, sozialen, kulturellen und (grund-)rechtlichen Zielen wie wirtschaftliches Wachstum, Wettbewerbsfähigkeit der Industrie im allgemeinen und der Telekommunikationsindustrie im besonderen, mit mittelstandspolitischen Zielen, dem Ziel der Förderung (rascher) technischer Innovation, der Vollbeschäftigung, mit dem Ziel der Schaffung kommunikativer Chancengleichheit, einer Verhinderung (oder der Förderung) einer Informatisierung der Alltagswelt, dem Schutz der Privatheit bzw. (allgemeiner) der informationellen Selbstbestimmung, Aufrechterhaltung und Ausbau demokratiestaatlicher Machtverteilung und Kontrolle[1]. Einige dieser Zielkonflikte haben sich schon früh in den Aufgabenkatalogen der älteren PTT-Organisationsgesetze niedergeschlagen[2] und jetzt auch Eingang in die Zielkataloge neuerer Telekommunikationsgesetze gefunden[3]. Charakteristisch für die alte wie die neuere Gesetzgebung ist, daß sie die Zielkonflikte in aller Regel nicht löst, sondern lediglich den organisations- bzw. verfahrensrechtlichen Rahmen für ihre Lösung bereitstellt. Die Zielkataloge des Telekommunikationsrechts sind keine »Konditionalprogramme«, die schlicht vollzogen werden können, sondern Grundsatzentscheidungen, die

1 Zu einigen ökonomischen Zielen s. *G. Knieps/J. Müller/C.Chr. von Weizsäcker*, Wettbewerb, S. 141 ff; krit. zu den »Informatisierungseffekten« *W. Steinmüller*, Die Zweite industrielle Revolution hat eben begonnen, in: Kursbuch 66, 1981, S. 152 (166 ff); s. auch *Joseph Weizenbaum*, Die Macht der Computer und die Ohnmacht der Vernunft, Frankfurt a.M. 1978, insbes. S. 337 ff. Zu einigen demokratiestaatlichen Aspekten der Computerisierung s. *Herbert A. Simon*, The Consequences of Computers for Centralization and Decentralization, in: Michael L. Dertouzos/Joel Moses (Hrsg.), The Computer Age: A Twenty Year View, Cambridge, Mass., 1980, S. 212 (222 ff).

2 Ein Beispiel hierfür ist § 2 Postverwaltungsgesetz, wonach der Bundespostminister verpflichtet ist, die Deutsche Bundespost nach den Grundsätzen »der Politik der Bundesrepublik Deutschland, insbesondere der Verkehrs-, Wirtschafts-, Finanz- und Sozialpolitik« zu verwalten (Abs. 1), den »Interessen der deutschen Volkswirtschaft Rechnung zu tragen« (Abs. 2 S. 1), »die Entwicklung der verschiedenen Nachrichtenzweige innerhalb der Deutschen Bundespost miteinander in Einklang zu bringen« (Abs. 2 S. 2), die Anlagen der Bundespost »in gutem Zustand zu erhalten«, sie »technisch und betrieblich den Anforderungen des Verkehrs entsprechend weiter zu entwickeln und zu vervollkommnen« (Abs. 3).

3 Vgl. oben, B. II. 1.) c.

durch technische Standardisierungsentscheidungen, Schnittstellenentscheidungen, durch Genehmigungs-, Zulassungs- und benutzungsrechtliche Entscheidungen umgesetzt und konkretisiert werden müssen.
Dies und die bei der rechtsvergleichenden Betrachtung erkennbar gewordene Segmentierung telekommunikationspolitischer Entscheidungsabläufe[4] bringen es mit sich, daß die Zielkonflikte auf den unterschiedlichen Stufen telekommunikationspolitischer Entscheidungsprozesse immer neu auftreten können. Damit werden organisatorische und prozedurale Vorkehrungen erforderlich, die einerseits verhindern, daß (vor-)entschiedene Zielkonflikte stets von neuem entschieden werden müssen und andererseits ermöglichen, daß neu auftretende, noch nicht oder unrichtig entschiedene Zielkonflikte zur rechten Zeit, auf der richtigen Entscheidungsebene und von den dafür qualifizierten und legitimierten Entscheidungsträgern entschieden werden[5].

2.) *Telekommunikationsrechtliche Entscheidungen*

Die Entscheidungen, mit denen das Telekommunikationsrecht auf die Regelungsprobleme reagiert, die sich aus

- Netzintegration,
- Funktionswandel der TK-Netze,
- Eröffnung von technischen Gestaltungsspielräumen und
- Vervielfachung von TK-Diensten

ergeben[6], lassen sich jetzt hinsichtlich ihres Entscheidungsgehalts und der Entscheidungsträger präzisieren. Sie betreffen die Netzerrichtung (a.) und den Netzbetrieb (b.), die Diensteinrichtung (c.) und die Erbringung von TK-Diensten (»Dienstbetrieb« -d.-)[7].

a.) Die technische Möglichkeit der Netzintegration hat neue Grundsatzentscheidungen über die *Netzerrichtung* erforderlich gemacht.

4 S. oben, I. 1.).
5 Ein Beispiel für die Nicht-Entscheidung von Zielkonflikten auf der falschen Entscheidungsebene und von dafür nicht legitimierten Entscheidungsträgern ist die Entwicklung der Netz-Integrationspolitik der Deutschen Bundespost, die – am Parlament vorbei – in technischen Arbeitskreisen erfolgte, anstatt in einem der Komplexität der Entscheidung und ihrer Folgen angemessenen Planungsverfahren. S. dazu oben, A. III. 2.) und noch unten, 2. sowie bereits *J. Scherer*, Telekommunikationsrecht, S. 323 ff.
6 S. dazu bereits den Überblick oben, A. III. 3.).
7 Zu dieser Kategorisierung s. oben, I.1.).

Zu entscheiden ist zum einen, ob bestehende Fernmeldenetze zum ISDN fortentwickelt werden sollen (und nach welcher »Strategie« dies geschehen soll), zum anderen, ob und in welchem Umfang konkurrierende (Teil)-Netze neben dem bestehenden nationalen TK-Netz zugelassen werden sollen.
Die Grundsatzentscheidung, die überkommenen TK-Netze zu einem diensteintegrierenden, digitalisierten Netz (dem »Schmalband-ISDN«) zusammenzufassen, das in einem weiteren Integrationsschritt zum breitbandigen Glasfaservermittlungsnetz ausgebaut werden kann, hat tiefgreifende politische, ökonomische und soziale Implikationen[8]. Sie wird weit in die Zukunft hineinreichende Folgen haben und – auch angesichts der für den Netzausbau erforderlichen Investitionen – nur schwer reversibel sein.
Dennoch sind die nationalen Grundsatzentscheidungen, die überkommenen TK-Netze zum ISDN zusammenzufassen und, darauf aufbauend, ein breitbandiges Glasfaservermittlungsnetz zu errichten, bislang ganz überwiegend als »rein technische« Entscheidungen behandelt und von den nationalen Netzträgern durch internationale und supranationale Vereinbarungen bereits recht weitgehend vorbereitet worden. Die internationalen Standardisierungsentscheidungen des CCITT[9] gingen dem gesellschaftlichen Diskurs auf nationaler und supranationaler Ebene voraus und sind nicht etwa auf seiner Grundlage getroffen worden.
Lediglich in den Vereinigten Staaten sind Ansätze zu einer breiteren, verfahrensrechtlich strukturierten Vorbereitung der hochkomplexen Planungsentscheidungen über die Einführung des ISDN zu verzeichnen[10].
Die jetzt – angesichts der Umsetzung weitgehend abgeschlossener administrativer Planungen – reichlich spät einsetzenden politischen Kontroversen über die Errichtung des ISDN[11] weisen auf ein telekommunikationsrechtliches Grundsatzproblem: Die Verfahrens- und Organisationsstrukturen zur Vorbereitung von Netzplanungsentscheidungen haben nicht Schritt gehalten mit der technischen Entwicklung.
Hier besteht ein dringender telekommunikationsrechtlicher Regelungsbedarf – nicht nur um den Netzträgern und der Herstellerindustrie die erforderliche Planungssicherheit zu gewährleisten, sondern vor allem auch im Interesse einer politisch verantwortlichen, sozialverträglichen Telekommunikationsplanung. Der Komplexität und dem Prognosegehalt solcher Planungsentschei-

8 S. bereits oben, A. III. 3.) a.
9 S. oben, A. III. 2.) a.
10 Vgl. Federal Communications Commission, First Report: Integrated Services Digital Networks (ISDN), 98 F.C.C. 2d, S. 249 ff.
11 S. dazu oben, A. III.3. mwN.

dungen entspricht ein (rechtlich strukturiertes) Planungssystem, das die Planungsvorbereitung für »Prozesse der Artikulation von Meinungen und von Interessen von vielen, insbesondere auch von Gruppeninteressen und von Gruppenauffassungen« öffnet[12]. Die Expertenzirkel und Stäbe, in denen sich Telekommunikationsplanung bislang vollzieht, werden dadurch zwar nicht überflüssig, aber von Entscheidungsträgern zu Teilnehmern am Planungsprozeß. Ob die Planungsentscheidungen letztlich vom Parlament oder administrativ von einer Planungs- oder einer Regulierungsbehörde getroffen werden, ist eine Frage der (verfassungs- und verwaltungs-)rechtlichen Rahmenbedingungen und der Zweckmäßigkeit[13].

Auch die Entscheidung darüber, wer Träger des leitungstechnischen Grundbestandes sein soll, der TK-Dienste erst ermöglicht (TK-Netz)[14], ist eine komplexe Grundsatzentscheidung mit weitreichenden politischen, sozialen und ökonomischen Konsequenzen: Zu entscheiden ist, ob der leitungstechnische Grundbestand insgesamt oder hinsichtlich einzelner Netzebenen (Ortsnetz, Fernnetz) in der Hand eines mit einem Alleinrecht ausgestatteten Trägers bleiben soll oder nicht. Diese Grundsatzentscheidung läßt sich zwar weiter segmentieren, wird dadurch aber kaum weniger problematisch.

Eine wichtige Vorentscheidung ist die über den organisatorischen und finanziellen Verbund von Post- und Fernmeldewesen: Soll dieser Verbund – und damit die Quersubventionierung der Post-Defizite aus den Fernmelde-Gewinnen – fortbestehen, dann erhöht sich das Gewicht der für eine rechtlich abgesicherte Alleinstellung des Fernmelde-Netzträgers vorgebrachten Argumente.

Doch auch wenn Post- und Fernmeldewesen organisations- und haushaltsrechtlich voneinander getrennt werden, erfordert die Netzträgerschaftsentscheidung Prognosen, für die die Fernmeldeverwaltungen allein nicht zureichend gerüstet sind.

Hier sind, wie das britische und das niederländische Beispiel zeigen, *gesetzgeberische* Neuentscheidungen erforderlich. Sie verlangen gesamtgesellschaftliche Kosten-Nutzen-Überlegungen, die über die Abwägung der Größen- und Verbundvorteile eines einheitlichen Netzes auf der einen und des Nutzens »vielfältiger«, bedarfsorientiert errichteter Netze auf der anderen Seite hin-

12 So auch die Anforderungen, die *R. Wahl*, VVDStRL 41 (1983), S. 151 (183) mwN, an die Vorbereitung komplexer Planungsentscheidungen stellt.

13 Zu möglichen Ausgestaltungen eines solchen Planungssystems unter dem Grundgesetz s. *J. Scherer*, Telekommunikationsrecht, S. 723 ff.

14 Vgl. die Begriffsbestimmung in §§ 3 I, III, 6 TKO und die Begriffsbestimmung »Allgemeines Netz« in: Anhang 1 zu § 2 der Telekommunikationsordnung.

ausgehen. Abzuwägen sind auch die Vorteile einer zentralen Netz(ausbau-)planung gegen die Effizienzverluste, die in Monopolunternehmen gemeinhin auftreten; zu bedenken ist der Gewinn an technischem Datenschutz, den die Errichtung getrennter Netze mit sich bringt und die möglichen Einbußen an Datenschutz, die bei privater Netzträgerschaft wahrscheinlich sind.

Neuentscheidungen über die Netzträgerschaft sind in hohem Maße auf Prognosen angewiesen: Die Abschätzung der volkswirtschaftlichen Verluste, die sich aus der Verdoppelung von technischen Einrichtungen für den Fall konkurrierender Netze ergeben sollen, sind genau so schwierig abzuschätzen wie die Größen- und Verbundvorteile, die in einem einheitlichen (zunehmend integrierten) Netz anfallen sollen. Wie sie gegen die Innovationsgewinne abzuwägen sind, die möglicherweise aus der Konkurrenz von Netzträgern resultieren ist ebenso unklar wie der Umfang des Regulierungs(mehr-)aufwandes zur Steuerung des Wettbewerbs zwischen einem (dominanten) Netzträger und seinen Konkurrenten.

b.) Voraussetzung für die *Netzbenutzung* durch Dienstträger, die selbst nicht über den leitungstechnischen Grundbestand verfügen, sind Netzzugangs- und Netzbenutzungsentscheidungen.

Die erforderlichen telekommunikationsrechtlichen Regeln betreffen vor allem

- Festlegungen technischer Standards für die Schnittstellen, an denen der Netzzugang ermöglicht wird,
- Offenlegung der Schnittstellenmerkmale
- Festlegung sonstiger Netzbenutzungsregeln einschließlich der Anschluß- und Benutzungstarife.

Das Telekommunikationsrecht kann dabei um so eher auf detaillierte inhaltliche Regeln verzichten und sich mit bloßen Zielvorgaben begnügen, je stärker die organisations- und verfahrensrechtlichen Sicherungen des Netzzugangs ausgeprägt sind.

Organisations- oder verfahrensrechtlich muß gewährleistet sein, daß der Netzträger seine Kontrolle über die technischen Einrichtungen nicht dazu mißbraucht, konkurrierenden Dienstträgern den (rechtlich zulässigen) Netzzugang zu versperren oder zu erschweren.

Eine (verfahrensrechtliche) Möglichkeit zur Gewährleistung diskriminierungsfreien Netzzugangs im Postmodell ist die Schaffung rechtlich geregelter Verfahren zur Vorbereitung von Netzzugangsentscheidungen des Netzträgers. Seine Entscheidungen dürften freilich – ungeachtet möglicher verfahrensrechtlicher Sicherungen – wegen der nach wie vor bestehenden organisatori-

schen Verklammerung von »Unternehmensfunktionen« und »Regelungsfunktionen« dem Verdacht unzulässiger Interessenverknüpfung ausgesetzt sein, so daß sich ergänzend die organisationsrechtliche Verselbständigung der Netzzulassungsfunktion durch Einrichtung einer Regulierungsbehörde empfiehlt.
Die (bürokratischen) Kosten der Schaffung, der Unterhaltung und des Ausbaus solcher Regulierungsbehörden können um so niedriger gehalten werden, je mehr es gelingt, die Vorbereitung der Netzzulassungsentscheidung dem Netzträger und dem zugangsuchenden Dienstträger zu überlassen, wie es das britische Regulierungsmodell versucht[15]. Die Aufgabe der Regulierungsbehörde kann sich dann darauf beschränken, die Einzelheiten der zwischen Netzträger und Dienstträgern ausgehandelten Netzzugangsbedingungen insbesondere daraufhin zu prüfen, ob die Interessen nicht am Aushandlungsprozeß beteiligter (etwa: nicht organisationsfähiger Benutzer-)Gruppen gewahrt sind.
Die Schnittstellenentscheidungen, also die rechtliche Abgrenzung von Netzen und Endeinrichtungen, aber auch die Abgrenzungen von Netzfunktionen und Dienste-Merkmalen, die nicht nur vom Netzträger erbracht werden können, sind für Benutzer, Netzträger und Dienstträger gleichermaßen bedeutsam.
Sie werden um so wichtiger, je höher der Integrationsgrad des Netzes ist. Gesetzlich können zwar die Endpunkte des öffentlichen Telekommunikationsnetzes definiert werden[16], die rechtlichen Schnittstellen zwischen Netz- und Dienstfunktionen – die Ansiedlung von Leistungsmerkmalen »im Netz«, in den Endgeräten oder ihre Übertragung auf verselbständigte Dienstträger – unterliegt jedoch einem raschen technischen Wandel, so daß gesetzlich allenfalls Ziele, allgemeine Leitlinien (etwa: ein Grundsatz der »Offenlegung« von Schnittstellen) und Verfahrensregeln für die Vorbereitung von Schnittstellenentscheidungen im Einzelfall festgelegt werden können.
Die Schnittstellenentscheidungen können – ggf. im Rahmen gesetzlicher oder (wie in den USA) von einer Regulierungsbehörde gesetzter Leitlinien[17] – vom Netzträger selbst oder von einer Regulierungsbehörde getroffen werden; letzteres ist freilich nur um den Preis eines beträchtlichen bürokratischen Aufwands möglich, der um so höher sein wird, je stärker die Regulierungsbehörde vom Netzträger verselbständigt ist.
Zu den (sonstigen) Netzbenutzungsentscheidungen können Entscheidungen über den (physischen) Zugang zu den Vermittlungsstellen des Netzträgers

15 S. oben, B. II. 3.) c.
16 Vgl. etwa die (freilich nicht gesetzliche, sondern verordnungsrechtliche) Regelung in §§ 6 f TKO.
17 Vgl. oben, B. II.4.) c.

zählen (»collocation«)[18], vor allem aber gehören hierzu die Entscheidungen über die Tarife. Auch insoweit erscheint eine organisationsrechtliche Verlagerung der Entscheidungszuständigkeiten vom Netzträger auf eine verselbständigte Regulierungsbehörde geboten, um die neue Interessenpluralisierung auch organisationsrechtlich umzusetzen. Die Rollen des Schiedsrichters und des Mitspielers im *regulation game* müssen rechtlich gegeneinander ausgegrenzt sein.

c.) Die grundsätzliche Entscheidung darüber, ob ein neuer Telekommunikationsdienst eingeführt werden soll, ist jetzt eng verbunden mit der Entscheidung, *wer* Träger (»Anbieter«) des betreffenden Dienstes sein soll – Netzträger und/oder konkurrierende Diensträger – und verweist damit auf die vielfältigen Versuche, »Grenzlinien« zwischen unterschiedliche Kategorien von Diensten zu ziehen.
Die rechtsvergleichende Bestandsaufnahme hat gezeigt:
- Diensträgerschaftsentscheidungen sind – im Rahmen rechtlicher Vorentscheidungen zu treffende – *politische* Entscheidungen,
- Diensträgerschaftsentscheidungen sind komplexe Entscheidungen, deren Vorbereitung komplexe Verfahren erfordert,
- Diensträgerschaftsentscheidungen sind Entscheidungen in einem dynamischen Umfeld und müssen deshalb für Änderungen offen gehalten werden.

(1) *Diensträgerschaftsentscheidungen* lassen sich telekommunikationsrechtlich weder abstrakt-generell nach technisch-funktionalen Kriterien noch nach »rein« ökonomischen Maßstäben treffen.
Der Versuch, »ein für allemal« eine trennscharfe Grenzlinie etwa zwischen Diensten der Nachrichtenübertragung und Diensten der Datenverarbeitung zu ziehen, scheitert – wie die amerikanischen Erfahrungen gezeigt haben – an der Vielzahl von Diensten im Grenzbereich von Nachrichtenübertragung und Datenverarbeitung. Sie erfordern Präzisierungen oder Durchbrechungen der Grenzlinien durch Diensträgerschaftsentscheidungen im Einzelfall. Soweit der Entscheidungsträger dabei seine Ziele selbst setzt oder innerhalb des Rahmens weit gefaßter Ziele seine Unterziele formuliert und die Mittel zur Erreichung dieser Ziele auswählt, handelt er politisch.
Der Versuch, durch einen ökonomisch »richtigen« Tarif die Diensträgerschaftsentscheidung den Marktgesetzen zu überantworten, dürfte – wie

18 S. oben, B. II.4.) c.

die bisherigen Schwierigkeiten bei der Einführung der nutzungszeitabhängigen Tarifierung durch die Deutsche Bundespost schon erkennen lassen – an den in herkömmlichen ökonomischen Analysen als »Rahmenbedingungen« meist ausgeblendeten institutionellen Voraussetzungen von Gebührenänderungsprozessen scheitern. »Gewinner« und »Verlierer« von Gebührenänderungen sind im ökonomischen Modell deutlich auszumachen, so daß sich die (gebühren-) politische Entscheidung auf ein »Kompensationsproblem« reduzieren läßt[19]. In den komplexen Aushandlungsprozessen, die gebührenpolitischen Entscheidungen vorauszugehen pflegen, sind weder die Interessenlagen so übersichtlich noch die Akteure so »berechenbar« wie im ökonomischen Modell.

Als zentrales inhaltliches Kriterium für die Entscheidung, ob ein TK-Dienst flächendeckend zu einheitlichen Tarifen erbracht und dementsprechend vor Tarifarbitrage geschützt werden soll, gilt sowohl in den Niederlanden als auch in Großbritannien die soziale Relevanz eines TK-Dienstes. Sie könnte auch in der Bundesrepublik als (verfassungs-)rechtlicher Ausgangspunkt für Differenzierungen bei der Dienste-Liberalisierung taugen, zumal das Bundesverfassungsgericht in ständiger Rechtsprechung anerkennt, daß die grundrechtlichen Gewährleistungen der Berufsfreiheit und des Eigentums in um so höherem Maße einschränkbar sind, je mehr sie in einem »sozialen Bezug und einer sozialen Funktion« stehen[20].

Ob dies bei einem TK-Dienst oder einer Gruppe von TK-Diensten noch oder schon der Fall ist, kann freilich nur in rechtlich geordneten Verfahren entschieden werden. Die soziale Relevanz eines TK-Dienstes steht weder ein- für allemal fest, noch kann diese Feststellung dem Netzträger überlassen bleiben:

(2) Im neueren Telekommunikationsrecht werden Diensträgerschaftsentscheidungen in ihrem Grundzügen vom Gesetzgeber getroffen und für den Einzelfall oder Gruppen von Einzelfällen durch administrative Entscheidungen konkretisiert.

Nach diesem Muster verfährt sowohl der britische Telecommunications Act als auch das neue französische Telekommunikationsgesetz[21]; auch die Ent-

19 Vgl. *K.-H. Neumann*, Gebührenpolitik, S. 162 ff.

20 Vgl. BVerfGE 50, 290 (340 mwN; 365).

21 Zur Loi rélatif à la liberté de communication s. *Jean-Bernard Blaise*, in: J. Scherer (Hrsg.), Nationale und europäische Perspektiven der Telekommunikation, S. 69 ff; s. auch *Hans-Peter Gebhardt*, Telekommunikations- und Medienreform in Frankreich, in: ArchPF 1987, S. 122 ff.

scheidungen der FCC im Gefolge der *Computer II*-Entscheidung waren einzelfallbezogene Konkretisierungen einer abstrakt-generellen Regel.
Die rechtsverbindliche Dienstträgerschaftsentscheidung im Einzelfall kann schon wegen der Vielfalt der zu berücksichtigenden, konfligierenden Interessen nicht länger von den Netzträgern selbst getroffen werden. Die Netzträger sind vielmehr – ebenso wie die (potentiellen) Dienstträger, die Benutzer und Träger öffentlicher Belange – an der Vorbereitung von Dienstträgerschaftsentscheidungen beteiligt: Wie das Beispiel der Erarbeitung einer Lizenz für »Value added data services« (VADS) in Großbritannien und die Untersuchung der unterschiedlichen dienstträgerschaftsbezogenen Entscheidungen der amerikanischen FCC gezeigt hat[22], handelt es sich bei der Entscheidungsvorbereitung um breit angelegte, planfeststellungsähnliche Verfahren mit z.T. formalisierten Beteiligungsrechten. Ihrem Entscheidungsgehalt nach können Dienstträgerschaftsentscheidungen entweder einen einzelnen Dienst oder bestimmte, nach abstrakt-generellen Merkmalen definierte Gruppen von Diensten betreffen, sie können einen einzelnen (mit dem Netzträger nicht identischen) Dienstträger oder eine nach abstrakt-generellen Merkmalen bestimmte Gruppe von Dienstträgern zulassen oder die Dienstträgerschaft als Alleinrecht des Netzträgers ausgestalten.

(3) Die sozialen und ökonomischen, die technischen und betrieblichen Voraussetzungen von Dienstträgerschaftsentscheidungen können sich ändern. Was heute als »Mehrwertdienst« angesehen wird, kann morgen zum allgemeinen »Standarddienst« geworden oder doch als solcher erwünscht sein. Umgekehrt ist nicht auszuschließen, daß herkömmliche Standarddienste (etwa der Telexdienst) langfristig durch modernere Standarddienste (etwa den Teletexdienst) substituiert werden.
Vor allem die für Telekommunikationsdienste typische Entwicklungslinie Diensteinrichtung (Angebot) – Nachfrage – Preissenkung – Zunahme der Nachfrage – Erhöhung des Nutzwerts des Dienstes durch höhere Teilnehmerzahlen kann dazu führen, daß ein TK-Dienst, der zunächst nur auf eine kleine Teilnehmergruppe zugeschnitten war, zum »Massendienst« wird und daß deshalb Veränderungen in der Dienstträgerschaft erforderlich werden (etwa: um die flächendeckende Versorgung zu einheitlichen Tarifen sicherzustellen). Um den hierfür erforderlichen telekommunikationspolitischen Entscheidungsspielraum rechtlich offenzuhalten, können die Genehmigungen zur Dienstträgerschaft befristet erteilt werden.

22 S. oben, B. I. 2.) f.; II. 4.

d.) Telekommunikationsdienste sind durch technische, betriebliche und benutzungsrechtliche Leistungsmerkmale definiert. Sie machen zusammengenommen das *Dienstprofil* aus, dessen telekommunikationsrechtliche Festlegung das Ergebnis vielschichtiger Planungs- und Standardisierungsprozesse ist. Dienstprofile können auf nationaler, auf supranationaler[23] und auf internationaler Ebene festgelegt werden; für internationale TK-Dienste nimmt die Dichte der technischen, betrieblichen und benutzungsrechtlichen Regelungen von der internationalen zur nationalen Ebene typischerweise zu. Das nationale Telekommunikationsrecht, das im Entstehen begriffene supranationale Telekommunikationsrecht der Europäischen Gemeinschaften und die Verfahrensregeln der Internationalen Fernmeldeunion haben bislang nur vereinzelte Teilabschnitte dieser Dienstplanungs- und Diensteinführungsverfahren strukturiert und die Verfahren und (Teil-)Entscheidungen auf nationaler, supranationaler und internationaler Entscheidungsebene allenfalls ansatzweise koordiniert.

Daß hier ein beträchtlicher telekommunikationsrechtlicher Regelungsbedarf besteht, ist am Beispiel der Standardisierung des Bildschirmtextdienstes (in Frankreich: »Antiope«, in Großbritannien: »Prestel«) gezeigt worden[24].

Mit den Entscheidungen über das Dienstprofil – also darüber, was der Dienst »können muß« – sind zugleich die Handlungsspielräume für Dienstanbieter und Dienstnutzer weitgehend festgelegt. Anknüpfend an das Dienstprofil und darüber hinaus können jedoch dienstespezifisch oder für einzelne Kategorien von Diensten (zusätzliche) Regelungen der *Dienstbenutzung* bzw. des Dienstangebots erforderlich sein.

Dabei kann für einzelne Anwendungen – etwa den Teleeinkauf oder das *telebanking* – an bereits vorhandene Regelungen angeknüpft werden, die sich richterrechtlich fortentwickeln lassen[25].

Wo eine solche rechtliche Infrastruktur fehlt, können neue TK-Dienste rechtliche Folgeprobleme aufwerfen, die neue gesetzgeberische Entscheidungen und ggf. (auf ihrer Grundlage) administrative Zulassungsverfahren erforderlich machen.

23 Zu den Ansätzen, im Rahmen der EG zusätzlich zu den im Telefonnetz bereits vorhandenen neue einheitliche Dienstmerkmale (»supplementary services«), wie »Anklopfen«, Anzeige der Rufnummer des Anrufers, Durchwahl zu Nebenstellenanlagen, einzuführen s. Kommission der Europäischen Gemeinschaften, Vorschlag für eine Empfehlung des Rates über die koordinierte Einführung des dienstintegrierenden digitalen Fernmeldenetzes in der Europäischen Gemeinschaft, KOM (86) 205 endg., vom 20. Mai 1986, S. 11.

24 Dazu *J. Scherer*, Telekommunikationsrecht, S. 358 ff.

25 Siehe dazu den instruktiven Überblick bei *Guy Vandenberghe*, in: J. Scherer (Hrsg.), Nationale und europäische Perspektiven der Telekommunikation, S. 149 ff.

Die materiellen, vor allem inhaltsbezogenen Regelungen können beispielsweise zum Schutz des informationellen Selbstbestimmungsrechts (»Datenschutz«), zur Gewährleistung informationeller Chancengleichheit (Gegendarstellungsrechte, Zugangsrechte), zum Schutz einzelner Benutzergruppen (z.B. Jugendschutz, Verbraucherschutz) oder zum Schutz von Meinungsvielfalt erforderlich sein[26].

Ganz unabhängig von verfassungsrechtlichen Vorgaben, die beispielsweise in der Bundesrepublik Deutschland der Bundespost »inhaltsbezogene« Maßnahmen untersagen[27], reichen die herkömmlichen, vor allem von den Fernmeldeverwaltungen gesteuerten Verfahren zur Einführung neuer Dienste, zur Festlegung ihres Dienstprofils und zur Konzessionierung einzelner Diensträger schon wegen der begrenzten Problemverarbeitungskapazität der PTTs nicht aus.

Dementsprechend bestehen oder entstehen in Großbritannien, in den Niederlanden, in der Bundesrepublik und jetzt auch in Frankreich Telekommunikations-Behörden, die für die Konkretisierung und Durchsetzung stärker inhaltsbezogener Regeln zuständig sind[28]. Um die Staatsferne dieser Regelungen im grundrechtsrelevanten Bereich zu gewährleisten, sind diese Behörden typischerweise organisationsrechtlich verselbständigt und binnenpluralistisch strukturiert.

Die Verfahrensmechanismen, mit deren Hilfe die inhaltlichen Regelungen für einzelne Dienste oder Kategorien von Diensten durchgesetzt werden können, bilden sich gerade erst heraus und bedürfen noch gründlicher telekommunikationsrechtlicher Durchleuchtung: Für die Zulassung von Informationsanbietern im Bildschirmtextsystem statuiert das französische Recht eine Anzeigepflicht, das britische und das deutsche Telekommunikationsrecht verzichten auch darauf[29].

26 Zu diesen und weiteren Regelungsproblemen des Bildschirmtextsystems s. die rechtsvergleichende Studie des Centre de Recherches Informatique et Droit, Le Statut de la Télématique, (Contrat FAST 0053), Namur 1985 (Manuskript).

27 S. oben, B. IV. 1.

28 Zur »Cable Authority« in Großbritannien s. oben, B. II. 2.) b.; zur Entwicklung in den Niederlanden s. oben, B. III. 2.) d.; zur Herausbildung von Telekommunikations-Anstalten der Bundesländer s. oben den Hinw. oben, B. IV. 3.) vor a; zur Entwicklung in Frankreich s. *J.B. Blaise*, in: J. Scherer (Hrsg.), Nationale und europäische Perspektiven der Telekommunikation, S. 69 (79 f).

29 Vgl. zur Ablösung des Genehmigungsvorbehalts durch eine Anzeigepflicht im französischen Recht (Art. L 77 Loi No 85-1317, vom 13. Dezember 1985 und Décret No 84-49 vom 17. Januar 1984) *C. Monville*, Le Statut de la Télématique en France, Namur 1986 (Manuskript), S. 25 ff. In Großbritannien basiert das Rechtsverhältnis zwischen Netzträger und Informationsanbietern im »Prestel«-System auf der Grundlage eines Vertrages, dessen Inhalt und Anwendung der

Je größer die Relevanz eines TK-Dienstes für den Prozeß der öffentlichen und privaten Meinungsbildung ist, um so detaillierter werden auch hier die telekommunikationsrechtlichen Vorkehrungen zur Gewährleistung der Kommunikationsfreiheiten sein müssen.

3.) *Organisations- und Verfahrensstrukturen der Fernmeldeverwaltung*

Die Veränderungen der Organisations- und Verfahrensstrukturen im Postmodell westeuropäischer Prägung lassen – bei aller Unterschiedlichkeit der Entwicklungen im einzelnen – eine gemeinsame Tendenz erkennen: Das Postmodell wandelt sich von einem überwiegend organisationsrechtlich strukturierten zu einem *auch* verfahrensrechtlich strukturierten Regelungsmodell. Die Pluralisierung der Akteure im Telekommunikationsbereich und die damit einhergehende Zunahme von Interessenkonflikten lassen sich organisationsrechtlich nicht länger auffangen, sondern bedürfen verfahrensrechtlicher Strukturen, die den Interessenausgleich ermöglichen. Die Trennung von »Unternehmensfunktionen« und »Regulierungsfunktionen«, die oft schlagwortartig als Ziel der Neugestaltung von Fernmeldeverwaltungen genannt wird[30], läuft auf eine organisationsrechtliche Verselbständigung der öffentlichen Fernmeldeunternehmen hinaus, die notwendig verbunden ist mit einer verfahrensrechtlichen Steuerung und Kontrolle ihres Verhaltens und des Verhaltens ihrer Konkurrenten.

Kontrolle durch OFTEL unterliegt; zu Einzelheiten s. *C. Monville*, Le Statut de la Télématique en Grande Bretagne, Namur 1985 (Manuskript), S. 12 ff; s. auch den Text des Vertrages ebd., Annex 1. Zum Verzicht des Staatsvertrages über Bildschirmtext auf einen Genehmigungsvorbehalt s. die Begründung, abgedr. bei *W.-D. Ring*, Deutsches Presse- und Rundfunkrecht, Bd. II, F-V 1.2, unter A. IV.

30 Vgl., statt vieler, *Bernhard Wieland*, Current Trends in Telecommunications Policy, Hrsg.: Wissenschaftliches Institut für Kommunikationsdienste der Deutschen Bundespost, Diskussionsbeiträge zur Telekommunikationsforschung, Nr. 22, Bad Honnef 1986, S. 7 f.

Literaturverzeichnis

Armbrüster, Heinrich, Künftige Kommunikation mit dem Breitband-ISDN, in: net 40 (1986), S. 187-197.

Arndt, Gerhard; Hans-Jörg Rothamel: Dienste im ISDN, in: telcom-report 6 (1983), S.169-173.

Arnold, Franz: Endeinrichtungen der öffentlichen Fernmeldenetze. Heidelberg 1981. *Endeinrichtungen.*

– Die künftige Entwicklung der öffentlichen Fernmeldenetze in der Bundesrepublik Deutschland und ihre Auswirkungen auf die Benutzer, Teil 2, Köln 1985. *Öffentliche Fernmeldenetze.*

Aubert, Joachim, Fernmelderecht, Systematische Darstellung, Teil I, 3. Aufl., Hamburg 1976.

Badura, Peter: Der Paketdienst der Deutschen Bundespost. Möglichkeiten und Grenzen gesetzgeberischer Maßnahmen zum Schutz des Postdienstes, in: Jb. DBP 1977, S. 76-172.

Baur, Hans, Zukunftsperspektiven der Kommunikationstechnik im Zeichen neuer Technologien, in: D. Elias (Hrsg.), *Telekommunikation*, S. 161-174.

Beigert, Rudolf: Kommunikationsdienste als Gestaltungsaufgabe der Post- und Fernmeldeverwaltungen, in: ZPF 10 (1981), S. 4-8.

Bergmann, Michael, Grenzüberschreitender Datenschutz, Baden-Baden 1985.

Bischoff, Friedrich: Die Rechtsgestalt der Deutschen Bundespost. Jur. Diss., Göttingen 1954. *Rechtsgestalt.*

Blaise, Jean-Bernard, Rundfunk- und Fernmeldepolitik in Frankreich, in: J. Scherer (Hrsg.), Nationale und europäische Perspektiven der Telekommunikation, Baden-Baden 1987, S. 69-81.

Blankart, Charles Beat (Hrsg.), Regulierung öffentlicher Unternehmen. Königstein 1982.

Bocker, Peter: Konzept und Grundmerkmale des diensteintegrierenden digitalen Nachrichtennetzes ISDN, in: telcom-report 6 (1983), S.164-169.

Bonner Kommentar, Kommentar zum Bonner Grundgesetz. Hamburg 1950 ff (Losebl.).

Bonnetblanc, Geneviève, Les Télécommunications Francaises, Quel Statut, pour Quelle Entreprise ? Paris 1985

Brock, Gerald W., The Telecommunications Industry: The Dynamics of Market Structure. Cambridge, Mass., 1981. *Industry.*

Bruce, Robert R., Computer II: Time for an Overhaul or Simply a Tune-Up ?, in: New York Law Journal 1985, 13 Sept., S. 1-2.

–; *Jeffrey P. Cunard; Mark D. Director*, From Telecommunications to Electronic Services. A Global Spectrum of Definitions, Boundary Lines, and Structures, 8 Bände, Bonn 1985 = International Institute of Communications (Hrsg.), 2 Bände, London 1986. *Telecommunications.*

Bundesministerium für das Post- und Fernmeldewesen, ISDN – die Antwort der Deutschen Bundespost auf die Anforderungen der Telekommunikation von morgen, Bonn 1984.

– Mittelfristiges Programm für den Ausbau der technischen Kommunikationssysteme, Bonn 1986. *Mittelfristiges Programm.*

– Konzept der Deutschen Bundespost zur Weiterentwicklung der Fernmeldeinfrastruktur. Bonn 1984. *Konzept 1984.*

Charon, Jean-Marie; Eddy Cherki, La Télématique Domestique: Etat et Perspectives, Rapport d'Etude pour la Commission de la Télématique, Paris 1985 (Typoskript), teilw. abgedr. in: La Télématique Grand Public: Aspects juridiques, économiques et sociaux. Rapports de la Commission de la Télématique au Ministre des PTT, Paris 1986.

Crombrugghe, Bernard de; Yves Poullet, La Règlementation des Télécommunications en Belgique, in: Administration Publique, 1986, S. 187.

Cripps, Francis; Wynne Godley, The Planning of Telecommunications in the United Kingdom. Cambridge (U.K.) 1978. *Planning.*

Dertouzos, Michael L.; Joel Moses (Hrsg.), The Computer Age: A Twenty-Year View. Cambridge, Mass., 1980. *Computer Age.*

Dingeldey, Ronald, Wirtschaftliche Aspekte bei Fernmeldesatelliten, in: W. Kaiser/U. Lohmar (Hrsg.), Satelliten, S.93-108.

Eidenmüller, Alfred, Fernmelderecht und Fernmeldepolitik unter dem Aspekt der Telekommunikation, in: ArchPF 1986, S. 301-316.
– Post- und Fernmeldewesen. Kommentar. Frankfurt 1984 (Losebl.). *FAG, PostVerwG, TWG.*
EKM, Expertenkommission Neue Medien Baden-Württemberg, Abschlußbericht, 3 Bde., Stuttgart 1981.
EKOM, Bericht der Expertengruppe »Förderung neuer Kommunikationstechniken (EKOM)«, erstellt im Auftrag der Landesregierung von Baden-Württemberg. Stuttgart 1982. *EKOM.*
Elias, Dietrich, Entwicklungstendenzen im Bereich des Fernmeldewesens, in: Jb. DBP 1977, S.31-75.
– Telekommunikation in der Bundesrepublik Deutschland 1982. Heidelberg 1982. *Telekommunikation.*
Evans, Christopher, Die winzigen Riesen. Mikroprozessoren revolutionieren die Gesellschaft. Hamburg 1981.
Feigenbutz, Gerhard, Die Bindungen des Post- und Fernmeldewesens an und durch das Rechtsinstitut der Gebühr. Versuch eines Beitrages zu den Post- und Fernmeldegebühren. Berlin 1977. *Bindungen.*
Garnham, Nicholas, The Deregulation of UK Telecommunications, Paper prepared for the CNRS Conference on Deregulation, Paris 1986, (Typoskript), London, Polytechnic of Central London, 1986.
Gawron, Norbert; Karl-Ernst Kneisel, Realisierungskonzepte und Projektplanung im Systemversuch BIGFON, in: Der Ingenieur in der Deutschen Bundespost 32 (1983), S. 58-62.
Gebhardt, Hans-Peter, Telekommunikations- und Medienreform in Frankreich, in: ArchPF 1987, S. 122-127.
Gellhorn, Ernest; Richard J. Pierce jr., Regulated Industries. St. Paul, Minn., 1982.
Gscheidle, Kurt, Die Medien im künftigen Kommunikationssystem – die Post als Faktor, Mittler und Anreger, in: Arch.PF 28 (1976), S.107-114.
Häberle, H., Die Nutzung von Satelliten zur Kommunikation, Navigation und Erkundung, in: W. Kaiser/U. Lohmar (Hrsg.), Satelliten, S. 79-90.
Häberle, Heinz; Friedrich Kühne; Horst Clausen; Hans Dödel, Entwicklungslinien der Satellitenübertragungsnetze, in: ntz 36 (1983), S. 86-89.
Haist, Waldemar, Optische Telekommunikationssysteme, Gelsenkirchen-Buer 1983.
– Weiterentwicklung der Fernmeldesysteme, in: D. Elias (Hrsg.), Telekommunikation, S. 155-174.
Hayek, Friedrich August von, Der Wettbewerb als Entdeckungsverfahren. Kieler Vorträge, N.F. 56. Kiel 1968.
Heuermann, Arnulf; Karl-Heinz Neumann, Die Liberalisierung des britischen Telekommunikationsmarktes, Berlin 1985.
–; *Thomas Schnöring*, Die Entwicklung des britischen Post Office – Ansätze zu einem Vergleich mit der Deutschen Bundespost, in: Jahrbuch der Deutschen Bundespost 1985, S. 321-477.
Hillebrand, Friedhelm, DATEX – Infrastruktur der Daten- und Textkommunikation. Heidelberg 1981. *Datex.*
Hugenholtz, Bernt, Comment: Conduit-Content Convergence: Its Causes and Effects, in: E.-J. Mestmäcker (Hrsg.), Transborder Telecommunications, S. 180-183.
–; *Wouter Hins*, The Law and Economics of Transborder Telecommunications: Report on the Netherlands, Rechtsgutachten erstattet im Auftrag des Max-Planck-Instituts für ausländisches und internationales Privatrecht, im Erscheinen, Baden-Baden 1987.
Hutter, Anton, Nutzungszeitabhängige Tarifierung für Festverbindungen und Einführung neuer Festverbindungstypen, in: Jb. DBP 1982, S. 283-348.
Irmer, Theodor, Die DBP auf dem Weg zum ISDN, in: D. Elias (Hrsg.), Telekommunikation, S. 295-308.
Kaiser, Wolfgang; H. Armbrüster; H.G. Bauer et al., Interaktive Breitbandkommunikation. Nutzungsformen und Technik von Systemen mit Rückkanälen. Berlin 1982. *Breitbandkommunikation.*
– *Ulrich Lohmar* (Hrsg.), Kommunikation über Satelliten. Berlin 1981.

Klein, Hans; Dieter Scheib, Einsatzstrategie digitaler Vermittlungs- und Übertragungstechnik, in: D. Elias (Hrsg.), Telekommunikation, S. 187-200.
Kleinsteuber, Hans J., Regulierung und politisch-ökonomische Kultur in den USA, in: Th. Thiemeyer (Hrsg.), Öffentliche Bindung, S. 175-192.
Knieps, Günter, Entstaatlichung im Telekommunikationsbereich, Tübingen 1985.
–; Die Grenzen des Monopols im Fernmeldebereich, in: ZögU 4 (1981), S.287-301.
–; *Jürgen Müller; Carl Christian von Weizsäcker*, Die Rolle des Wettbewerbs im Fernmeldebereich. Baden-Baden 1981. *Wettbewerb*.
Koller, Fritz; Georg Kowalewski, X. Ordentliche Vollversammlung der CEPT in Brüssel, in: ZPF 8 (1980), S.18-24.
Kommission für den Ausbau des technischen Kommunikationssystems, Telekommunikationsbericht, Bonn 1986. *KtK, TK-Bericht*.
Kubicek, Herbert, Für eine Erweiterung der Diskussion über die Digitalisierung des Fernsprechnetzes und des ISDN, in: Arbeitspapiere zu Organisation, Automation und Führung, Universität Trier, 1985.
Lange, Bernd-Peter, Bildschirmtextfeldversuch – Begleitforschung – Staatsvertrag der Bundesländer, in: Media Perspektiven 1983, S. 65-70.
Lange, Manfred, Berlin III – ein weiterer Meilenstein auf dem Wege ins Glasfaser-Zeitalter, in: ZPF 3 (1983), S. 4-9.
Laue, Walter, Die »Kommission Deutsche Bundespost« – Aufgabenstellung, Arbeitsweise und Ergebnisse –, in: Jb. PostW. 1971, S. 102-116.
Lerche, Peter, Das Fernmeldemonopol – öffentlich-rechtlich gesehen, in: E.-J. Mestmäcker (Hrsg.), Monopole, S. 139-159.
Lieb, Wolfgang, Kabelfernsehen und Rundfunkgesetze. Berlin 1974.
Littlechild, Stephen C., Regulation of British Telecom's Profitability, London 1983.
Lydorf, Harald, Speziell für Fernwirkanwendungen, in: Wirtschaftsschutz und Sicherheitstechnik 1985, S. 239-244.
McKnight, Lee, The International Standardization of Telecommunications Services and Equipment, in: E.-J. Mestmäcker (Hrsg.), Transborder Telecommunications, S. 415-436.
Maunz, Theodor; Günter Dürig; Roman Herzog; Rupert Scholz et al., Grundgesetz. Kommentar. München (Losebl.). *GG*.
Mayntz, Renate, Soziologie der öffentlichen Verwaltung. Heidelberg 1978.
Mestmäcker, Ernst-Joachim, Fernmeldemonopol und Nachfragemacht – Wirtschaftsrechtliche und ordnungspolitische Probleme der hoheitlichen und unternehmerischen Funktionen der DBP, in: E.-J. Mestmäcker (Hrsg.), Monopole, S. 161-200.
– (Hrsg.), Kommunikation ohne Monopole. Über Legitimation und Grenzen des Fernmeldemonopols. Baden-Baden 1980. *Monopole*.
– (Hrsg.), The Law and Economics of Transborder Telecommunications, Baden-Baden 1987. *Transborder Telecommunications*.
Mettler-Meibom, Barbara, Breitbandtechnologie, Opladen 1986.
Meyer, John R.; Robert W. Wilson; M. Alan Baughcum; Ellen Burton et al., The Economics of Competition in the Telecommunications Industry. Cambridge, Mass., 1980. *Competition*.
Meyers, Tedson W., The Method is the Message, in: E.-J. Mestmäcker (Hrsg.), Transborder Telecommunications, S. 31-42.
Mitnick, Barry M., The Political Economy of Regulation, New York 1980.
Monville, Claire, Le Statut de la Télématique Grand-Public en France, FAST-Projekt des Centre de Recherche Informatique et Droit, Namur 1986.
– Le Statut de le Télématique Grand-Public en Grande-Bretagne (Typoskript), FAST-Projekt des Centre de Recherche Informatique et Droit, Namur 1986.
Müller, Jürgen, Die Möglichkeiten des Wettbewerbs im Telekommunikationsbereich und die Rolle der Postverwaltungen, in: ZögU 4 (1981), S. 153-170.
–; *Ingo Vogelsang*, Staatliche Regulierung. Regulated Industries in den USA und Gemeinwohlbindung in wettbewerblichen Ausnahmebereichen in der Bundesrepublik Deutschland. Baden-Baden 1979. *Regulierung*.

Müller-Using, Detlev, Rechtsfragen des Bildschirmtextes, in: Jb. DBP 1982, S. 259-282.
Naab, Alfred, Optische Nachrichtentechnik, in: D. Elias (Hrsg.), Telekommunikation, S. 175-185.
Neugebauer, Eberhard, Probleme des Fernmelderechts, in: Jb. PostW 1937, S. 26-43.
Neumann, Karl-Heinz, Gebührenpolitik im Telekommunikationsbereich, Baden-Baden 1984. *Gebührenpolitik*.
– Ökonomische Begründung des wettbewerblichen Ausnahmebereichs Fernmeldewesen, in: Wissenschaftliches Institut für Kommunikationsdienste der Bundespost, Diskussionsbeiträge zur Telekommunikationsforschung Nr. 4, Koblenz 1984.
–; *Thomas Schnöring*, Das ISDN – Ein Problemfeld aus volkswirtschaftlicher und gesellschaftspolitischer Sicht, in: Wissenschaftliches Institut für Kommunikationsdienste der Bundespost, Diskussionsbeiträge zur Telekommunikationsforschung Nr. 15, Koblenz 1985.
–; *Carl Christian von Weizsäcker*, Tarifpolitik bei Mietleitungen und Nebenstellenanlagen unter volkswirtschaftlichen Gesichtspunkten, in: Jb. DBP 1982, S. 381-431.
Newstead, Tony, ISDN: A Solution in Search of a Problem ? in: Telecommunications Policy 1986, S. 1-2.
Noam, Eli M., The Political Economy of ISDN: European Network Integration vs. American System Fragmentation, Paper presented at the XIV Annual Telecommunications Policy Research Conference, Airlie, Virginia, (Typoskript), New York, Columbia University, 1986.
– (Hrsg.), Telecommunications Regulation Today and Tomorrow. New York 1983. *Telecommunications*.
Nora, Simon; Alain Minc, Die Informatisierung der Gesellschaft. Frankfurt 1979. Original: L'informatisation de la société, Paris 1978.
Owen, Bruce M.; Ronald Braeutigam, The Regulation Game. Strategic Use of the Administrative Process. Cambridge, Mass., 1978. *Regulation*.
Petersdorff, Ulrich von, Die Bildschirmtextzentrale eine Fernmeldeanlage – Bildschirmtext ein Fernmeldedienst ? Jur. Diss. Berlin 1982. *Bildschirmtextzentrale*.
Pietzcker, Jost, Verwaltungsverfahren zwischen Verwaltungseffizienz und Rechtsschutzauftrag, VVDStRL 41 (1983), S. 193-227.
Plagemann, Jürgen, Zur verfassungsrechtlichen Lage bei der Einführung neuer Telekommunikationsdienste, in: Wissenschaftliches Institut für Kommunikationsdienste der Bundespost, Diskussionsbeiträge zur Telekommunikationsforschung Nr. 18, Bad Honnef 1986.
Plank, Karl-Ludwig, Grundgedanken zur Gestaltung künftiger Fernmeldenetze. Heidelberg 1983. *Fernmeldenetze*.
Ring, Wolf-Dieter, Deutsches Presse- und Rundfunkrecht. Textsammlung mit Anmerkungen, Verweisungen und Sachregister. 2 Bände. München 1981 ff (Losebl.). *Rundfunkrecht*.
Röthig, Georg; Hans Pahnke, Fernmeldeamt 1 Dortmund bietet zwei neue Ansagedienste an, in: ZPF 10 (1983), S. 22.
Rosenbrock, Karl Heinz, Das ISDN-Pilotprojekt der Deutschen Bundespost, in: net 40 (1986), S. 126-130.
– Mögliche Integration von Fernmeldediensten im digitalen Fernsprechnetz, in: ZPF 9 (1982), S. 24-31.
Rutkowski, Anthony M., Integrated Services Digital Network, Dedham, Mass., 1985. *ISDN*.
Schauss, Marc, Le Statut de la Télématique Grand-Public en Allemagne, (Typoskript), FAST-Projekt des Centre de Recherche Informatique et Droit, Namur 1986.
Scherer, Joachim, Comment: Conduit-Content Convergence: Its Causes and Effects, in: E.-J. Mestmäcker (Hrsg.), Transborder Telecommunications, S.174-179.
– (Hrsg.), Nationale und europäische Perspektiven der Telekommunikation, Baden-Baden 1987.
– Neue Kommunikationssysteme zwischen Fernmelderecht und Medienrecht. Das Beispiel des Bildschirmtextsystems, in: DVR Beiheft 16 (1984), S.17-34.
– Rechtsprobleme des Staatsvertrags über Bildschirmtext, NJW 1983, S. 1832-1838.
– Die Telekommunikationsordnung: Rechtsgrundlage für die Informationsgesellschaft ? CR 1987, S. 115-123.
– Telekommunikationsrecht und Telekommunikationspolitik, Baden-Baden 1985. *Telekommunikationsrecht*.

Schmidt, Joachim, Datenschutz und neue Fernmeldedienste der Deutschen Bundespost, in: Jahrbuch der Deutschen Bundespost 1985, S. 609-631.
Schnurr, Lewis, Conduit-Content Convergence: Its Causes and Effects, in: E.-J. Mestmäcker (Hrsg.), Transborder Telecommunications S. 157-173.
Schön, Helmut, ISDN und Ökonomie, in: Jahrbuch der Deutschen Bundespost 1986.
–; *Karl-Heinz Neumann*, Mehrwertdienste (Value Added Services) in der ordnungspolitischen Diskussion, in: Jahrbuch der Deutschen Bundespost 1985, S. 478-527.
Schriml, Gerd, TEMEX: 10 Jahre lang ein zusätzliches System, in: Wirtschaftsschutz und Sicherheitstechnik 1985, S. 62-67.
Schuppert, Gunnar Folke, Die Erfüllung öffentlicher Aufgaben durch verselbständigte Verwaltungseinheiten. Göttingen 1981.
Shooshan, Harry M., III, (Hrsg.), Disconnecting Bell: The Impact of the AT&T Divestiture , New York 1984.
Simon, Herbert A., Administrative Behaviour. A Study of Decision-Making Processes in Administrative Organizations. 2. Aufl. New York 1957. *Administrative Behaviour.*
– The Consequences of Computers for Centralization and Decentralization, in: M.L. Dertouzos/ J. Moses (Hrsg.), Computer Age, S. 212-228.
Sirbu, Marvin A.; Steven Stewart, Market Structure and the Emergence of Standards: A Test in the Modem Market, Paper presented at the 13th Annual Telecommunications Policy Research Conference, Airlie Virginia, April 1985.
Steinmüller, Wilhelm, Die Zweite industrielle Revolution hat eben begonnen, in: Kursbuch 66 (1981), S. 152-188.
Stourdzé, Yves, Généalogie des télécommunications francaises, in: Alain Giraud, Jean-Louis Missika, Dominique Wolton, Les Réseaux Pensants, Paris 1978.
Suckfüll, Hubert, ISDN, das Universalnetz für alle Individualkommunikationsdienste, in: ntz 37 (1984), S. 770-776.
Theml, Dieter, Der Einsatz der Glasfaser im Netz der Deutschen Bundespost, ZPF 8 (1981), S. 16-21.
Thiemeyer, Theo, Gemeinwirtschaftlichkeit als Ordnungsprinzip. Berlin 1970.
– (Hrsg.), Öffentliche Bindung von Unternehmen. Beiträge zur Regulierungsdebatte. Baden-Baden 1983. *Öffentliche Bindung.*
– Wirtschaftslehre der öffentlichen Betriebe. Reinbek 1975. *Wirtschaftslehre.*
Vandenberghe, Guy, Rechtliche Aspekte verbraucherorientierter Telebanking und Teleshopping-Dienste in der Europäischen Gemeinschaft, in: J. Scherer (Hrsg.), Nationale und europäische Perspektiven der Telekommunikation, Baden-Baden 1987, S. 149-157.
Wahl, Rainer, Verwaltungsverfahren zwischen Verwaltungseffizienz und Rechtsschutzauftrag, VVDStRL 41 (1983), S. 151-192.
Weizenbaum, Joseph, Die Macht der Computer und die Ohnmacht der Vernunft, Frankfurt a.M. 1978.
Weizsäcker, Carl Christian von, Wettbewerb im Endgerätebereich, in: Jb. DBP 1984, S. 3-11.
Wieck, Reinhard, Comment, in: E.-J. Mestmäcker (Hrsg.), Transborder Telecommunications, S. 285-292.
– Zur Frage des natürlichen Monopols in der Telekommunikationsindustrie, Typoskript, Max-Planck-Institut für Ausländisches und Internationales Privatrecht, Hamburg 1985. Monopol.
Wieland, Bernhard, Current Trends in Telecommunications Policy, Wissenschaftliches Institut für Kommunikationsdienste der Deutschen Bundespost, Diskussionsbeiträge zur Telekommunikationsforschung, Nr. 22, Bad Honnef 1986.
– Die Entflechtung des amerikanischen Fernmeldemonopols, Berlin 1985.
– Die Neuordnung des Fernmeldewesens in den Niederlanden, Wissenschaftliches Institut für Kommunikationsdienste der Deutschen Bundespost, Diskussionsbeiträge zur Telekommunikationsforschung, Nr. 16, Bad Honnef 1986.
– Die ökonomische Theorie des natürlichen Monopols. Hrsg. von der Deutschen Bundespost, Wissenschaftliches Institut für Kommunikationsdienste, Bad Honnef, 1983. *Theorie.*

Wiley, Richard E; Howard D. Polsky, Understanding the Computer III Inquiry, in: Telematics 2 (1985), S. 3-8.

Zweigert, Konrad; Hans-Jürgen Puttfarken, Zur Vergleichbarkeit analoger Rechtsinstitute in verschiedenen Gesellschaftsordnungen, in: dies. (Hrsg.), Rechtsvergleichung, Darmstadt 1978, S. 395-429.